T0157531

Printed in the United States
By Bookmasters

المحاسبة الإدارية

تأليف

الدكتور "محمد تيسير" عبد الحكيم الرجبي

أستاذ مشارك – قسم المحاسبة

جامعة الكويت

(الجامعة الأردنية سابقاً)

الطبعة الرابعة

٢٠٠٧

دار وائل للنشر

رقم الايداع لدى دائرة المكتبة الوطنية : (٢٠٠٣/٩/٢٠٧٨)
الرجبي ، "محمد تيسير" عبد الحكيم
المحاسبة الإدارية / "محمد تيسير" عبد الحكيم الرجبي، ط٤ .
- عمان ، دار وائل ، ٢٠٠٤ .
(٤٠٧) ص
ر.إ. : ٢٠٠٣/٩/٢٠٧٨
الواصفات: محاسبة التكاليف / البيانات المالية / الإدارة / المحاسبة
* تم إعداد بيانات الفهرسة والتصنيف الأولية من قبل دائرة المكتبة الوطنية

****

رقم التصنيف العشري / ديوي : ٦٥٧,٧
ISBN 9957-11-460-3 (ردمك)

* المحاسبة الإدارية
* الدكتور "محمد تيسير" عبد الحكيم الرجبي
* الطبعة الثالثة ٢٠٠٤
* الطبعة الرابعة ٢٠٠٧

* جميع الحقوق محفوظة للناشر

دار وائل للنشر والتوزيع

* الأردن - عمان - شارع الجمعية العلمية الملكية - مبنى الجامعة الاردنية الاستثماري رقم (٢) الطابق الثاني
هاتف : ٥٣٣٨٤١٠-٦-٠٠٩٦٢ - فاكس : ٥٣٣١٦٦١-٦-٠٠٩٦٢ - ص. ب (١٦١٥ - الجبيهة)
* الأردن - عمان - وسط البلد - مجمع الفحيص التجاري- هاتف: ٤٦٢٧٦٢٧-٦-٠٠٩٦٢
www.darwael.com
E-Mail: Wael@Darwael.Com

الإهداء

إلى روح والدي ووالدتي

إلى

زوجتي وأولادي

مقدمـــة

تهدف المحاسبة إلى تقديم المعلومات التي تساعد الأطراف الداخلية والخارجية على اتخاذ قرارات اقتصادية رشيدة، وتعتبر المحاسبة الإدارية أحد فروع المحاسبة، وتتخصص بتقديم معلومات لإدارة المنشأة لمساعدتها في تأدية وظائفها الإدارية المختلفة، ونجحت في توفير البيانات اللازمة لمساعدة الإدارة في القيام بوظائف التخطيط والرقابة والتوجيه واتخاذ القرارات بالإضافة إلى تقديم المعلومات الخاصة بتكاليف وحدات الإنتاج وهذه ضرورية لأغراض التقارير المالية المنشورة. ونتيجة للتطور الكبير في قدرات محاسبة التكاليف على خدمة جميع الوظائف الإدارية قامت مجموعة من المؤلفين بعنونة كتبها باسم "محاسبة إدارية" بينما استمرت مجموعة أخرى بالتمسك بالاسم التقليدي وعنونه كتبها باسم "محاسبة التكاليف" وقام بروفسور تشارلز هورنجرن بعنونة كتابه الواسع الانتشار باسم "محاسبة التكاليف مدخل إداري" للإشارة إلى أن محاسبة التكاليف يمكنها خدمة الأغراض الإدارية المختلفة وتحديد تكلفة أنشطة الإنتاج والخدمات. على أية حال، إذا قارنا بين محتويات الكتب العلمية في هذا المجال سنكتشف انها متماثلة بغض النظر عن اسم الكتاب، ولهذا سوف تعتبر عناوين كتب محاسبة التكاليف وعناوين كتب المحاسبة الإدارية عناوين مترادفة وذلك لتكامل المواضيع التي يتم التعرض لها وتعدد استخدامات الأرقام التي يتم إنتاجها.

ولتدريس هذا الموضوع، في الجامعات الأردنية والعربية، خصص له مساقين على الأقل في الخطط الدراسية: الأول، ويعرف بمادة محاسبة التكاليف والثاني ويعرف بمادة المحاسبة الإدارية. وتقوم محاسبة التكاليف بالتركيز على الإجراءات المحاسبية اللازمة لتحديد تكلفة الإنتاج والخدمات والرقابة عليها ويغطي هذا المساق مواضيع التكاليف الفعلية والمعيارية وتطبيقاتهما في صناعات الأوامر

والمراحل الإنتاجية. ويهدف مساق المحاسبة الإدارية الى تعريف الطلبة بالبيانات اللازمة لاتخاذ القرارات الإدارية في مجالات التخطيط والرقابة واتخاذ القرارات قصيرة الأجل وطويلة الأجل. ولقد غطى المؤلف مادة محاسبة التكاليف في كتاب اسماه "مبادئ محاسبة التكاليف" وهذا الكتاب الذي بين أيدينا يهدف إلى تغطية منهاج مساق المحاسبة الإدارية. ولأن مادة المحاسبة الإدارية ومحاسبة التكاليف ليست متطلبات سابقة لبعضها البعض في الجامعات العربية وأن قسم إدارة الأعمال يفرض على طلبته دراسة مادة المحاسبة الإدارية دون أن يفرض عليهم دراسة مادة محاسبة التكاليف لذلك وجدت أنه من الضروري التعرض لمفاهيم التكاليف الرئيسية لمساعدة هؤلاء الطلبة على فهم البيانات التي سوف يستخدمونها عند اتخاذ القرارات الإدارية. لذلك خصصت الفصلين الأول والثاني لشرح المفاهيم الرئيسية التي تستخدمها المحاسبة الإدارية والتكاليف.

ويقوم الفصلان الثالث والرابع من هذا الكتاب على تعميق مفاهيم التكلفة المتغيرة والثابتة ودورهما في اتخاذ القرارات الإدارية. فغطى الفصل الثالث موضوع طرق فصل التكاليف شبه المتغيرة الى تكاليف متغيرة وتكاليف ثابتة، أما الفصل الرابع فقد قام بتغطية استخدامات التكاليف الثابتة والمتغيرة في دراسة علاقات الربح وحجم النشاط والتكلفة والمعروف بتحليل التعادل.

ويغطي الفصل الخامس موضوع القرارات الإدارية قصيرة الأجل، وفي هذا الفصل تم تحديد مفهوم التكاليف المناسبة اللازمة لاتخاذ بعض القرارات الإدارية مثل: الإنتاج الداخلي أو الشراء من الموردين، قبل الأوامر الخاصة، الاستمرار في تشغيل الأقسام أو إقفال بعضها. وهنا نجد أن التكاليف المتغيرة المستقبلية دائما ملائمة لاتخاذ هذه القرارات الإدارية أما التكاليف الثابتة فإن الأمر يتوقف على ظروف الحال مع أنها في اغلب الأحيان غير ملائمة لهذه القرارات.

وغطى الفصل السادس موضوع الموازنات التخطيطية بصفتها إحدى أدوات التخطيط المالي، وتم تغطية موضوع إعداد الموازنات التشغيلية والمالية، وأعطيت موازنة التدفقات النقدية اهتمام خاص، أما الفصلان السابع والثامن فقد غطيا موضوع الموازنات الإنفاق الرأسمالي وهذه الموازنات تركز على موضوع شراء الأصول الثابتة. وهنا تمت دراسة الطرق المختلفة المستخدمة في تقييم مشروعات الإنفاق الرأسمالي والمفاضلة بينها بهدف تحديد متى يقبل المشروع، ومن هو المشروع الرأسمالي الأفضل من غيره.

وفي الفصلين الأخيرين تم تغطية موضوع أسعار التحويل وتقييم أداء الوحدات الإدارية وفيهما تم التركيز على تحديد التكاليف الملائمة لتحديد أسعار التحويل وطرق تقييم أداء الوحدات الإدارية. وفي الفصل الأخير وهو الفصل الحادي عشر تمت دراسة تحديد أسعار السلع والخدمات بهدف إظهار دور أرقام التكاليف في تحديد هذه الأسعار وتبين لنا أن التكاليف تلعب دوراً هاماً في تحديد أسعار الكثير من السلع.

ولقد احتوى كل فصل من هذا الكتاب على مجموعة من الأسئلة والتمارين لتوضيح المفاهيم الرئيسية التي وردت فيها، وقام المؤلف على توفير حلول لهذه التمارين ويمكن للأساتذة طلبها منه مباشرة .

المؤلف

المحتويات

الفصل الأول

التعريف بالمحاسبة الإدارية وأهميتها

أهداف الفصل:

بعد دراسة هذا الفصل يجب أن يكون قادراً على معرفة:

١. التطور التاريخي للمحاسبة الإدارية بصورة مختصرة.

٢. علاقة المحاسبة الإدارية مع المحاسبة المالية.

٣. المصطلحات المستخدمة في المحاسبة الإدارية.

٤. الوضع التنظيمي للمحاسبة الإدارية.

٥. دور المحاسبة الإدارية في خدمة الوظائف الإدارية.

٦. وظائف المراقب المالي في المنشآت المختلفة.

٧. متطلبات زمالة المحاسبين الإداريين الامريكيين.

المقدمـــة:

تحتاج منشآت الأعمال والمنشآت الأخرى إلى توفير قدر كبير من المعلومات التي يطلبها المهتمون في شؤونها لتساعدهم في اتخاذ القرارات الاقتصادية الرشيدة. وتضم هـذه الجهـات الإدارة، والمستثمرين الحاليين والمتوقعين، والدائنين، والوكالات والهيئات الحكومية، ومؤسسات البحث العلمي. إذ بـدون تـوفير المعلومات المناسبة لهذه الجهات تزداد نسبة قراراتهم الخاطئة. لذلك تقوم الإدارة بوضع أنظمة معلومـات مناسبة لها لتوفر لها المعلومات التي تساعدها في إخلاء مسؤولياتها تجاه الأطراف الأخرى، وتمكنهـا مـن القيام بعملها على أحسن صورة، ومن هذه الأنظمة نظام المحاسبة الإدارية.

تركز المحاسبة المالية في الوقت الحالي على المعلومـات الكميـة التـي يـتم التعبـير عنهـا بوحـدات نقدية مثل : قيمـة الأجـور، وتكلفـة المـواد الخـام، وقيمـة المصروفات الصناعية والتسـويقية والإداريـة والإيرادات، وبهذا تبقى المعلومات غير الكمية، خـارج نطـاق السـجلات المحاسبية. ويـتم تعريـف النظـام المحاسبي على أنه نظام يعمل على تجميع وتشغيل الأحداث والعمليات المالية، وتقـديم وشـرح التقـارير المالية التي تهدف إلى مساعدة الإدارة والأطراف المختلفة على اتخاذ القرارات الاقتصادية الرشيدة.

بدأت المحاسبة بالاهتمام في عملية تقديم تقارير مالية سنوية لإخـلاء مسـؤولية الإدارة، والعمـل على تزويد الأطراف المهتمـة بالمعلومـات التـي تسـاعد في اتخـاذ القـرارات الاستثمارية. ومـع مـرور الـزمن وتطور الأنشطة الاقتصادية وبخاصة بعد قيام الثورة الصناعية، وما ترتب عليها من كـبر حجـم المشروعات، وتنـوع الإنتاج، واشـتداد حـدة المنافسـة في الأسـواق [1]، فـرض عـلى المحاسبة أن تقـوم بتطـوير الأسـس والأساليب اللتين تستخدمهما في عمليات القياس المحاسبي والمالي،

---

[1] Sidney Davidson, and Roman L. Weil, Handbook of Cost Accounting, (McGraw - Hill, Inc., ١٩٧٨), P. ١ - ١٠.

فقد أصبح لزاما على المشروعات الصناعية ان تقوم بتحديد تكلفة إنتاجها، لتحديد الأسعار المناسبة، ولإعداد تقارير مالية عادلة. لذلك ظهر في فترة نهاية القرن التاسع عشر عدة محاولات لزيادة دقة أرقام تكاليف الإنتاج. فتم تقديم عدة طرق لتوزيع التكاليف الصناعية المباشرة وغير المباشرة ومعالجة تكاليف الطاقة العاطلة [١]. وذكر ألكزندر هاميلتون شيرش عام ١٩٠٠، بأن معظم الشركات الصناعية كان لديها طرقاً لتحديد تكاليف المواد والأجور التي تصرف على أوامر الإنتاج. وقد شهد النصف الأول من هذا القرن ظهور محاولات جادة لتطوير أنظمة التكاليف، مما أدى إلى ظهور أنظمة التكاليف المعيارية والموازنات التخطيطية. وتقوم هذه الأنظمة بتوسيع نطاق اهتمام المحاسبة الإدارية من موضوع تحديد تكلفة الإنتاج إلى الرقابة على هذه التكاليف بهدف زيادة كفاءة الإنتاج وتحسين الأرباح.

وفي الفترة من ١٩٥٠ - ١٩٦٠ اكتشف المحاسبون بأن بياناتهم التي يعدونها لأغراض تحديد تكلفة الإنتاج تعتبر التكلفة الحقيقية للإنتاج من قبل المديرين وبالتالي يستخدمونها في اتخاذ قرارات الإنتاج المختلفة مثل: التسعير، وتحديد خلطة الإنتاج، واستغلال المصادر النادرة. لذلك وجدت المحاسبة أنه من الضروري تطوير نماذج التكاليف لمساعدة الإدارة في التوصل إلى قرارات رشيدة، فتم إنشاء نماذج للعديد من القرارات الإدارية تقوم على بيان التكاليف والإيرادات المناسبة لتلك القرارات. وهذا أدى إلى توسيع منطقة اهتمام المحاسبة الإدارية من تحديد تكلفة الإنتاج إلى خدمة القرارات الإدارية المختلفة، ولذلك أصبح البعض يفضل أن يطلق على هذا الفرع من فروع المحاسبة اسم "المحاسبة الإدارية" بدلاً من اسم "محاسبة التكاليف". [٢] الذي كان سائدا في النصف الأول من هذا القرن.

(١) Ibid, P ١ - ١٠، ١- ١٥.

(٢) Kaplan S. R., Advanced Management Accounting, Prentice- Hall, Englewood cliffs, NJ, ١٩٨٢ pp ١-١٠.

وفي سنة ١٩٧٠ تم تكوين مجلس معايير محاسبة التكاليف في الولايات المتحدة، لإصدار معايير لمحاسبة التكاليف بهدف تحقيق التوحيد والتطبيق المنظم لمبادئ محاسبة التكاليف من قبل مقاولي صناعة الأسلحة، لاستخدامها من قبل ممثلي الحكومة الفيدرالية الأمريكية عند مراجعة حسابات هؤلاء المقاولين. وقد تم حل هذا المجلس سنة ١٩٨٠ بعد أن أنجز أهدافه. وخلال فترة وجوده أصدر المجلس عدة معايير تحكم تحديد وتوزيع التكاليف على المنتجات وأوامر الإنتاج[1].وهذا بطبيعة الحال أثرى محاسبة التكاليف لأنه عالج بعض المشكلات الصعبة التي كانت تواجهها عملية تحديد تكلفة الإنتاج، وخصوصاً توزيع التكاليف الصناعية غير المباشرة.

التعريف بالمحاسبة الإدارية:

تعرف التكلفة على أنها قيمة الموارد التي يتم التضحية بها للحصول على سلعه أو خدمة. ويتم قياس التضحية بالمبالغ النقدية التي يتم دفعها عند المبادلة أو يتم التعهد بدفعها مستقبلاً وهذه تعرف بالنفقات. لذلك عرفت النفقة على أنها التضحيات النقدية أو العينية التي وقعت فعلاً أو تلك التي يتم التعهد بوقوعها مستقبلاً من أجل الحصول على سلعة أو خدمة.[2] لذا تكون تكلفة الأصل عبارة عن مجموع النفقات التي تتحملها المنشأة في سبيل الحصول على الأصل، فإذا كان الأصل مثلاً عبارة عن سيارة فإن تكلفتها تتكون من: ثمن شرائها من الشركة زائد قيمة الرسوم الجمركية وتكاليف تسجيلها في دائرة السير. وبالمثل فإن تكلفة الإنتاج تتمثل في تكلفة المواد الخام، وأجور العمال، والمصروفات اللازمة لإنتاج المنتج.

---

(1) Matz Usery, Cost Accounting Planning and Control, South - Western Publishing Co -, Cincinnati, Ohio, ١٩٨٤, pp, ١١-١٤.

(2) محمد عادل الهامي، محاسبة التكاليف الفعلية : الأسس العلمية والعملية، مكتبة عين شمس، القاهرة، ١٩٨٧، ص ٣٦.

وتقوم المحاسبة الإدارية باستخدام مجموعة مـن الأسـس والإجـراءات التـي تسـاعدها في تحديـد تكلفة الإنتاج، وهذه الأسس والإجراءات منظمة بطريقة معينة تعرف بنظام التكاليف لذلك، يمكن تعريف نظام التكاليف على أنه عبارة عن مجموعة من الأسس والإجراءات المنظمة بطريقة معينة للقيـام بتجميـع وتخصيص وتوزيع التكاليف على أهداف التكلفة [١] .ويمكن كذلك تعريف هـذه الأنظمـة عـلى أنهـا تعمـل على تجميع المعلومات، وتصنيفها، وتلخيصـها، وتحليلهـا، والتقريـر عنهـا إلى الإدارة لمسـاعدتها في أنشـطة التخطيط والرقابة واتخاذ القرارات.[٢] لقد أعطى التعريف الأخير اهتماماً لدور المحاسبة الإداريـة في خدمـة الأغراض الإدارية بالمقارنة مع هدف تحديد تكلفة الإنتاج. وعليه نستطيع القول أن نظام التكاليف يحتوي على مجموعة من المبادئ والإجراءات الرسـمية اللازمـة لتحقيـق أهـداف النظـام، وأنـه نظـام يعمـل عـلى تجميع وتخصيص وتحليل تكاليف الإنتاج أو النشاط، بهـدف تحديـد تكلفـة وحـدات الإنتـاج، والتكـاليف التي تحدث في الوحدات الإدارية المختلفـة وتقـديم معلومـات مفيـدة للأغـراض الإداريـة، بمـا فيهـا رقابـة وتخطيط تكاليف الإنتاج. [٣]

يمكننا أن نميز بين نوعين من فروع المحاسبة على أسـاس المعلومـات المقدمـة والجهـات الرئيسـية المستفيدة من المعلومات وهذه الفروع هي:

أ- المحاسبة المالية.

ب- المحاسبة الإدارية أو محاسبة التكاليف.

---

[١] تشارلز، ت، هورنجرن، محاسبة التكاليف مدخل إداري، ترجمة أحمد حامد حاج(دار المريخ ٩٨٧)، ص ٢٣.

[٢] Robert S. Kaplan, Op. Cit, PP ١ -١٠.

[٣] مجدي عمارة، مرجع سابق، ص ٤٥-٥٠.

تهدف المحاسبة المالية إلى إعداد تقارير مالية تحتوي على الميزانية العمومية، وقائمة الدخل، وقائمة التدفق النقدي، وتوزيع هذه التقارير بصورة دورية على الأطراف المهتمة في خارج المنشأة، أما المحاسبة الإدارية (التكاليف) فتقوم بإعداد التقارير الخاصة بتحديد تكاليف الإنتاج أو الخدمات وتقديم المعلومات إلى تطلبها الإدارة لاتخاذ القرارات الإدارية اللازمة لتسيير أعمال المنشأة. لذلك تعتبر المحاسبة المالية والمحاسبة الإدارية أجزاء مكملة لبعضها البعض وتمثلان العمود الفقري لأنظمة المعلومات المالية والإدارية في أغلب منشآت الأعمال. [١]

توجد بعض الاختلافات بين المحاسبة المالية والمحاسبة الإدارية، وأهمها الآتي: [٢]

(أ) المعايير المحاسبية:

يلتزم المحاسب المالي بتطبيق المعايير المحاسبية المقبولة قبولاً عاماً عند إعداد التقارير المالية، فهذه المعايير تهدف إلى توحيد المعالجات المحاسبية في النواحي التي تغطيها، وهذا يؤدي، بطبيعة الحال، إلى زيادة فائدة التقارير المالية المنشورة لمستخدمي هذه التقارير.

أما هذه المعايير، فهي غير موجودة (نوعاً ما) في المحاسبة الإدارية (محاسبة التكاليف) فكل منشأة تحدد محتويات، وشكل تقاريرها بما يتلاءم وطبيعة نشاطها واحتياجات إدارتها.

---

(١) Belkaoui, A, Cost Accounting, A Multidimensional Emphasis, (The Dryden Press, ١٩٨٣), P, ٤.
(٢) Titard, P, L., Managerial Accounting, (The Dryden Press, ١٩٨٧), Pp. ٥-٧.

(ب) تنميط المصطلحات:

لقد ترتب على البند السابق أن أصبح الكثير من مصطلحات المحاسبة المالية مصطلحات نمطية مثل: مصطلح الميزانية، والأصول المتداولة، والأصول الثابتة، ويرجع الفضل في ذلك إلى تكرار استخدام وتعريف الكثير من هذه المصطلحات في المعايير المحاسبية المنشورة. ولكن لسوء الحظ، فإن هذا التنميط غير واضح في مصطلحات المحاسبة الإدارية، بصورة عامة، فمثلاً يمكن استخدام اسم التكاليف الصناعية غير المباشرة، والأعباء الصناعية، والأعباء الصناعية الإضافية للدلالة على الشي نفسه حتى أن البعض يستخدم كلمة كلفة بدلاً من تكلفة.

(جـ) الإلزامية:

تتطلب قوانين أغلب دول العالم وجود حسابات مالية منتظمة. ففي هذا المجال ركز القانون التجاري الأردني على ضرورة وجود حسابات مالية، وألزم الشركات المساهمة العامة وشركات التوصية بالأسهم، والشركات ذات المسؤولية المحدودة بضرورة مسك حسابات مالية، وكذلك حددت تعليمات دائرة ضريبة الدخل في الأردن [1] المنشآت التي عليها مسك حسابات أصولية.

وعلى الجانب الآخر لا تعتبر المحاسبة الإدارية إجبارية على المنشآت، وبالتالي فإن وجود نظام للمحاسبة الإدارية في المنشآت يتوقف على شعور الإدارة بأهمية هذا النوع من المحاسبة، وعلى كفاءتها في توفير المعلومات اللازمة وعلى قدرة المحاسب على إقناع الإدارة بضرورتها.

(د) نوع المعلومات:

تقوم المحاسبة المالية بتشغيل البيانات التاريخية، وعلى الرغم من الانتقادات الموجهة إلى هذه الأرقام، فإنه لم يسمح باستبدالها حتى الآن بطرق محاسبية أخرى

---

[1] قانون ضريبة الدخل رقم ٥٧، لسنة ١٩٨٥، تعليمات رقم ٧ لسنة ١٩٨٥.

مثل: طريقة التكاليف الجارية، أو طريقة التكاليف التاريخية المعدلة بالأرقام القياسية، مما يعني أن محاولات التحديث التي تم اقتراحها حتى الآن لم تلغ دور البيانات التاريخية، وأكثر من ذلك فقد اعتبرت البيانات التي تعد باستخدام طرق القياس المقترحة بيانات مالية إضافية، كما هو الحال في البيانات التي يتم إعدادها حسب نشرة المعيار المحاسبي الأمريكي رقم ٣٣ [1].

أما بالنسبة للمحاسبة الإدارية، فلا تقتصر على استخدام أرقام التكاليف التاريخية، إذ يمكنها تقديم تقارير تعتمد على التنبؤات، كما هو الحال عند إعداد الموازنات التخطيطية، أو عند تقديم بيانات لاتخاذ قرارات إدارية خاصة مثل : قرار الاستمرار في تشغيل أحد أقسام المنشأة أو إيقافه، وقرارات الإنفاق الرأسمالي، فهذه القرارات الإدارية تعتمد على مفهوم التكاليف المناسبة، وهذا يعني أنه يمكن للمحاسبة الإدارية استخدام بيانات أقل موضوعية، من بيانات التكلفة التاريخية. كما أنه في بعض الحالات يجب على المحاسبة الإدارية القيام بإجراء التحليل التفاضلي وهذا يؤدي إلى إهمال بعض التكاليف والإيرادات إذا كانت قيمتها متساوية تحت البدائل التي تتم مقارنتها. وكذلك تستخدم قيم الفرص المضاعة وهذه التكاليف غير مسجلة في الدفاتر المحاسبية.

(هـ) موضوع التقرير:

تغطي تقارير المحاسبة المالية المنشأة كوحدة واحدة ، وبالتالي لا يمكن استخدامها في تقييم أداء الأقسام المختلفة التي تتكون منها المنشأة، وعلى الجانب الآخر تقوم المحاسبة الإدارية بإعداد تقارير مالية: بعضها يتعلق بوحدات الإدارة التشغيلية، وبعضها يتعلق بوحدات الإدارة الوسطى، وبعضها يتعلق بالإدارة العليا، وبعض هذه التقارير يحتوي على بيانات

[1] Ijiri, Yuji, "A Defense for Historical Cost Accounting", Accounting Reviw, (October, ١٩٦٨), Pp. ٦٦٢-٦٦٧.

تاريخية، وبعضها يحتوي على بيانات تقديرية. إضافة إلى ذلك، نجد أن تقارير المحاسبة الإدارية أكثر دورية من تقارير المحاسبة المالية التي تكون في الغالب سنوية أو فصلية.[1]

ويمكن تلخيص الفروقات بين المحاسبة المالية والمحاسبة الإدارية كما في الجدول.[2] رقم (١-١).

جدول (١-١)

المقارنة بين المحاسبة المالية والمحاسبة الإدارية

وجه الاختلاف	المحاسبة المالية	المحاسبة الإدارية
المعايير	موجودة وملزمة	غير موجودة
الإلزامية	إلزامية - بيانات إجمالية عامه - بيانات تاريخية عن علاقة المنشأة بالغير	غير إلزامية - بيانات تفصيلية تحليلية - بيانات عن تكاليف الماضي الحاضر والمستقبل
صفات المعلومات	- بيانات ماليه - بيانات عن النفقات والإيرادات - بيانات موضوعية ويمكن التحقق منها	- بيانات ماليه وكمية - بيانات عن التكاليف - بيانات تتسم بالمرونة والسرعة
الهدف من تقديم البيانات	- تحديد نتائج أعمال المشروع وتصوير المركز المالي وتدفقه النقدي	- تحديد تكلفة الوحدات المنتجة والمبيعة وتكلفة انتاج الوحدات تحت التشغيل والرقابة على هذه التكاليف وخدمة القرارات الإدارية
المستفيد الرئيسي من البيانات	المستثمرون وأصحاب رؤوس الأموال والمقرضون والدائنون وذوي العلاقة من خارج المشروع	إدارة المشروع نفسه
فترة التقرير	عادة تكون سنة مالية	يفضل أن تكون قصيرة نسبياً ومتكررة وتتوقف على الهدف من اعدادها

[1] Wilson R., Chua, W. ff., "Managerial Accounting", (VNR, ١٩٨٨, P,١٢).

[2] مجدي عماره، دراسات منهجية معاصره في محاسبة التكاليف الفعلية، (كلية المحاسبة، غربان، ليبيا، ١٩٩٢)، ٤٩ - ٦٩.

على الرغم من الاختلافات السابقة، بين المحاسبة الإدارية والمحاسبة المالية فإن هناك بعض السمات المشتركة بينهما أهمها:

١. الدفاتر، هناك بعض الدفاتر والسجلات التي تخدم كلاً من المحاسبة المالية والمحاسبة الإدارية وتهدف هذه إلى قياس وتسجيل وتجميع البيانات المالية الخاصة بالمشروع مثل سجلات الأجور، والمواد، والمصروفات.

٢. تقوم محاسبة الإدارية بتقديم معلومات لأغراض إعداد القوائم المالية ومنها تكلفة البضاعة المباعة وتكلفة مخزون آخر المدة، وعلى الجانب الآخر تقوم المحاسبة المالية بتقديم البيانات عن المواد والأجور والمصروفات لتقوم المحاسبة الإدارية بتحليلها وتحميلها على الوحدات الإدارية وعلى المنتجات المختلفة.

ونظراً لهذه السمات المشتركة عملت بعض المنشآت على دمج هذين النظامين معاً، بدلاً من تصميم كل نظام مستقلاً عن الآخر، لأن ذلك يؤدي إلى توفير في تكاليف تشغيل هذه الأنظمة، فمثلاً ما هي جدوى أن تقوم المحاسبة المالية والمحاسبة الإدارية بتسجيل تكاليف شراء المواد وأجور العمال والمصروفات في مجموعتها الدفترية كل على حده، أن الجواب - بطبيعة الحال - لا توجد جدوى من وراء ذلك. وقد زاد من قوة هذا الاتجاه، في أيامنا الحالية، وجود آلات التشغيل الإلكترونية (الحاسوب)، إذ تستطيع هذه الآلات أن تقوم بالتسجيل والترحيل إلى عدة حسابات بعملية إدخال واحدة للمعلومات.

التعريف بالمنشأة الصناعية:

تعمل المنشأة الصناعية على تحويل المواد الخام إلى منتجات نهائية ولتحقيق ذلك تقوم بشراء المواد الخام وتخضعها لعملية تصنيع، لتحويلها إلى منتجات نهائية. فمثلاً تقوم منشأة الألبان بشراء الحليب وتحويله إلى أجبان. بعض المواد الخام يدخل في صناعة المنتجات النهائية وتكون جزءاً منها مثل: حبيبات البلاستيك في صناعة أكياس النايلون، والأخشاب في صناعة الأثاث ولكن هناك بعض المواد لا تدخل في التركيبة النهائية لوحدات الإنتاج مثل: زيوت التزييت والوقود البترولي، ومواد الصيانة، والقرطاسية، والمطبوعات. وتحتاج عملية تحويل المواد إلى استخدام مجهودات العمال الذين يعملون بصورة مباشرة أو غير مباشرة على الإنتاج، وبالإضافة إلى ذلك يتم استخدام خدمات صناعية أخرى للقيام بالإنتاج مثل: الكهرباء، والاستهلاك، والإيجار، والرسوم، والرخص، وتعرف جميع هذه التكاليف باسم التكاليف الصناعية.

ولتحديد تكلفة الوحدات المنتجة من الضروري حصرها وحصر التكاليف التي تم تحملها في سبيل ذلك، ثم بقسمة التكاليف الصناعية على عدد الوحدات يتم التوصل إلى تكلفة الوحدة المنتجة. ثم تقسم هذه التكاليف إلى تكلفة البضاعة المباعة لتمثل تكلفة الوحدات التي تم بيعها وتكلفة مخزون آخر المدة ليمثل تكلفة الوحدات التي لم يتم بيعها حتى نهاية الفترة المالية. ويجب أن نلاحظ أن الوحدات المنتجة يتم تحميلها بالتكلفة فقط ولا يجوز أن يتم تحميلها بالمصروفات التشغيلية الأخرى وهي المصروفات التسويقية والمصروفات الإدارية لأن هذه المصروفات تعتبر مصروفات فترة من وجهة النظر المحاسبية.

التنظيم الإداري وأثره على المحاسبة الإدارية:

يتم تغطية موضوع التنظيم الإداري في كتب إدارة الأعمال بصورة وافية. لذلك سيتم التعرض لهذا الموضوع بالقدر الذي يبين دور المحاسبة الإدارية في هذه التنظيمات وبيان دور المحاسب ووضعه التنظيمي في منشآت الأعمال المعاصرة.

أهداف المنظمات:

يمكن تعريف المنظمة على أنها مجموعة من المصادر المادية والبشرية التي تنظم معاً بصورة معينة بهدف تحقيق هدف معين [١]. تسعى بعض هذه المنظمات إلى تحقيق أقصى ربح ممكن وتعرف هذه المنظمات بمنشآت الأعمال، في حين يسعى بعضها الآخر إلى تحقيق أهداف اجتماعية، أو سياسية أو علمية مثل: الإدارات الحكومية، الجامعات، والمستشفيات الحكومية، وجمعيات الهلال الأحمر. وعلى الرغم من أهمية المحاسبة الإدارية لكل هذه الوحدات إلا أن دورها أكثر وضوحاً في منشآت الأعمال، لذلك تركز أغلب الكتب الجامعية في أمثلتها وتطبيقاتها على منشآت الأعمال على أمل أن يتم تعميم ذلك على المنظمات الأخرى.

وتختلف منشآت الأعمال عن بعضها البعض، فقد تقوم المنشأة بالأعمال الصناعية، أو الزراعية، أو التجارية، أو الخدمية، ولكنها تشترك معاً في أن لها هدفاً واحداً هو تحقيق أقصى أرباح ممكنة، وقد اقترحت نظرية الاقتصاد الحديثة بأن هدف منشآت الأعمال هو تعظيم ثروة أصحاب المنشأة عن طريق تعظيم أرباحها في الأجل الطويل. وحديثاً لقد تم انتقاد هذا الهدف [٢] لأنه يهمل مصالح الأطراف الأخرى التي تتعامل مع المنشأة ومنها الإدارة، فهل يعقل بأن تقوم الإدارة بتعظيم ثروة أصحاب المنشأة وتنسى نفسها؟!! إن هذا أمراً غير مقبول، لذا تسعى

[١] Ray H. Garrison "Managerial Accouting", 5th. Ed., (Homewood Illinois, ١٩٨٨), P.٣

[٢] Pappas, J. L., and Brigham, E. F., "Managerial Economics" (The Dryden Press, ١٩٧٩), P.١٧.

إحدى نظريات التمويل الحديثة المعروفة بنظرية الوكالة [1] إلى وضع الترتيبات اللازمة لتعظيم ثروة أصحاب المنشأة والإدارة في أن واحد، ويزداد الأمر صعوبة أمام مؤيدي نظرية الوكالة عندما يأخذون في الحسبان مصالح الأطراف المختلفة الأخرى مثل : العمالة والدولة، وللتسهيل؛ يمكن القول أن هدف منشآت الأعمال هو ترضية مصالح الأطراف المهتمة بالمنشأة، ولهذا يبقى هدف تحقيق أقصى قدر ممكن من الأرباح هدفاً يتحكم في أنشطة منشآت الأعمال. [2]

التنظيم الإداري:

يتم التعبير عن التنظيم الإداري باستخدام الخريطة التنظيمية، ويتم إعدادها بتجميع الموارد على أساس وظيفي أو جغرافي، ويكون ترتيبها على شكل هرم، وتقع الإدارة العليا في قمة الهرم التنظيمي، في حين تقع الإدارات التشغيلية في قاعدته، وتعرف كل مجموعة متجانسة بالوحدة الإدارية، وتجمع الوحدات التي تقوم بوظيفة معينة في إدارة معينة مثل : إدارة الإنتاج، وإدارة المبيعات، وإدارة الشؤون المالية، وترتبط هذه الإدارات بالإدارة العليا وترتبط مع الوحدات الإدارية التابعة لها بعلاقة سلطة ومسؤولية؛ وهذا يعني أن مدير الإدارة له سلطة على الوحدات الإدارية التابعة له فمثلاً إذا رجعنا إلى الشكل (١-١) نجد أن مدير الإنتاج في مصنع الأثاث له سلطة على رؤوساء خطوط الإنتاج، والصيانة، وأفران التجفيف، وبالتالي يكون رؤساء هذه الأقسام مسؤولين أمامه، وبالمثل يكون مدير الإنتاج مسؤولاً أمام المدير العام.

ويفيد وجود الخريطة التنظيمية الواضحة محاسب التكاليف في تحديد الوحدات الإدارية أو الأقسام أو مراكز التكاليف اللازمة لحصر وقياس التكلفة والرقابة على التكاليف. فالتكاليف التي تحمل على قسم معين يمكن تحميلها على

[1] Lema Senbet, "Agency Theory", Unpublished Manuscript, ١٩٨٦.
[2] Pappas and Brigham, Op. Cit, PP. ١٧ - ٢٢.

الإنتاج الذي يمر في ذلك القسم، وبمعرفة تكاليف القسم تحدد مسؤولية رئيس ذلك القسم. وهذا يعني أن وجود الخريطة التنظيمية يعتبر ضرورياً لتمكين المحاسبة الإدارية من القيام بدورها بطريقة فعالة، وكذلك تفيد الخريطة التنظيمية في تحديد نوع البيانات الملائمة لأغراض الوحدات الإدارية المختلفة، وتحديد دورية التقارير وشكلها ومحتواها. فمن المعروف أن هناك تفاوتاً في وقت واهتمام رؤساء الوحدات الإدارية وحتى تكون البيانات مفيدة لابد أن تتلائم مع احتياجاتهم. وهنا يجب مراعاة مستوى التجميع للبيانات المقدمة للوحدات الإدارية فالبيانات المجمعة تفقد كثيراً من محتوياتها، وفي العادة تقدم إلى الوحدات الإدارية العليا، أما المعلومات التفصيلية فتقدم إلى الوحدات الإدارية التشغيلية.

الإدارات التنفيذية والإدارات الإستشارية:

يمكن تقسيم الوحدات الإدارية التي تتكون منها المنشأة إلى مجموعتين: الأولى : وتشمل الإدارات التنفيذية، والثانية : وتشمل الإدارات الاستشارية. وتقوم الإدارات التنفيذية بالأعمال التي يتطلبها تحقيق الهدف الذي تسعى المنشأة إلى تحقيقه، ويتمثل هذا الهدف في المنشآت الصناعية في إنتاج المنتجات وبيعها، لذا تعتبر إدارة الإنتاج، وإدارة المبيعات إدارات تنفيذية، أما الإدارات الأخرى، فهي إدارات استشارية. لأن دورها ينحصر في تقديم النصح والمشورة إلى الإدارات التنفيذية حتى تتمكن الأخيرة من تحقيق الهدف الرئيسي للمنشأة[1]. ويترتب على هذا التقسيم عدم وجود سلطة للإدارات الاستشارية على الإدارات التنفيذية، وبالتالي لا يجوز أن تقوم بإصدار الأوامر لها.

[1] Koontz and others, "Management", (Mc Graw - Hill, ١٩٨٠) PP, ٦٠-٦٥.

رئيس الإدارة
المدير العام
مدير التمويل
مدير المشتريات
مدير الشؤون الإدارية
مدير التسويق
مدير الإنتاج
المراقب المالي
الخزينة
مشتريات الأخشاب
مشتريات الحديد
مشتريات أخرى
شؤون الموظفين
قسم الحركة
الحراسة والأمن
قسم التسويق الداخلي
قسم التصدير
خط إنتاجي رقم ١
خط إنتاجي رقم ٢
الصيانة
أفران التجفيف
الهندسة والتصميم

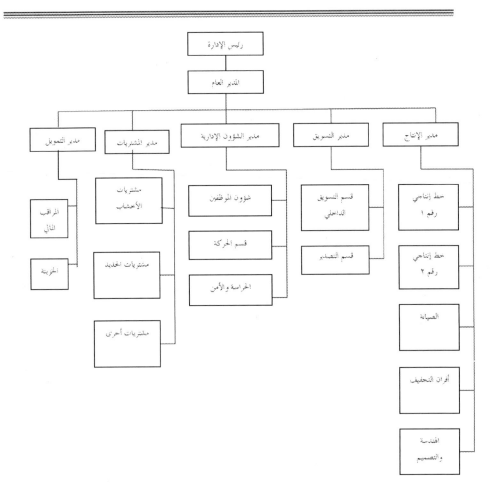

وللتغلب على هذه المشكلة تم ابتكار ما يسمى بالسلطة الوظيفية.[1] وتسمح هذه السلطة لمديري الإدارات الاستشارية بإصدار تعليمات إلى مرؤوسي الإدارات التنفيذية تطلب منهم القيام بعمل معين يقع في حدود سلطة تلك الإدارة، لذلك تعتبر الأوامر التي تصدرها الإدارات الاستشارية إلى الإدارات التنفيذية كأنها طلبات قدمت إلى الإدارة العليا في المنشأة، وأن الأخيرة قامت بتوجيهها إلى الإدارات التنفيذية. ومن هذا المنطلق، يمكن للمدير المالي أن يطلب من الإدارات التنفيذية القيام ببعض الأعمال التي تتطلبها العمليات المحاسبية مثل : استخدام أذون صرف المواد الخام وتوقيعها قبل إرسالها للصرف من المخازن، وحصر ساعات العمل المباشر وساعات تشغيل الآلات وغيرها من المعلومات اللازمة لتحديد تكلفة الإنتاج، وتقديم المعلومات التي ترغب بها الإدارة.

وظائف الإدارة ودور المحاسبة الإدارية:

تقسم الأنشطة التي تقوم بها الإدارة إلى وظائف متعددة منها: التخطيط، والتوجيه، والتنظيم، والرقابة، واتخاذ القرارات.[2] بالإضافة إلى وظائف أخرى. ولإبراز دور المحاسبة الإدارية في خدمة الإدارة سيتم شرح مضامين هذه الوظائف، وتحديد احتياجاتها من البيانات التي يمكن للمحاسبة الإدارية تقديمها ومدى مساهمة المحاسبة الإدارية في أدائها.

أولاً: التخطيط (*Planning*):

يهدف التخطيط إلى وضع خطط العمل التي يجب التمسك بها خلال فترة العمل المقبلة، والتي تكون في الغالب سنة مالية، ويتم وضع الخطة بدراسة الظروف المتوقعة خلال فترة العمل في المستقبل، ويحتاج التخطيط إلى تحديد الإيرادات والمصروفات اللازمة للوصول إلى أهداف المنشأة. فمثلاً إذا رغبت

(١) Ibid, PP. ٦٠ - ٦٥.
(٢) Ibid, PP. ٧٩-٨٨.

المنشأة في تحقيق ١٠% أرباح على إجمالي أصولها، وأن هذا الهدف يحتاج إلى تحقيق مبيعات مقدارها ٥ مليون دينار، ووجدت الإدارة أن الوصول إلى هذا الهدف غير ممكن فإن عليها أن تقوم بإجراء تعديلات على خططها، أو تقوم بتعديل الهدف المنشود، أو أن تقوم بتعديل الخطط ودراسة إمكانية الدخول في أسواق جديدة، أو القيام بحملات إعلانية. ويتم ترجمة الخطط على شكل جداول تعرف باسم الموازنة التخطيطية وهذه الموازنة تغطي جميع جوانب العمل في المنشأة. تساهم المحاسبة الإدارية في توفير الكثير من البيانات اللازمة لإعداد هذه الموازنة، حيث تستطيع توفير بيانات على مستوى الوحدات الإدارية المختلفة وعلى مستوى المنشأة ككل، وكذلك يمكن للمحاسبة الإدارية المساهمة تعديل الخطط ومقارنة الإنجاز بالخطط الموضوعة وتقديم التقارير الدورية التي تعمل على مقارنة الأداء الفعلي مع الخطط، وبهذا نرى أن بإمكان المحاسبة الإدارية المساعدة في وضع الخطط وتعديلها.

ثانياً: التنظيم والتوجيه (Organizing and Directing):

يهدف التنظيم إلى ترتيب العمال في مجموعات وظيفية أو جغرافية للقيام بالأنشطة اللازمة لتحقيق أهداف المنشأة، ويتم تنظيم هذه المجموعات بطريقة تبين سلطات كل فرد وكل إدارة في المنشأة، ويتم التعبير عن التنظيم بصورة رسمية باستخدام الخريطة التنظيمية، وفي هذا المجال، تقوم المحاسبة الإدارية بمراعاة التنظيم الإداري الموضوع عند تجميع وقياس وتخصيص التكاليف على الوحدات الإدارية، مما يسهل على الإدارة قياس أداء هذه الوحدات الإدارية. [1] إضافة إلى ذلك، إذا وجدت المحاسبة الإدارية أن التنظيم الإداري يسبب ضعفاً في أنظمة الرقابة الداخلية لتضارب السلطات فإنه يتم اقتراح إجراء التعديلات اللازمة على التنظيم الإداري.

[1] Garrison R. H., op. Cit.

ويهدف التوجيه إلى تحريك مجهودات المصادر الاقتصادية المتاحة بما فيها مجهودات العمال نحو الهدف المرغوب، ولتحقيق ذلك يجب أن تحدد واجبات العاملين بصورة واضحة، والعمل على حل مشكلاتهم اليومية وتوفير الحوافز المناسبة لهم، وعلى الرغم من أن أغلب أنشطة التوجيه تعتمد على الملاحظة الشخصية للمشرفين ورؤسائهم، إلا أنه وفي هذا المجال فإن على المحاسبة الإدارية أن تتأكد من اشتراك المديرين في صياغة الأهداف وتوصيل هذه الأهداف إلى الجميع وتقديم تقارير دورية لهم حتى يستطيع كل مدير معرفة انجازاته، وإذا حدثت بعض المشاكل أثناء التنفيذ فإنه يجب الافصاح عنها بالسرعة الممكنة حتى يمكن تصحيح مسار العمل.

ثالثاً: الرقابة (Controlling):

تتم مزاولة الرقابة عن طريق مقارنة التكاليف الفعلية للأنشطة بالخطط الموضوعة لكشف الانحراف بينهما ومعرفة أسباب ذلك والتقرير عنه، وبهذا فإن الرقابة هي عبارة عن مجموع الأنشطة التي تسعى إلى التأكد من أن المنشأة، تسير في الطريق المرسوم لها، وهذا بدوره يتطلب وجود خطط تحكم مسار عمل المنشأة لأنه بدون ذلك يصعب الحكم على كفاءة الأداء. [١] ولقد جرت العادة في حالة عدم وجود خطط، ان تتم مقارنة التكاليف الفعلية للفترة الجارية مع تكاليف الفترة السابقة، لتحديد التغير الذي طرأ بينهما، وهذا يساعد الإدارة في معرفة الاتجاهات، إلا أنه يعجز عن إعطاء مقياس سليم للأداء لاحتمال تأثر أساس القياس وهو تكلفة الفترة السابقة بعوامل عدم الكفاية، مما ينعكس سلباً على قدرتها على المقارنة. [٢]

تقوم المحاسبة الإدارية بمقارنة التكلفة الفعلية مع المخططة الواردة في الموازنات، على مستوى وحدات الإنتاج والأقسام والإدارات، وعلى مستوى المنشأة

---

[١] Ibid, P.٦.

[٢] Wilson and Chua, op. Cit., P.١٣.

ككل وتقوم بتقديم التقارير عن ذلك إلى الإدارة وهذا يساعد في تطبيق محاسبة المسؤولية، وهذه تتطلب ربط الأداء بالأشخاص المسؤولين عنه في المنشأة. وكذلك يمكن للمحاسبة الإدارية توفير بعض الإحصائيات السريعة من أرض المصنع مثل عدد ساعات توقف الآلات وعدد وحدات الإنتاج التالف والمعيب.

رابعاً: اتخاذ القرارات *Decision Making*:

تهدف عملية اتخاذ القرارات إلى المفاضلة بين البدائل المتاحة واختيار أنسبها وتقوم الإدارة بالمفاضلة بين البدائل في كل الوظائف الإدارية السابقة فمثلاً في مجال التخطيط تتم المفاضلة بين المنتجات التي ستتعامل معها المنشأة خلال فترة الموازنة والمفاضلة بين الأسواق التي سوف يتم تغطيتها، وفي مجال الرقابة تتم المفاضلة بين مجالات العمل اللازمة لمعالجة الانحراف، وكذلك يتم المفاضلة بين القرارات المتعلقة بمسائلة الأفراد، وفي كل الحالات السابقة يجب اختيار أحد البدائل الممكنة للقرار.

وتقوم الإدارة باتخاذ قرارات روتينية مثل أي المنتجات يجب إنتاجها اليوم، وأي المنتجات يجب إنتاجها غداً، وما هو المكان الذي يعمل فيه العامل س اليوم وغداً.

ويجب على الإدارة اتخاذ قرارات متنوعة من وقت لآخر، مثل قرارات الإنفاق الرأسمالي، والقرارات الإدارية قصيرة الأجل مثل قرارات الإنتاج الداخلي أو الشراء من مورد، وقرار الاستمرار في تشغيل خط إنتاجي أو إيقافه عن العمل، هذه القرارات تحتاج إلى معلومات غير متوافرة في السجلات المحاسبية التقليدية، ولتوفيرها تقوم المحاسبة الإدارية بدراسة البيانات التاريخية والاقتصادية، بهدف تقدير الإيرادات والتكاليف المناسبة لهذه القرارات.

مما سبق نجد أن المحاسبة الإدارية لديها طاقات كبيرة يمكن تسخيرها لخدمة الوظائف الإدارية المختلفة ولمساعدتها في اتخاذ القرارات الروتينية وغير الروتينية الرشيدة. [1]

المدير المالي *Vice President of Finance*:

يوجد في المنشآت الكبيرة إدارة تعرف بالإدارة المالية، ويتم تقسيم أنشطة هذه الإدارة إلى قسمين هما المحاسبة والتمويل. ويرأس النشاط المحاسبي شخص يعرف بالمراقب المالي ويرأس نشاط التمويل شخص آخر يعرف برئيس الخزينة.

المراقب المالي **Controller**:

يقوم هذا الشخص بالإشراف على الوظيفة المحاسبية في المنشآت الكبيرة وتشمل اختصاصاته إعداد القوائم المالية في نهاية كل فترة مالية وتقديم معلومات تساعد الإدارة في اتخاذ قراراتها الإدارية، وهذا يتطلب منه : تجميع المعلومات المالية وغير المالية، وإعداد التقارير اللازمة لسد احتياجات الأطراف الداخلية والخارجية، وحالياً يعتبر دوره فعالاً في الإدارة الحديثة وقد يعزى سبب فشل بعض المنشآت إلى فشل هذا الشخص في القيام بواجباته خير قيام . [2]

يتبع المراقب المالي في المنشآت الكبيرة عدة وظائف، ويضم تنظيم إدارته أقساماً منها: قسم المحاسبة المالية، وقسم الضرائب، وقسم تصميم وتحليل الأنظمة، وقسم الرقابة الداخلية، وقسم التكاليف، والموازنات، ويظهر التنظيم الإداري لإدارته كما في الشكل (١-٢).

---

[1] هورنجرن، ت. تشارلز، مرجع سابق، ص ٣٥.

[2] منشورات المجمع العربي للمحاسبين القانونيين المحاسبة المتقدمة، ترجمة محمد تيسير الرجبي، ص ٢٢-٢٣.

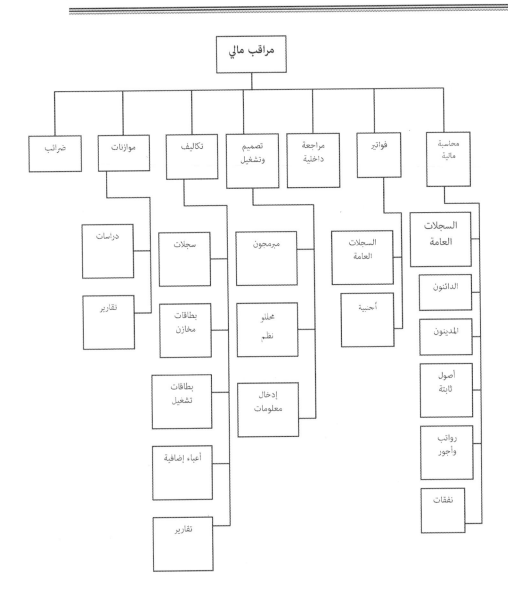

شكل (٣-١) الخريطة التنظيمية لإدارة المراقب المالي

الفرق بين المراقب المالي ورئيس الخزينة:

كما أشرنا سابقاً يتبع المدير المالي وظيفتان رئيسيتان هما: وظيفة المراقب المالي ووظيفة رئيس الخزينة Treasurer وقد قامت جمعية المديرين الماليين في الولايات المتحدة بوصف اختصاصاتهما كما في الجدول رقم (١-٢) التالي:

جدول (١-٢)

مقارنة بين وظائف المراقب المالي ورئيس الخزينة [١]

	المراقب المالي		رئيس الخزينة
١.	التخطيط والرقابة	١.	توفير رأس المال
٢.	التقرير والتفسير	٢.	العلاقات الاستثمارية
٣.	التقييم والاستشارة	٣.	التمويل قصير الأجل
٤.	الإدارة الضريبية	٤.	البنوك والنقدية
٥.	التقارير الحكومية	٥.	الائتمان والتحصيل
٦.	حماية الأصول	٦.	الاستثمارات
٧.	التقييم الاقتصادي	٧.	التأمين

[١] المصدر تشارلز ت، هورنجرن، مرجع سابق الذكر، ص ٣٧.

زمالة جمعية المحاسبين الإداريين

(*Certified Management Accountants*)

نظراً للدور الهام الذي تلعبه المحاسبة الإدارية في القرارات الإدارية فقد ارتأت الجمعية القومية للمحاسبين في أمريكا (National Association of Accountants) في شهر آذار سنة ١٩٧٧، إصدار شهادة زمالة للمحاسب الإداري الذي يجتاز امتحان الزمالة ويغطي الامتحان المواضيع الآتية: [١]

١. الاقتصاد الإداري والتمويل.

٢. الاعتبارات التنظيمية والسلوكية وشرف المهنة.

٣. التقارير العامة الموجهة إلى الجمهور.

٤. التقارير الدورية الموجهة إلى الجهات الداخلية وللأغراض الخارجية.

٥. تحليل القرارات بما فيها أنظمة المعلومات.

وللحصول على الزمالة يجب على المحاسب الإداري أن يتبع الآتي:

١. أن يتقدم لبرنامج المحاسبين الإداريين القانونيين (Certified Management Accountants) وأن يسجل للامتحان.

٢. أن يجتاز أجزاء الامتحان الخمسة خلال فترة ثلاث سنوات.

٣. أن يستوفي شروط الخبرة قبل أو خلال سبع سنوات من اجتياز الامتحان.

٤. أن يلتزم بميثاق شرف مهنة المحاسبين القانونيين.

وحتى يتم الاحتفاظ بالزمالة يجب على حاملها أن يخضع لمتطلبات التعليم المستمر وعلى أساس منتظم.

[١] For More Information Write to, Institue of Management Accountant, ٥٧٠, City. Center Building Ann Arbor, MI Arbor, MI ٤٨ - ١٠٨.

الخــاتـمـــــة

تقوم المحاسبة الإدارية بجمع وتصنيف وتخصيص التكـاليف عـلى المنتجـات والأنشطة، بقصد تقديم معلومات تستخدم في ترشيد القرارات وفي إعداد التقـارير المالية السنوية. وتستطيع المحاسبة الإدارية تقديم معلومات تساعد الإدارة في أعمال التخطيط والتنظيم والتوجيه والرقابـة وفي مجال اتخـاذ القرارات وتستطيع المحاسبة الإدارية خدمة القرارات الروتينية وغير الروتينية.

وكذلك تبين لنا أن المحاسبة الإدارية ومحاسبة التكاليف هـما أسـماء مترادفة في الوقت الحـالي، ولكن هذا الكتاب سيقوم باستخدام اللفظ الأول لأن تركيزه ينصب على الإجراءات والأسـس المستخدمة في تجميع التكاليف اللازمة لخدمة القرارات الإدارية المختلفة أكثر من اهتمامه بتحديد التكلفة.

أسئلة وتمـارين

السؤال الأول: وضح المقصود بالتكلفة والمصروف والنفقة وما هو الفرق بينها.

السؤال الثاني: ما هي أوجه الشبه والاختلاف بين المحاسبة المالية والمحاسبة الإدارية؟

السؤال الثالث: تستطيع المحاسبة الإدارية تقديم معلومات كثيرة إلى الإدارة، ما هي أهم الأدوار التي تلعبها المحاسبة الإدارية في خدمة الإدارة؟

السؤال الرابع: عرف المقصود بالرقابة وكيف يمكن للمحاسبة الإدارية خدمة أغراضها؟

السؤال الخامس: عرف المقصود بالتخطيط، وما هي أهم أنواع الخطط؟

السؤال السادس: تختلف تقارير المحاسبة المالية والمحاسبة الإدارية من حيث الشكل والمضمون. اشرح ذلك.

السؤال السابع: ما هو الفرق بين الإدارات التنفيذية والاستشارية وماذا يقصد بالسلطة الوظيفية؟

السؤال الثامن: تصر الإدارة في إحدى الشركات على أن تتبع وحدة المحاسبة الإدارية مدير الإنتاج فيها. هل توافق على هذا الاقتراح ولماذا؟

السؤال التاسع: قارن بين وظائف المراقب المالي ورئيس الخزينة وهل يمكن تحقيق ذلك في الشركات الصغيرة والمتوسطة الحجم؟

السؤال العاشر: ما هي العوامل التي يجب أخذها في الاعتبار عند تصميم نظام التكاليف؟

السؤال الحادي عشر: تقوم إحدى الشركات بتجارة السيارات وقد نظمت اعمالها في أربع إدارات هي:

١. السيارات الجديدة.

٢. السيارات المستعملة.

٣. الكراج والصيانة.

٤. الإدارة والمحاسبة.

وقد لاحظت الشركة انخفاض معدل مبيعاتها في السنوات الثلاثة الأخيرة. وطلبت منك أن تصمم لها نظام معلومات إدارية يفيدها في اتخاذ القرارات الإدارية.

المطلوب :

عدد المعلومات التي يمكن لنظام المحاسبة الإدارية أن يقدمها لهذه الشركة.

السؤال الثاني عشر: يوجد في إحدى الشركات الوحدات الإدارية التالية:

المدير العام، المراقب المالي، إدارة المبيعات، إدارة الإنتاج، منطقة مبيعات أ، منطقة مبيعات ب، قسم إنتاجي أ، قسم الصيانة، إدارة الحسابات المالية، إدارة الحسابات الإدارية، قسم تجميع الإنتاج، قسم مراقبة الجودة، قسم الرقابة الداخلية.

المطلوب :

إعداد خريطة تنظيمية لهذه الشركة.

الفصل الثاني	طبيعة وتصنيفات التكاليف

أهداف الفصل :

بعد دراسة هذا الفصل يجب أن تكون قادراً على:

١. معرفة مفهوم التكلفة والمصروف.

٢. القيام بتبويب التكاليف حسب وظائف المشروع.

٣. القيام بتبويب التكاليف إلى تكاليف منتج وتكاليف فترة.

٤. معرفة العناصر المباشرة الصناعية وغير المباشرة.

٥. إعداد قوائم التكاليف وتكلفة البضاعة المباعة.

٦. القيام بتبويب التكاليف حسب سلوكها تجاه حجم الإنتاج.

٧. فهم التكاليف الخاصة بمحاسبة المسؤولية.

٨. القيام بتبويب التكاليف لأغراض اتخاذ القرارات الإدارية.

المقدمـــة:

تهتم الإدارة في جميع المشروعات باستغلال الموارد المتاحة على أفضل صـورة ممكنـة، ولا يتحقـق ذلك إلا إذا زادت الإيرادات على التكاليف، وتم تحقيق الأربـاح في الأجـل الطويل. لهـذا فـإن علـى الإدارة إيلاء التكاليف أهمية خاصة حتى لا تزيد عن الإيرادات ومن ثم تفشل في تحقيق أهدافها. لـذلك اهتمـت الإدارة منذ البداية بتكلفة البضاعة المباعة والمصروفات التشغيلية والضرائب، ولكن هذه الأرقام لا تغطـي إلا جانباً محدوداً من اهتماماتها في الوقت الحالي، لأن عليها الإجابة عن العديد من الأسـئلة مثـل، مـا هـي تكلفة وحدة المنتج؟ وما هي التكاليف الملائمة لاتخاذ قرار الإنتاج في مصانع الشركة؟ وما هي التكلفة التي سيتم تحملها عند توسع الشركة في حجم الإنتاج ؟ وما هي التكلفة التي سيتم تحملها، إذا توسعت الشركة في إنتاج منتجات معينة؟ وما هي التكاليف التي يجب مراقبتها على مسـتوى إداري معـين؟ ومـاهي أهميـة المصروفات التسويقية والإدارية إلى إجمالي المصروفات؟

وتشير كلمة Cost إلى قيمة الموارد المضحى بها في سبيل الحصول على سلعة أو خدمة معينة. فمثلاً تشمل تكلفة السيارة كل ما تدفعه أو تعد المنشأة بدفعه لامتلاك هذه السيارة، وتسمى المبالغ التي يقوم المشروع بالتضحية بها باسم نفقات.[1] ويختلف وصف التكلفة حسب طبيعة أعمال المنشأة، ففي المنشآت الصناعية، والمنشآت التجارية، والمنشآت الخدمية تحدث التكاليف، ولكن تختلف هذه المنشآت عن بعضها في وصف أرقامها لتتلاءم مع طبيعة أعمالها.[2]

---

[1] مجدي عمارة، مرجع سابق الذكر، ص ص ٤٥- ٦٠.
[2] Sidney Davidson, and Roman L. Weil, Hand Book of Cost Accounting., (Mc Graw - Hill, ١٩٧٨), Pp ٢-٢-٢-٣.

التكاليف والمصروفات والخسارة: *Cost, Expense and Loss*:

تقوم المحاسبة بتسجيل التكاليف في الدفاتر على أساس قيمة التضحية الفعلية التي تتحملها المنشأة في سبيل الحصول على السلعة أو الخدمة. وتقسم التكاليف إلى مجموعتين هما: الأولى وتعرف بالتكاليف المستنفذة Expired Cost وتشمل التكاليف التي تم استنفاذها من أجل الحصول على إيرادات الفترة الجارية ولذلك تتحول هذه التكلفة إلى المصروفات وهي مثل: الاستهلاك، والإيجار، والصيانة، والضرائب والرسوم، والأجور، ويتم طرح هذه المصروفات من إيرادات الفترة المالية قبل التوصل إلى رقم صافي الربح. أما المجموعة الثانية، فهي التكاليف غير المستنفذة وهي التكاليف التي يكون لها منافع مستقبلية. وبالتالي تكون لها قيمة بعد نهاية السنة الجارية، ومحاسبياً يطلق على هذه التكاليف اسم الأصول، وبهذا فإن التكاليف تعتبر أصلاً إذا كان من المتوقع أن تقدم خدمات للمنشأة في المستقبل، وتعتبر مصروفاً إذا تم استنفاذها في تحقيق الدخل خلال فترة حدوثها ونتيجة لذلك تتم رسملة تكاليف المواد الخام، وأجور العمال، والمصروفات الصناعية المحملة على الوحدات المنتجة؛ لأن لهذه الوحدات قيمة مستقبلية تتمثل في ثمن بيعها، لذلك تعتبر تكلفة وحدات الإنتاج التي لم يتم بيعها حتى نهاية المدة أصلاً وتظهر في الميزانية، وعلى الجانب الآخر تتحول تكلفة الوحدات المباعة إلى مصروف لأنها أدت إلى تحقيق الدخل.

وتعرف الخسارة على أنها تكاليف مستنفذة، ولكن لم تؤدي إلى تحقيق إيرادات بصورة مباشرة أو غير مباشرة، وتحدث الخسارة إذا كان الإيراد أقل من التكاليف، أو عندما تحدث التكاليف ولا تؤدي إلى تحقيق إيرادات كما في حالات حدوث الفاقد الصناعي أو سرقة البضائع من قبل الزبائن.

تكلفة المبيعات:

تتحدد تكلفة البضاعة المباعة حسب طبيعة نشاط المنشأة؛ ففي المنشآت التجارية تتحدد تكلفـة البضاعة المباعة بجمع بضاعة أول المدة والمشتريات وطرح بضاعة آخر المدة منهما. وقد جرت العادة بعدم إضافة المصروفات التسويقية والإدارية إلى تكلفة البضاعة المباعة؛ لأن هذه المصروفات تعتبر تكاليف فترة، ويتم خصمها من رقم مجمل الربح قبل التوصل إلى رقم صافي الربح، وهذا يعني أن قيمة المشتريات التي لم يتم بيعها حتى آخر المدة تعتبر أصلاً أما تكاليف المشتريات وبضاعة أول المدة اللتان تم بيعهما فتعتبران مصروفاً، لأنهما استنفذتا في سبيل إنتاج الدخل.

تقسم تكاليف المشتريات على عدد الوحدات المشتراة لتحديد تكلفـة الوحـدة الواحـدة وتتحدد تكلفة المخزون آخر المدة بضرب عدد الوحدات في تكلفة الوحدة ويشير الرقم الناتج إلى إجمالي التكاليف التي حدثت في فترة معينة وتم تأجيلها، على شكل تكلفة مخزون آخر المدة إلى الفترة الثانية، ويعتبر هـذا المبلغ أصلاً يظهر في الميزانية. أما تكلفة الوحدات التي تم بيعها فتحول إلى تكلفة البضاعة المباعة وتعتبر مصروفاً وتخصم من الإيرادات التي تحققت من عملية بيعها.

وتعرف تكاليف المنتج في المنشآت التجارية عـلى أنهـا التكـاليف التـي تـرتبط مبـاشرة بتكلفـة البضاعة المشتراة، وتتضمن قيمة المصروفات التي تتحملها المنشأة حتى تصل البضاعة إلى المخازن. وتتكون تكاليف المنتج في المنشآت الصناعية مـن تكلفـة إنتاج المنتج. وهـذه تتكـون مـن تكلفـة المـواد الخـام المستخدمة في الإنتاج، وتكاليف أجور عمال الإنتاج، والمصروفات الصناعية الأخرى مثل: الاستهلاك والوقود، والقوى المحركة، والصيانة، والإيجار، وتكون تكلفة المبيعات في المنشأة الصناعية عبارة عـن تكلفـة الإنتاج التام أول المدة زائد تكاليف الإنتاج التام خلال الفترة الجارية ناقص تكاليف الإنتاج التام آخر المـدة. لاحـظ هنا أن الألفاظ

المستخدمة في المنشأة الصناعية هي نفسها التي تستخدمها المنشآت التجارية مع استبدال كلمة المشتريات بكلمة الإنتاج التام.

ولا تعتبر مصروفات التسويق والمصروفات الإدارية مرتبطة بالإنتاج لأنها تخص وظائف غير وظيفية الإنتاج، وإن حدوثها خلال الفترة الجارية لا يؤدي إلى عدم حدوثها مستقبلاً، لذلك لا يجوز تحميلها على تكلفة الوحدات المنتجة لأن ذلك قد يؤدي إلى تأجيلها إلى فترة مقبلة إذا كانت محمله على الوحدات التي لم يتم بيعها.

أما التكاليف المرتبطة بالإنتاج من مواد وأجور ومصروفات صناعية، فإنه يجب تحميلها على الوحدات المنتجة لأن لها قيمة متوقعة في المستقبل، فحدوثها خلال الفترة الحالية وتحميلها على وحدات آخر المدة يوفر حدوثها خلال الفترة المقبلة. لذلك تعتبر هذه التكلفة تكلفة منتج وتوصف بأنها تكاليف قابلة للتخزينInventoriable Cost وبطبيعة الحال تتحول هذه التكاليف إلى مصروف عند بيع الوحدات التي تمثلهن، وإذا لم يتم بيع جزء من هذه الوحدات تبقى تكلفتها ضمن تكاليف الأصول.

ونستنتج مما سبق أنه قد يتم تبويب التكاليف في المنشآت الصناعية إلى تكاليف منتج وتكاليف فترة، وتشمل الأخيرة مصروفات التسويق والمصروفات الإدارية. ويتمشى هذا التبويب مع المعايير المحاسبية المقبولة قبولاً عاماً، إذ لا تسمح هذه المعايير اعتبار المصروفات التسويقية والإدارية ضمن تكاليف المخزون. [(١)]

ويجب أن نلاحظ أنه لا يوجد تكاليف منتج ذات أهمية في شركات الخدمات مثل شركات التأمين والمستشفيات، ومكاتب تدقيق الحسابات، والفنادق، لأن هذه المنشآت تحصل على إيراداتها من بيع خدماتها وهذه لا يتم تخزينها، لذلك تعتبر كل

[(١)] Heitger, L. E. and Marulich, S.., Managerial Accounting, ٢nd . ed (Mc Graw - Hill, ١٩٨٧), P ٣٦.

تكاليفها تكاليف فترة. أي تعتبر مصروفات وتطرح من إيرادات السنة التي تحدث فيها.

تبويب عناصر تكاليف الإنتاج (المنتج)

التبويب هو تجميع منهجي للعناصر المتشابهة وفقاً لخصائصها المشتركة.[1] وبهذا فإن عملية تبويب عناصر التكاليف تعمل على وضعها في مجموعات مختلفة لها صفات مشتركة، وهذا يؤدي إلى تسهيل عملية القياس المالي اللازم لخدمة الأغراض المختلفة.

ويمكن تبويب عناصر التكاليف باستخدام عدة أسس أهمها:

١. التبويب النوعي.

٢. التبويب الوظيفي.

٣. التبويب حسب علاقة العنصر بوحدة النشاط.

٤. التبويب حسب سلوك العنصر تجاه التغيرات في حجم النشاط.

٥. التبويب حسب إمكانية خضوع العنصر للرقابة.

٦. التبويب حسب القرار الإداري.

٧. التبويب حسب فترة التحميل على الإيراد.

يقوم التبويب النوعي للمصروفات بقسمتها إلى ثلاثة مجموعات هي المواد، والأجور، والمصروفات. ويقوم التبويب الوظيفي على قسمة التكاليف حسب الوظائف الرئيسية في المنشأة وهي الإنتاج، والتسويق، والإدارة، وسيتم التعرف على طبيعة هذه التكاليف عند دراسة التبويبات الأخرى التي سيتم دراستها على التوالي.

---

[1] مجدي عمارة، مرجع سابق الذكر، ص٨١.

التبويب حسب علاقة العنصر بوحدة النشاط:

يتم تبويب عناصر التكاليف في هذا الحالة في ثلاث مجموعات هي:

أ- المواد المباشرة Direct material

ب- الأجور المباشرة Direct Labor

جـ- التكاليف الصناعية غير المباشرة (الأعباء الإضافية) Manufacturing overhead.

قد يكون وصف البند بأنه مباشراً أو غير مباشر وصفاً مضللاً دون معرفة هدف التكلفة. ويعرف هدف التكاليف بأنه أي نشاط يتم قياسه. فإذ كان الهدف هو تحديد تكلفة المخزون فإن هدف التكاليف هو تحديد تكلفة الوحدات المنتجة، لذلك فإن صفة المباشر تشير إلى علاقة التكلفة بوحدة المنتج، وإذا كان الهدف هو تحديد تكلفة تشغيل أحد الأقسام الإنتاجية، فإن البند المباشر هو الذي يرتبط بذلك القسم، وبهذا تكون التكاليف غير المباشرة عبارة عن التكاليف التي يصعب تتبعها بسهولة إلى أهداف التكلفة لأنها تخص أكثر من هدف. ولأنه سيتم في هذا الفصل التركيز على هدف قياس التكلفة لوحدات المنتج لذلك فإن صفة المباشر تشير إلى علاقة البند مع وحدة المنتج. وفيما يلي شرحاً لطبيعة هذه البنود:

المواد المباشرة:

وتشمل المواد التي يسهل تتبعها وتخصيصها على وحدات المنتجات لأن هذه المواد تعتبر من ضمن المكونات المادية للوحدات التي يتم إنتاجها مثل : الأخشاب، والقماش، والأسفنج في صناعة الأثاث، والقطن في صناعة المنسوجات القطنية، والأقمشة في صناعة الملابس، والورق في صناعة الكتب، فكل هذه المواد يتم تتبعها حتى وحدات المنتجات النهائية ويمكن تحديد الكمية التي استخدمتها كل وحدة منها، وبالتالي يمكن تخصيص تكاليفها على وحدات المنتج.

وهناك بعض المواد التي يمكن تتبعها إلى وحدات المنتجات النهائية ولكنها تعتبر مواداً غير مباشرة لقلة أهميتها النسبية مثل: الغراء والمسامير في صناعة الأثاث، والخيطان في صناعة الكتب، والمواد الملونة في صناعة البلاستيك والكبسولات الطبية في صناعة الدواء.

الأجور المباشرة:

هي أجور العمال الذين يعملون بصورة مباشرة على الإنتاج مثل: أجور العمال الذين يقومون بتشغيل آلات التفصيل، والتغريز، والتشطيب في صناعة الأثاث، وأجور العمال الذين يشرفون على آلات صب البلاستيك. أما أجور العمال الذين لا يعملون بصورة مباشرة على الإنتاج مثل أجور المهندسين والمشرفين على الإنتاج، فتعتبر أجوراً غير مباشرة، لأن مجهوداتهم لا تبذل مباشرة على منتج معين، وللسبب نفسه، تعتبر أجور عمال الصيانة، والنظافة، والحراسة، وأجور مدير إدارة الإنتاج، أجوراً غير مباشرة، لأنها لا تصرف مباشرة على وحدات منتج معين، وكذلك يمكن تقسيم وقت العمال الذين يقومون بالإنتاج إلى قسمين: الأول: ويمثل الوقت الذي يبذل مباشرة في الإنتاج، وتعتبر أجوره أجوراً مباشرة. والثاني: ويمثل الوقت الذي لا يصرف على الإنتاج، وتعتبر أجوره ضمن الأجور غير المباشرة.

وعند الطلب من العمال العمل خارج ساعات الدوام يتم صرف علاوة لهم تعرف بعلاوة الوقت الإضافي. تعتبر هذه العلاوة ضمن الأجور غير المباشرة؛ لأنه ليس من العدل التمييز بين تكلفة الوحدات المنتجة بناءً على ساعة إنتاجها خلال يوم العمل. وهنا فإن الأجور العادية التي تخص ساعات العمل الإضافية فتعتبر أجور مباشرة.

التكاليف الصناعية غير المباشرة (الأعباء الصناعية الإضافية):

Manufacturing overhead

تضم هذه المجموعة كل عناصر التكاليف الصناعية فيما عدا المواد المباشرة والأجور المباشرة، وتشتمل على العديد من العناصر التي تختلف في طبيعتها وأهميتها وسلوكها تجاه تغيرات حجم النشاط، ويتم تبويبها حسب طبيعتها في ثلاث مجموعات هي:

أولاً: المواد غير المباشرة:

وتشمل هذه المجموعة المواد التي لا يمكن تتبعها وتخصيصها على وحدات الإنتاج مثل : مواد الصيانة وقطع الغيار، والوقود والقوى المحركة، وكذلك تشمل المواد المباشرة ضئيلة القيمة التي لا تبرر اعتبارها مواداً مباشرة.

ثانياً: الأجور غير المباشرة:

وتشمل هذه المجموعة أجور العمال الذين لا يعملون بصورة مباشرة على الوحدات المنتجة مثل : أجور المشرفين والمهندسين، وأجور عمال المناولة، وأجور عمال الصيانة، والحراسة وأجور الإجازات العادية والمرضية، ومساهمة المنشأة في التأمينات الصحية والاجتماعية.

ثالثاً: المصروفات الأخرى:

وتشمل المصروفات الصناعية التي تتحملها المنشأة في سبيل القيام بمهمتها الصناعية ولم تدرج ضمن المجموعتين السابقتين. وتمثل بعض هذه التكاليف خدمات مشتراة مثل: الكهرباء، والهاتف، والضرائب، والرسوم، والإيجارات. وبعض هذه التكاليف تمثل تسويات جردية لتوزيع تكلفة الأصول على مدار حياتها الإنتاجية مثل الاستهلاك.

ويجب أن نلاحظ أن مجموعة التكاليف الصناعية غير المباشرة تشتمل فقط على التكاليف الخاصة بوظيفة الإنتاج ولا تحتوي على أي من المصروفات التسويقية والإدارية. فمثلاً يعتبر إيجار المصنع ضمن التكاليف الصناعية غير المباشرة بينما يعتبر إيجار مبنى الإدارة من ضمن المصروفات الإدارية وهو تكلفة فترة.

ومن ضمن مصطلحات التكاليف المستخدمة في المنشآت الصناعية التكلفة الأولية Prime cost وتستخدم للتعبير عن مجموع تكلفة المواد الأولية والأجور المباشرة، وكذلك تكلفة التحويل Conversion cost وتستخدم للتعبير عن مجموع تكلفة الأجور المباشرة، والتكاليف الصناعية غير المباشرة.

تكاليف الإنتاج وتكلفة الوحدة:

يتم تحديد إجمالي التكاليف الصناعية للإنتاج عن طريق استخدام حساب الإنتاج تحت التشغيل، ويسمى مجموع تكاليف المواد المباشرة والأجور المباشرة والتكاليف الصناعية غير المباشرة المحملة على حساب الإنتاج تحت التشغيل بالتكاليف الصناعية للفترة الجارية. ويأخذ حساب الإنتاج تحت التشغيل، وباستخدام بعض الأرقام الافتراضية، الشكل التالي:-

حـ / الإنتاج تحت التشغيل

٥٠٠٠	رصيد أول المدة	٦٢,٠٠٠	تكلفة الإنتاج التام
١٠,٠٠٠	مواد مباشرة	٣,٠٠٠	رصيد آخر المدة
٢٠,٠٠٠	أجور مباشرة		
٣٠,٠٠٠	أعباء صناعية		
٦٥,٠٠٠		٦٥,٠٠٠	

فإذا تم إنتاج ٢٠,٠٠٠ وحدة فإن تكلفة الوحدة تساوي:

تكاليف الانتاج التام ٦٢,٠٠٠

تكلفة الوحدة = ------------ = ---------- = ٣,١ د

عدد الوحدات ٢٠,٠٠٠

ويمكن تلخيص البنود الظاهرة في حساب الإنتاج تحت التشغيل في قائمة تكلفة البضاعة التامة الصنع كما في الشكل (٢-١). وبعد تحديد تكلفة البضاعة التامة الصنع، يتم قسمتها على عدد الوحدات للتوصل إلى متوسط تكلفة الوحدة.

مواد خام أول المدة	*	
زائد: مشتريات مواد خام	*	
تكلفة المواد الخام المتاحة للاستخدام	*	
ناقص : مواد خام آخر المدة	(*)	
مواد مباشرة مستخدمة في الإنتاج		*
الأجور المباشرة		*
التكاليف الصناعية غير المباشرة		
مواد غير مباشرة	*	
أجور غير مباشرة	*	
الإيجار	*	
الاستهلاك	*	
القوى المحركة	*	
مصروفات نقل ومناوله	*	
إجمالي التكاليف الصناعية غير المباشرة		*
التكاليف الصناعية للفترة الجارية		**
زائد : رصيد إنتاج تحت التشغيل أول المدة		*
ناقص: رصيد إنتاج تحت التشغيل آخر المدة		*
تكلفة البضاعة التامة الصنع خلال الفترة الجارية		*

شكل (٢-١) قائمة تكلفة البضاعة التامة الصنع

مكونات المخزون في المنشآت الصناعية:

يختلف المخزون في المنشآت الصناعية عنه في المنشآت التجارية، ففي المنشآت التجارية يتم شراء البضاعة وبيعها على حالتها الراهنة دون إدخال أي تغييرات عليها، لذلك يكون مخزون البضاعة في نهاية المدة وأولها من نفس نوع أصناف البضاعة المشتراة، وعلى الجانب الآخر تقوم المنشآت الصناعية بشراء المواد الخام بقصد إخضاعها لعمليات التصنيع، وتحويلها إلى منتجات تامة الصنع من وجهة نظر المنشأة. لذلك يتكون المخزون في الشركات الصناعية من البنود التالية:

١. مواد خام:

وتمثل المواد الخام التي لم يتم استخدامها في الإنتاج حتى نهاية الفترة.

٢. إنتاج تحت التشغيل:

ويمثل تكلفة الوحدات التي بدأ إنتاجها ولكن لم ينته ذلك مع نهاية الفترة.

٣. إنتاج تام الصنع:

ويمثل تكلفة الوحدات التي تم إنتاجها ولكن لم يتم بيعها حتى نهاية الفترة.

ولتحديد تكلفة هذه البنود يمكن استخدام معادلات الجرد التالية : [١]

تكلفة المواد المباشرة = مخزون مواد خام أول المدة + مشتريات مواد خام - مخزون مواد خام آخر المدة

تكلفة الإنتاج التام = تكلفة إنتاج تحت التشغيل أول المدة + التكلفة الصناعية للفترة الجارية - تكلفة إنتاج تحت التشغيل آخر المدة

تكلفة البضاعة المباعة = إنتاج تام الصنع أول المدة + تكلفة الإنتاج التام الصنع خلال الفترة الجارية - إنتاج تام الصنع آخر المدة

[١] Somith. J. L., et, al, "Accounting Principles" ٢nd, ed (Mc Graw - Hill, Book, Co, ١٩٨٧), PP. ٧٦٣-٧٦٥.

تدفق التكاليف في المنشآت الصناعية:

يختلف نمط تدفق التكاليف في المنشآت الصناعية عنه في المنشآت التجارية، ففي المنشآت التجارية تحدث التكاليف لشراء البضاعة ليتم بيعها على حالتها دون إدخال أية تعديلات على البضاعة المشتراة، أما تدفق التكاليف في المنشآت الصناعية فيتبع نمط تدفق أعقد، حيث يتم شراء المواد الخام وإخضاعها لعمليات صناعية لتحويلها إلى منتجات نهائية، وأثناء عملية التحويل يتم دفع قيمة الأجور المباشرة والمصروفات الصناعية غير المباشرة (الأعباء الصناعية الإضافية). ويمكن وصف نمط تدفق هذه التكاليف في الشركات الصناعية كما في الشكل رقم (٢-٢). من دراسة هذا الشكل نجد أن المواد الخام المباشرة التي يتم صرفها إلى الإنتاج تحمل على حساب الإنتاج تحت التشغيل، وإذا كانت غير مباشرة تحمل على حساب مراقبة الأعباء الإضافية، والوضع نفسه بالنسبة لعنصر الأجور، أما الأعباء الإضافية فيتم تجميعها أولاً في حساب المصروفات الصناعية غير المباشرة وفي نهاية فترة التكاليف تحمل على حساب الإنتاج تحت التشغيل. ثم ترحل تكلفة البضاعة التامة الصنع إلى حساب تكلفة الإنتاج التام، وبالتالي يمثل رصيد حساب الإنتاج تحت التشغيل البضاعة التي لم ينته إنتاجها حتى نهاية الفترة وترحل تكلفة البضاعة المباعة من حساب تكلفة الإنتاج التام إلى حساب تكلفة البضاعة المباعة ومن ثم فإن رصيد الحساب الأول يمثل قيمة البضاعة التي لم يتم بيعها حتى نهاية الفترة.

وفي هذا الشكل يشير رأس السهم إلى الجانب المدين من قيد اليومية أما نقطة نهاية السهم فتشير إلى الجانب الدائن من قيد اليومية اللازم لإثبات حركة تدفق التكلفة.

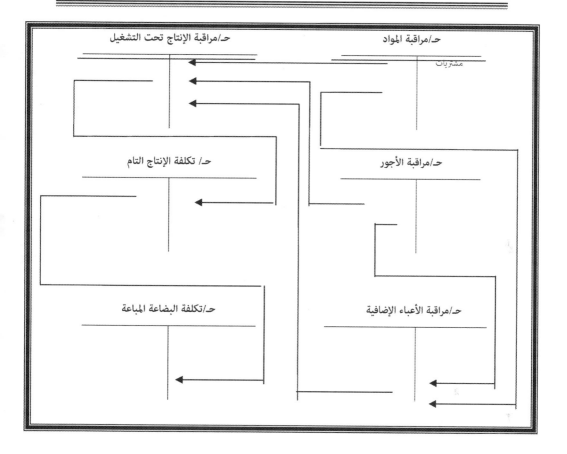

الشكل (٢-٢) دورة تدفق التكاليف في المنشأة الصناعية

إعداد قائمة الدخل:

فيما سبق تم عرض المفاهيم الأساسية لتدفق تكلفة الإنتاج. ولاستكمال الموضوع سيتم إعداد قائمة الدخل، ولتوضيح في ذلك سيتم الاعتماد على البيانات الآتية:

* مثال (١):-

كانت أرصدة حسابات البضاعة في أول المدة كالتالي:

- المواد الخام ١٠,٠٠٠ دينار، وحساب الإنتاج تحت التشغيل ٨,٠٠٠ دينار، وحساب البضاعة التامة الصنع ٢٠,٠٠٠ دينار، وخلال الشهر الجاري تمت العمليات الآتية:

- تم شراء مواد خام بمبلغ ٤٠,٠٠٠ د، على الحساب، وتم صرف ٤٥,٠٠٠ د، مواد خام إلى الإنتاج.

- بلغت الأجور المستحقة خلال الشهر ٤٠,٠٠٠ د، منها ٢٥,٠٠٠ د، أجوراً مباشرة والباقي يعتبر أجوراً غير مباشرة.

- بلغت التكاليف غير المباشرة الأخرى ٣٠,٠٠٠ د، وتتكون من : ٢,٠٠٠ مواد غير مباشرة اشتريت واستخدمت بدون إدخالها إلى المخازن، ٧,٠٠٠ إيجار، ١٥,٠٠٠د استهلاك، ٦٠٠٠ د مصروفات أخرى. وجميع هذه المصروفات عدا الاستهلاك كانت على الحساب.

- بلغ رصيد حساب الإنتاج تحت التشغيل آخر المدة ١٣,٠٠٠ د، وبلغت تكلفة البضاعة المباعة خلال المدة ١٠٠,٠٠٠ د ، وثمن بيعها ١٧٠,٠٠٠ دينار.

- بلغت المصروفات التسويقية ١٥,٠٠٠ د، كما بلغت المصروفات الإدارية ٢٥,٠٠٠ د.

المطلوب:

١. عمل قيود اليومية اللازمة لإثبات العمليات السابقة وتصوير الحسابات اللازمة علماً بأن المصروفات غير المباشرة تحمل على حساب الإنتاج تحت التشغيل على أساس فعلي .

٢. إعداد قائمة تكلفة البضاعة التامة الصنع.

٣. إعداد قائمة الدخل.

الحـــل:

أولاً: قيود اليومية

٤٠,٠٠٠		حـ/ مراقبة المواد الخام
	٤٠,٠٠٠	حـ/ الموردين (١)
		إثبات شراء المواد الخام على الحساب

٤٥,٠٠٠		حـ/ إنتاج تحت التشغيل
	٤٥,٠٠٠	حـ/ مراقبة الخام (٢)
		إثبات صرف المواد الخام إلى الإنتاج

٢٥,٠٠٠		حـ/ إنتاج تحت التشغيل
١٥,٠٠٠		حـ/ مراقبة التكاليف الصناعية غير المباشرة (٣)
	٤٠,٠٠٠	حـ/ مراقبة الأجور

٣٠,٠٠٠		حـ/ مراقبة تكاليف صناعية غير مباشرة
	١٥,٠٠٠	حـ / مخصص الاستهلاك (٤)
	١٥,٠٠٠	حـ/ الموردين

وخلال الفترة يتم تجميع التكاليف الصناعية غير المباشرة في حساب مراقبة التكاليف الصناعية غير المباشرة، بمعنى أنه لا يتم تحميلها على حساب إنتاج تحت التشغيل بصورة مباشرة، لذلك في نهاية الفترة وعند استخدام طريقة التحميل الفعلي يتم تحميل رصيد هذا الحساب إلى حساب الإنتاج تحت التشغيل بموجب القيد التالي:

٤٥,٠٠٠		حـ/ إنتاج تحت التشغيل
	٤٥,٠٠٠	حـ/ مراقب التكاليف الصناعية غير المباشرة (٥)

وبترحيل هذه القيود واعتبار أرصدة حسابات بضاعة أول المدة تصبح حسابات تكلفة البضاعة كالتالي:

حـ/ مراقبة المواد الخام

١٠,٠٠٠	الرصيد	٤٥,٠٠٠	(٢)
٤٠,٠٠٠	(١)	٥,٠٠٠	الرصيد
٥٠,٠٠٠		٥٠,٠٠٠	

حـ/ الإنتاج تحت التشغيل

٨٠٠٠	الرصيد	١١٠,٠٠٠	(٦)
٤٥,٠٠٠	(٢)	١٣,٠٠٠	الرصيد
٢٥,٠٠٠	(٣)		
٤٥,٠٠٠	(٥)		
١٢٣,٠٠٠		١٢٣,٠٠٠	

حـ/ التكاليف الصناعية غير المباشرة

١٥,٠٠٠	(٣)	٤٥,٠٠٠	(٥)
٣٠,٠٠٠	(٤)		
٤٥,٠٠٠		٤٥,٠٠٠	

حـ/ تكلفة البضاعة المباعة

١٠٠,٠٠٠	(٧)		

حـ/ تكلفة البضاعة التامة الصنع

٢٠٠٠٠	رصيد	١٠٠,٠٠٠	(٧)
١١٠,٠٠٠	(٦)	٣٠,٠٠٠	الرصيد
١٣٠,٠٠٠		١٣٠,٠٠٠	

يتم تحويل تكلفة الإنتاج التام من هذا الحساب إلى حساب تكلفة البضاعة التامة الصنع. هنا نجد بأن تكلفة الإنتاج التام تساوي ١١٠,٠٠٠ د ويتم إثباتها بقيد اليومية التالي:

١١٠,٠٠٠		حـ/ تكلفة بضاعة تامة الصنع
	١١٠,٠٠٠	حـ/ إنتاج تحت التشغيل (٦)
		إثبات تحويل تكلفة البضاعة التامة الصنع إلى المخزون.

ونظراً لأن تكلفة البضاعة المباعة تساوي ١٠٠,٠٠٠دينار فإنه يتم إثباتها بالقيد التالي:

١٠٠,٠٠٠		حـ/ تكلفة البضاعة المباعة
	١٠٠,٠٠٠	حـ/ تكلفة البضاعة التامة الصنع (٧)
		إثبات قيمة البضاعة المباعة

ومن واقع البيانات الظاهرة في الحسابات أعلاه يتم إعداد قائمة تكلفة البضاعة التامة كما في الشكل (٢-٤)، وبدراسة هذه القائمة نجد أن الجزء الخاص بالمواد المباشرة قد تم الحصول عليه من حساب مراقبة المواد المباشرة وكذلك فإن حركته تمثل أول رقم في حساب الإنتاج تحت التشغيل، ثم بإضافة الأجور المباشرة والمصروفات الصناعية غير المباشرة نصل إلى تكاليف الفترة الجارية. وهي تمثل ما تحملته المنشأة في سبيل الإنتاج خلال فترة التكاليف الجارية، بعض هذه التكاليف انفق لإتمام الإنتاج تحت التشغيل أول المدة وبعضها أنفق على وحدات بدأت وانتهت وبعضها لم ينتهي إنتاجها حتى نهاية الفترة، لذلك تقوم هذه القائمة على إضافة رصيد حساب الإنتاج تحت التشغيل أول المدة وطرح رصيد حساب الإنتاج تحت التشغيل آخر المدة إلى تكاليف الفترة الجارية للتوصل إلى تكلفة

الإنتاج التام الصنع ومرة أخرى فإن كل هـذه الأرقام يمكن الحصـول عليها مـن حسـاب الإنتاج تحـت التشغيل.

قائمة تكلفة البضاعة التامة الصنع		
مواد خام أول المدة	١٠،٠٠٠	
يضاف : مشتريات مواد خام	٤٠،٠٠٠	
المواد الخام المتاحة للاستخدام	٥٠،٠٠٠	
يطرح : مواد خام آخر المدة	٥،٠٠٠	
المواد المباشرة		٤٥٠٠٠
الأجور المباشرة		٢٥،٠٠٠
التكاليف الصناعية غير المباشرة		
أجور غير مباشرة	١٥٠٠٠	
مواد غير مباشرة	٢٠٠٠	
إيجار	٧٠٠٠	
استهلاك	١٥،٠٠٠	
مصروفات أخرى	٦،٠٠٠	
إجمالي التكاليف الصناعية غير المباشرة		٤٥،٠٠٠
التكلفة الصناعية للفترة الجارية		١١٥،٠٠٠
يضاف: رصيد إنتاج تحت التشغيل أول المدة		٨،٠٠٠
يطرح : رصيد إنتاج تحت التشغيل آخر المدة		(١٣،٠٠٠)
التكلفة الصناعية للبضاعة التامة الصنع		١١٠،٠٠٠

شكل (٢-٤) قائمة تكلفة البضاعة التامة الصنع

وبعد إعداد قائمة تكلفة البضاعة التامة الصنع يمكن إعداد قائمة الدخل كما في الشكل (٢-٥) وبدراسة هذا الشكل نجد أن رقم تكلفة البضاعة التامة الصنع في المنشآت الصناعية قد حل محل رقم صافي المشتريات في المنشآت التجارية.

قائمة الدخل لمنشأة صناعية

المبيعات		١٧٠,٠٠٠
يطرح تكلفة البضاعة المباعة:		
بضاعة تامة الصنع أول المدة	٢٠,٠٠٠	
تكلفة البضاعة التامة الصنع خلال المدة	١١٠,٠٠٠	
تكلفة البضاعة المتاحة للبيع	١٣٠,٠٠٠	
ناقص بضاعة تامة الصنع آخر المدة	(٣٠,٠٠٠)	
التكلفة الصناعية للبضاعة المباعة		١٠٠,٠٠٠
مجمل الربح		٧٠,٠٠٠
ناقص : المصروفات التشغيلية:		
مصروفات تسويقية	١٥,٠٠٠	
مصروفات إدارية	٢٥,٠٠٠	
إجمالي المصروفات التشغيلية		٤٠,٠٠٠
صافي الربح التشغيلي		٣٠,٠٠٠

شكل (٢-٥) قائمة الدخل لمنشأة صناعية

رابعاً: تبويب التكاليف حسب سلوكها:

يقوم هذا التبويب بدراسة استجابة عناصر التكاليف للتغير في حجم النشاط فيتم تبويب التكاليف في ثلاث مجموعات هي: التكاليف المتغيرة Variable Cost، والتكاليف الثابتة Fixed Cost، التكاليف المختلطة Mixed Cost، أو التكلفة شبة الثابتة أو شبه المتغيرة ويقصد بكلمة التكاليف هنا: أية تضحية في الموارد بغض

النظر عن الوظيفة التي تتطلب حدوث التكلفة، فقد يكون ضمن تكاليف الإنتاج أو المصروفات التسويقية والإدارية تكاليف متغيرة وتكاليف ثابتة وتكاليف مختلطة، وفيما يلي سيتم دراسة مفاهيم هذه التكاليف.

١. التكاليف المتغيرة: *Variable Cost*

تعرف التكاليف المتغيرة بأنها التكاليف التي يتغير مجموعها طردياً مع التغير في حجم النشاط، فإذا زاد حجم النشاط مثلاً بنسبة ١٠% يزداد مجموع التكاليف المتغيرة بنسبة ١٠% وإذا زاد حجم النشاط بنسبة ٢٥%، تزداد التكاليف بنسبة ٢٥% فعند إنتاج السيارة مثلاً يلزمنا ٥ إطارات، فإذا افترضنا أن سعر الإطار ٢٠ ديناراً لذا تكون تكلفة الإطارات للسيارة الواحدة ١٠٠ دينار وإذا تم إنتاج ٥ سيارات تكون تكلفة الإطارات ٥٠٠ د ، وهذا بدوره يعني أن التكلفة المتغيرة للوحدة ثابتة، فكل سيارة في مثالنا تحتاج إلى ١٠٠ دينار تكلفة إطارات، لذلك عند إنتاج ٢٠٠ سيارة تكون تكلفة الإطارات عبارة عن ٢٠٠×١٠٠=٢٠,٠٠٠ دينار ويمكن تمثيل دالة التكاليف المتغيرة كما في الشكل (٢-٦).

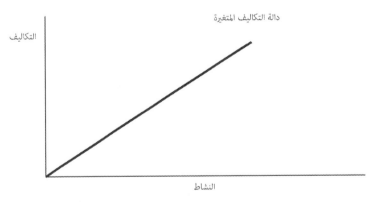

الشكل (٢-٦) دالة التكاليف المتغيرة

لقد بدأت هذه الدالة عند عدم وجود إنتاج من نقطة صفر ثم عندما ازدادت وحدات النشاط ازدادت التكاليف، ويشير ميل دالة التكاليف إلى التكلفة المتغيرة للوحدة. ويحدد إجمالي التكاليف المتغيرة بضرب عدد الوحدات في تكلفة الوحدة.

عند ربط هذا التبويب مع التبويب الوظيفي نجد أن المواد المباشرة والأجور المباشرة وبعض المصروفات الصناعية غير المباشرة وبعض المصروفات التسويقية والإدارية تكاليف متغيرة.

٢. التكاليف الثابتة: *Fixed Cost*

تعرف التكاليف الثابتة على أنها التكاليف التي لا يتغير مجموعها مع التغير في حجم النشاط طالما كان التغير ضمن المدى الملائم، وعليه فإذا زاد حجم النشاط أو نقص تبقى هذه التكاليف على حالتها ويتم تمثيل دالة التكاليف بيانياً كما في الشكل (٢-٧).

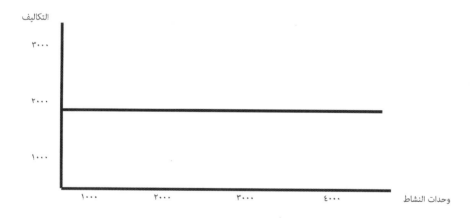

الشكل (٢-٧) الرسم البياني لدالة التكاليف الثابتة

من الرسم البياني يظهر لنا أن التكاليف الثابتة ستبقى عند مستوى ٢٠٠٠ ديناراً سواء كان عدد وحدات النشاط ١٠٠٠ وحدة أو ٢٠٠٠ وحدة، وهذا يعني أن متوسط تكلفة الوحدة سوف يرتبط عكسياً مع حجم النشاط لأنه عند إنتاج ١٠٠٠ وحدة تكون تكلفة الوحدة ٢د (٢٠٠٠ د ÷ ١٠٠٠ وحده) أما عند إنتاج ٢٠٠٠ وحده تكون تكلفة الوحدة ١د، هذه التكاليف تشمل الاستهلاك، الإيجار والأجور والرواتب الإدارية، الضرائب والرسوم السنوية.

ويمكن تقسيم التكاليف الثابتة إلى مجموعتين هما: التكاليف الثابتة الاختيارية والتكاليف الثابتة الإلزامية. وتشتمل المجموعة الأولى على البنود التي يمكن للإدارة التأثير في قيمتها في الأجل القصير مثل : بند الرواتب والأجور، وتكاليف الإعلان المتعلق بالتعريف بالمنشأة، وتشمل المجموعة الثانية على البنود التي يصعب على الإدارة التخلص منها في الأجل القصير بدون الأضرار بمصالح المنشأة والتأثير على قدرتها على الاستمرار وهي مثل : الاستهلاك، والإيجار، والرسوم والضرائب السنوية ورواتب الوظائف الإدارية الرئيسية. على أية حال، تعتبر جميع التكاليف الثابتة تكاليف اختيارية قبل تحملها فمثلاً، يمكن للإدارة استئجار معدات بعقود قابلة للإلغاء بدلاً من شرائها ولكن إذا قررت الإدارة شرائها يصبح استهلاك هذه المعدات تكلفة ثابتة إلزامية.

٣- التكاليف شبه الثابتة : *Semi fixed Cost*

تعرف هذه التكاليف بعدة مسميات منها التكاليف شبه المتغيرة، أو شبه الثابتة، أو المختلطة، وهي التكاليف التي تحمل صفات من التكاليف المتغيرة وصفات من التكاليف الثابتة في آن واحد. فمثلاً نجد أن الكثير من الآلات تحتاج إلى تسخين إلى درجة حرارة مئوية معينة قبل استخدامها في الإنتاج مثل آلات صب أكياس النايلون والأفران، لذلك تكون كمية الوقود اللازمة لذلك تكلفة ثابتة أما كمية الوقود المستخدمة بعد ذلك فإن تكلفتها تكون متغيرة لأنها تعتمد على عدد

الوحدات المنتجة، وبنفس المنطق نرى أن تكلفة الكهرباء المستهلكة في تشغيل الآلات فهي تكلفة متغيرة لأنها تعتمد على عدد الوحدات التي يتم إنتاجها.

ويزيد من صعوبة الأمر، أن تصميم الأنظمة المالية يسمح بتخصيص حسابات لتجميع العمليات المالية المتشابهة وليس المتماثلة.[1] وهذا يؤدي إلى اختلاط التكاليف الثابتة والمتغيرة معاً، فمثلاً بفتح حساب للكهرباء ويجعل مديناً بقيمة الكهرباء المستخدمة في الإنارة والكهرباء المستخدمة في التشغيل.

ويمكن تمثيل دالة التكاليف شبه الثابتة بيانياً بعدة أشكال منها ما تم إبرازها في الشكل (٢-٨).

وفي هذا الشكل فإن التكاليف عند نقطة الصفر تساوي (أ) وهذا المبلغ يساوي قيمة التكاليف الثابتة ولكن إذا زاد حجم النشاط إلى مستوى ك تصبح عنده إجمالي التكاليف ص وبالتالي تكون التكاليف المتغيرة هي ص-أ وأن التكاليف الثابتة هي (أ).

ويمكن فصل هذه التكاليف إلى شقين هما التكاليف المتغيرة والتكاليف الثابتة، ويتم ذلك باستخدام أحد الطرق التالية:[2]

- طريقة الخبرة الشخصية.

- طريقة التقدير الهندسية.

- النقطة العالية المنخفضة.

- الطرق الإحصائية.

وسيتم شرح هذه الطرق في الفصل الثالث.

[1] Hirsch, M. L., and Louder Back, J. G., Cost Accounting Accumulation, Analysis, and Use, 2nd, ed., (PWS - Kent Publishing Co-. ١٩٨٦), P. ٩٠.

[2] Ibid, PP. ٦٩ - ٧٦.

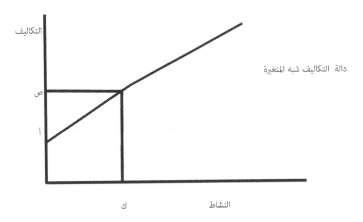

الشكل (٨-٢) الرسم البياني الدالة التكاليف شبه الثابتة

خامساً: تبويب التكاليف من وجهة نظر الرقابة

تقسم التكاليف من وجهة نظر الأشخاص المسؤولين عن الرقابة إلى مجموعتين هما : التكاليف القابلة للرقابة Controllable Cost والتكاليف غير القابلة للرقابة Uncontrollable Cost فتكون التكاليف قابلة للرقابة من وجهة نظر الشخص المسؤول عنها إذا كان يمكنه التأثير فيها، وهنا لا يتطلب وجود التأثير القدرة على التخلص من البند كلية بل يتطلب توفر إمكانية تخفيض تكلفته، فمثلاً يستطيع مدير مركز المسؤولية مزاولة الرقابة على المواد غير المباشرة والأجور غير المباشرة في مركزه ولكن لا يستطيع أن يزاول الرقابة على راتبه أو على رواتب رؤسائه.

تتوقف القابلية للرقابة على سلطة الشخص وليس على طبيعة البند فبعض البنود غير قابلة للرقابة عند مستوى إداري معين إلا أنها تصبح قابلة للرقابة عند مستوى إداري أعلى، فرئيس قسم إداري معين يعتبر مسؤولاً عن كمية المواد الخام التي يستخدمها في الإنتاج، ورئيس قسم آخر يكون مسؤولاً عن الأسعار ولكن

رؤساء هذه الأقسام لا يستطيعون مثلاً الرقابة على تكلفة بند الاستهلاك، أي أن الشخص يكون غير قادر على رقابة بعض البنود التي تقع ضمن مجال سلطته وبالتالي فإن الشخص يكون مسؤولاً عـن البنـود التي يتصرف بها والبنود التي يفوض سـلطة استخدامها إلى مرؤوسيه. لـذلك عند تقديم تقارير الرقابة يتم تبويب التكاليف فيها إلى تكاليف قابلة للرقابة وتكاليف غير قابلة للرقابة لكـل مستوى إداري في المنشأة وعند كل مستوى إداري يتم جمع التكاليف القابلة للرقابة لمسؤول ذلك المسـتوى والتكاليف القابلة للرقابة للمرؤوسين تحته، فمثلاً بالرغم من أن تكاليف الصيانة الشـاملة غير قابلـة للرقابـة عنـد مسـتوى الإشراف الأول إلا أنها قابلة للرقابة على مستوى مدير إدارة الإنتـاج لـذلك تـدرج ضـمن تقريـر أدائـه وإذا نظرنا إلى التكاليف في المدى البعيد نجد أنها تقع ضمن رقابة إدارة المنشأة ولكـن بعـد حدوثها وخصوصاً التكاليف الثابتة تصبح غير قابلة للرقابة.

بالنسبة للتكاليف المتغيرة ليس من الضروري أن تكون قابلة للرقابة في مركز مسؤولية واحد لأنها تتكون من شقين هما السعر والكمية وأن كل منهما يقع تحت مسؤولية قسم معين بالمنشأة. ويزداد نطاق قدرة الشخص على الرقابة كلما ارتفع مستواه التنظيمي. وللنجاح في مزاولة الرقابة يجب تقسيم المنشأة إلى مراكز مسؤولية وأن يتم تحديد سلطات ومسؤوليات كل قسم وكل مسؤول بصورة واضحة.

سادساً: التكاليف لأغراض اتخاذ القرارات الإدارية:

يتطلب اتخاذ القرارات الإدارية تحديد التكاليف المرتبطة بهذه القرارات، وهذه التكاليف تعرف باسم التكاليف المناسبة، ويتم تعريفها بأنها التكاليف التي سوف تحدث نتيجة لاتخاذ القرار ويتم تجنب حدوثها بعـدم اتخاذه. [1] فمثلاً إذا قررت المنشأة زيادة حجم الإنتاج فإن ذلك يؤدي إلى زيادة تكلفة المواد المباشرة

---

[1] Garrison, R, H., op. Cit., Pp ٥٨٥-٥٨٦.

الأجور المباشرة وبعض المصروفات الصناعية، ولكن ذلك لا يؤدي إلى زيادة مصروف الاستهلاك أو الإيجار أو الرسوم والضرائب. لذلك تسمى تكلفة المواد المباشرة والأجور المباشرة والمصروفات الأخرى التي يتوقع حدوثها نتيجة للقرار بالتكاليف المناسبة لأنها تحدث نتيجة لاتخاذ القرار الإداري الخاص بزيادة الإنتاج، ومن صفات هذه التكاليف أنها سوف تحدث في المستقبل لذلك تعتبر التكاليف التاريخية غير مناسبة لأنها تكون نتيجة قرارات سابقه وبالتالي يتم وصفها بأن غارقة sunk cost فهي لن تتأثر باتخاذ القرارات التي ستنتج في المستقبل. فمثلاً تعتبر تكاليف البحث والتطوير تكاليف غارقة فيما يتعلق باتخاذ قرار تطبيق نتائج هذه الأبحاث لأنه سواء تم تطبيق النتائج أو لم يتم ذلك تكون المنشأة قد تحملت هذه التكاليف فعلياً.

تكلفة الفرصة البديلة: *Opportunity Cost*

هي تكلفة الفرصة التي يتم فقدها نتيجة اتخاذ قرار لصالح بديل معين مقابل إهمال بديل قرار منافس له، فعند اتخاذ قرار لصالح بديل معين يتم التخلي عن منافع بديل آخر ومن ثم تخسر المنشأة الفرصة التي يحققها ذلك البديل، فمثلاً تعتبر تكاليف استخدام الأصول الثابتة تكاليف تاريخية ومن ثم فهي تكاليف غير مناسبة، ولكن إذا أمكن تأجير هذه الآلات بدلاً من استخدامها في تحقيق أهداف القرار محل الاعتبار، فإن قيمة إيجار الآلات تعتبر تكلفة فرصة بديلة لأن المنشأة كان بإمكانها تأجيرها إلى الغير، وأنها فقدت هذه الفرصة بسبب استخدام تلك الآلات في تحقيق أهداف القرار المعني، وتعرف تكلفة الفرصة البديلة بأنها الأرباح المفقودة لأفضل بديل يأتي بعد البديل الذي تم اختياره، فمثلاً لو كان هناك ثلاثة بدائل هامش مساهمتها: ٥٠٠٠د، ٣٠٠٠د، ٢٠٠٠د، على التوالي، فسيتم اختيار البديل الأول وفي هذه الحالة تكون تكلفة فرصته البديلة ٣٠٠٠د لأنها الأرباح المفقودة لأفضل بديل تالٍ للبديل الأفضل والذي تم اختياره. لاحظ أن تكلفة الفرصة البديلة هي

خسائر تحملتها المنشأة نتيجة التضحية بالفرص المتاحة وأن هذه التكلفة لا تدفع نقداً وهي غير مسجله في الدفاتر المحاسبية.

التكاليف التفاضلية : *Differential Cost:*

هي الفرق بين تكاليف البدائل التي تتم مقارنتها، وهذا الفرق هو أساس اتخاذ القرارات الإدارية، لذلك إذا تساوت تكاليف بند تحت بديلين فإن تكاليفه لا تؤثر على القرار، لأنه عند اتخاذ قرار باختيار أي بديل فإن المنشأة سوف تتحمل نفس التكاليف أو أنها تحقق نفس الإيراد، لذلك فإن استبعاد هذه التكاليف والإيرادات من البيانات الخاصة بإيرادات وتكاليف البدائل المتنافسة يساعد في تبسيط عملية المقارنة بين هذه البدائل. [1]

التكاليف الفعلية والتكاليف المعيارية: *Actual and Standard Cost:*

تعرف التكاليف الفعلية بأنها التكاليف التي حدثت فعلاً في سبيل إنتاج السلع أو تقديم الخدمات وبالتالي فهي تعكس ما حدث في الأداء الفعلي. وتعرف التكاليف المعيارية على انها تكاليف محددة مقدماً لما يجب أن تكون عليه التكاليف خلال فترة العمل المقبلة. فهي لم تحدث بعد وتعكس التكاليف التي يتوقع حدوثها إذا تم العمل وفق الظروف التي تتوقعها الإدارة. وتحدد التكلفة المعيارية للوحدة وعلى مستوى الإنتاج. ويمكن وضع التقديرات لحجم النشاط المتوقع في جداول تعرف باسم الموازنة التخطيطية، وسيتم التعرض لهذا الموضوع في الفصل السادس في هذا الكتاب. على أية حال لا تعتبر التكاليف الفعلية والمعيارية متنافسة بحيث إذا تم استخدام التكاليف الفعلية نستغني عن استخدام التكاليف المعيارية بل تعتبر الواحدة مكملة للأخرى. تستخدم التكاليف المعيارية لمقارنة التكاليف الفعلية للحكم على كفاءة الأداء، ويمكن استخدام التكاليف الفعلية في تحديد تكلفة مخزون

---

[1] Ibid., Pp. ٥٩٩ - ٦٠٠.

آخر المدة، وتكلفة البضاعة المباعة، وتستخدم التكاليف المعيارية في اتخاذ القرارات الإدارية المختلفة ومنها تقديم المناقصات.

الخـاتمـة

لقد تم في هذا الفصل مناقشة أغلب المصطلحات المستخدمة في محاسبة التكاليف والتي سيتم استخدامها في هذا الكتاب، وقد تم البدء بالمصطلحات المستخدمة في أغراض تحديد تكلفة الإنتاج، ولهذا الغرض تم تبويب التكاليف إلى تكاليف إنتاج (صناعية) ومصروفات تسويقية ومصروفات إدارية، ووجدنا أن التكاليف الصناعية هي التكاليف الوحيدة التي يتم تحميلها على وحدات الإنتاج، ولتسهيل تحديد تكلفة هذه الوحدات يتم تبويب التكاليف الصناعية إلى مواد مباشرة وأجور مباشرة وتكاليف صناعية غير مباشرة وقد تم إعداد قائمة تكلفة البضاعة التامة الصنع وقائمة الدخل الخاصة بالمنشآت الصناعية.

إضافة إلى ذلك، فقد تمت مناقشة المفاهيم الأساسية التي تستخدم في أغراض الرقابة والتخطيط واتخاذ القرارات، وهنا تم التعرف على طبيعة التكاليف المتغيرة والتكاليف الثابتة والتكاليف المختلطة، وفي مجال الرقابة يجب أن يتم تقسيم التكاليف إلى قابلة للرقابة وغير قابلة للرقابة من وجهة نظر المستوى المسؤول عن رقابة عناصر التكاليف وتبين أنه يجب أن يحمل الشخص بمسؤولية العناصر التي يمكنه هو أو مرؤوسيه الرقابة عليها، ولأغراض اتخاذ القرارات الإدارية فإنه يجب أن يتم تحديد التكلفة المناسبة التي تمثل التكاليف التي يتوقع حدوثها في المستقبل وبالتالي تكون التكاليف التاريخية غير مناسبة لاتخاذ القرارات الإدارية إلا بمقدار ما توفره من معلومات تساعد في عملية التنبؤ بالتكاليف المناسبة.

أسئلة وتمارين

السؤال الأول: ما هو الفرق بين تكاليف المنتج وتكاليف الفترة والتصنيفات المناسبة لكل منهما، وبين متى يصبح كل منهما مصروفاً؟

السؤال الثاني: قارن بين الأجور المباشرة وغير المباشرة، والمواد المباشرة والمواد غير المباشرة.

السؤال الثالث : ما هي مكونات تكلفة البضاعة المباعة؟

السؤال الرابع : ما هو المقصود بالتكلفة الأولية وتكلفة التحويل؟

السؤال الخامس: قارن بين التكلفة المتغيرة والتكلفة الثابتة من حيث مجموع التكاليف وتكلفة الوحدة؟

السؤال السادس: أذكر الطرق المختلفة التي يمكن استخدامها في فصل التكاليف المختلطة؟

السؤال السابع: عرف المقصود بالتكاليف القابلة للرقابة ومتى تكون كل التكاليف قابلة للرقابة؟

السؤال الثامن: ما هو المقصود بالتكاليف المناسبة ومتى تكون تكلفة الأصول الثابتة مناسبة لاتخاذ القرار الإداري؟

السؤال التاسع: التكلفة التاريخية هي تكلفة غارقة ولكن ما هو شرط اعتبارها تكلفة مناسبة؟

السؤال العاشر: هناك تكاليف مختلفة للأهداف المختلفة، ناقش هذه العبارة مع إعطاء الأمثلة على ذلك.

السؤال الحادي عشر: حدثت التكاليف التالية في إحدى الشركات الصناعية خلال السنة المالية ٢٠٠٢

٤٠,٠٠٠ د مواد مباشرة

٥٠,٠٠٠ د أجور مباشرة

٧٥,٠٠٠ د تكاليف صناعية غير مباشرة

المطلوب :

الإجابة على البدائل المستقلة التالية:-

أ- افترض أن مخزون إنتاج تحت التشغيل أول المدة يساوي ٢٥,٠٠٠ د وأن مخزون إنتـاج تحـت التشغيل آخر المدة يساوي ٣٥,٠٠٠ د فما هي تكلفة البضاعة التامة الصنع؟

ب- افترض أن هناك نقصاً في مخزون الإنتاج تحت التشغيل مقداره ١٥,٠٠٠ د، وزيادة في مخزون الإنتاج التام بمبلغ ٢٠,٠٠٠ د. فما هي تكلفة البضاعة المباعة؟

السؤال الثاني عشر: الآتي بعض المعلومات المتوفرة في سجلات إحدى الشركات الصناعية:

مخزون مواد مباشرة أول المدة ٢٠,٠٠٠د، ومشتريات مواد خام ٧٥,٠٠٠د، ومخزون مـواد خام آخر المـدة ١٥,٠٠٠د، وبلغت الأجـور المباشرة ٥٠,٠٠٠ د، وإيجـار المصنع ١٤٠٠٠ د، واستهلاك الآلات ١٢,٠٠٠ د، ومرتبـات وأجـور إدارة الإنتـاج ١٨,٠٠٠د، المـدينون ٨٣,٠٠٠د، والـدائنون ٧٥,٠٠٠د، المبيعـات ٢٣٠,٠٠٠، والإنتاج تحت التشغيل أول المدة ١٣,٠٠٠د، إنتاج تحت التشغيل آخر المـدة ١٨,٠٠٠د، والبضاعة التامـة الصنع آخر المدة ١٩,٠٠٠د.

تقوم الشركة في نهاية كل فترة بتحميل التكاليف الصناعية غير المباشرة الفعلية علـى الإنتـاج علـى أساس فعلي .

المطلوب:

(١) تحديد تكلفة البضاعة التامة الصنع بتصوير الحسابات المناسبة.

(٢) حساب قيمة المخزون الذي سوف يظهر في الميزانية.

(٣) حساب التكلفة الأولية وتكلفة التحويل للفترة الجارية.

السؤال الثالث عشر: الآتي معلومات مستخرجه من سجلات إحدى الشركات:-

التغير في مخزون المواد الخام بالنقص	٥٠٠٠ د
مشتريات المواد الخام	١٨٠,٠٠٠ د
الأجور المباشرة	٢٢٠,٠٠٠د
التكاليف الصناعية غير المباشرة	١١٠,٠٠٠د
النقص في مخزون الإنتاج تحت التشغيل أخر المدة	٣٠,٠٠٠د

المطلوب:

إعداد قائمة تكلفة البضاعة التامة الصنع.

السؤال الرابع عشر: في ٢٠٠٤/٣/١ كانت أرصد المخزون في شركة بلاستيك الشرق تتكون من : ٤٥,٠٠٠ د مواد خام، ٦٠,٠٠٠د إنتاج تحت التشغيل، ٥٠,٠٠٠د مخزون إنتاج تام.

وخلال شهر آذار تمت العمليات الآتية:-

- تم شراء مواد خام بمبلغ ٢٥٠,٠٠٠ د على الحساب.
- تم صرف مواد خام من المخازن إلى الإنتاج تكلفتها ٢٨٠,٠٠٠ د.
- بلغت الأجور الخاصة بإدارة الإنتاج ١٤٠,٠٠٠ منها ١٠٠,٠٠٠ أجوراً مباشرة، والباقي أجوراً غير مباشرة، وتم دفع هذه الأجور نقداً.

- تتضمن المصروفات الصناعية غير المباشرة الآتي:

زيوت ووقود	١٢٠٠٠د
إيجار مبنى المصنع	٢٨٠٠٠د
استهلاك الآلات	٢٤٠٠٠د
تأمين على الآلات والبضائع	٣٠٠٠د

وجميعها دفعت نقداً عدا الاستهلاك

- بلغ مخزون آخر المدة من إنتاج تحت التشغيل ٢٥,٠٠٠ د ومن البضاعة التامة ٢٠,٠٠٠ د.

المطلوب:

إجراء قيود اليومية لإثبات العمليات السابقة وتصوير الحسابات المناسبة.

السؤال الخامس عشر: الآتي بعض حسابات التكاليف والمطلوب تبويبها إلى تكاليف فترة أو تكلفة منتج وحسب سلوكها إلى متغيرة وثابتة.

البند	منتج / فترة	متغيرة / ثابتة
المواد الخام المصروفة للإنتاج		
مرتب مدير الإنتاج		
مرتبات مشرفي الإنتاج		
الأجور المباشرة		
استهلاك الآلات الصناعية		
كهرباء تشغيل الآلات		
استهلاك مبنى الإدارة		
راتب المدير العام		
الضرائب على المصنع		
صيانة الآلات الإدارة		

السؤال السادس عشر: الآتي بيانات مالية مستخرجة من دفاتر إحدى الشركات الصناعية في ١٢/٣١:

	٢٠٠١	٢٠٠٢
مخزون إنتاج تام أول المدة	٢٥,٠٠٠	٤٠,٠٠٠
التكلفة الصناعية للإنتاج التام	١٢٠,٠٠٠	١٥٠,٠٠٠
مخزون الإنتاج التام آخر المدة	٤٠,٠٠٠	٣٥,٠٠٠
المبيعات	٢١٠,٠٠٠	٣١٠,٠٠٠
مصروفات تسويقية وإدارية	٦٠,٠٠٠	١٢٠,٠٠٠

المطلوب:

(١) ما هي التكلفة الصناعية للبضاعة المباعة؟

(٢) إعداد قائمة الدخل لكل سنة من السنوات الظاهرة أعلاه؟

السؤال السابع عشر: الآتي معلومات مستخرجة من دفاتر إحدى الشركات:

اسم الحساب	دينار
مواد مباشرة	١٦٠,٠٠٠
مخزون تحت التشغيل آخر المدة	٤٠,٠٠٠
أجور مباشرة	١٢٠,٠٠٠
مواد غير مباشرة	١٥,٠٠٠
استهلاك مباني المصنع	١٣,٠٠٠
استهلاك آلات المصنع	١٥,٠٠٠
استهلاك مباني ومعدات الإدارة	٥٠٠٠
مخزون إنتاج تام أول المدة	٨٠,٠٠٠
تأمين على البضاعة وآلات المصنع	٥٠٠٠
الإيجار (٧٠% المصنع ٣٠% الإدارة)	١٠,٠٠٠

تكاليف صناعية غير مباشرة أخرى	٢٥,٠٠٠
مرتبات إدارية	٢٥,٠٠٠
مرتبات تسويقية	١٥,٠٠٠
عمولة مبيعات	٦٠٠٠
مبيعات	٤٧٥,٠٠٠
مردودات مبيعات	٥,٠٠٠
نقدية	١٥,٠٠٠
دائنون	٨٠,٠٠٠
مخزون تحت التشغيل أول المدة	٤٥,٠٠٠
مخزون إنتاج تام آخر المدة	٩٠,٠٠٠
مخزون مواد خام آخر المدة	٦٠,٠٠٠

والمطلوب:

(١) إعداد قائمة تكلفة الإنتاج التام الصنع.

(٢) إعداد قائمة الدخل.

السؤال الثامن عشر: الآتي حالات منفصلة والمطلوب استبدال علامة الاستفهام بالرقم المناسب مع العلم بأن المصروفات الصناعية غير المباشرة تساوي ٧٥% من الأجور:

	حالة (١)	**حالة (٢)**	**حالة (٣)**
مبيعات	٥٠٠,٠٠٠	٧٠٠,٠٠٠	٧٠٠,٠٠٠
إنتاج تام أول المدة	٥٠,٠٠٠	١٠٠,٠٠٠	١٢٠,٠٠٠
إنتاج تحت التشغيل أول المدة	٧٥,٠٠٠	١٢٠,٠٠٠	٥٧,٥٠٠
مواد مباشرة	١٥٠,٠٠٠	؟	٢٠٠,٠٠٠
أجور مباشرة	؟	٢٠٠,٠٠٠	١٥٠,٠٠٠
تكاليف صناعية أخرى	؟	١٥٠,٠٠٠	١١٢,٥٠٠

إنتاج تحت التشغيل آخر المدة	٦٠,٠٠٠	٨٠,٠٠٠	٩٠,٠٠٠
إنتاج تام آخر المدة	٨٠,٠٠٠	٩٠,٠٠٠	؟
مجمل الربح	٦٥,٠٠٠	١٠٠,٠٠٠	٢٠٠,٠٠٠

السؤال التاسع عشر: الآتي بعض الحسابات غير المكتملة التي رحلت إليها بعض المبالغ وأرقام القيود فقط.

حـ/ مراقبة المواد الخام

١٠,٠٠٠	رصيد	٨٠,٠٠٠	(٢)
١٠٠,٠٠٠	(١)		
٣٠,٠٠٠	الرصيد		

حـ/ مراقبة الأجور

١٠٠,٠٠٠	النقدية (٣)		(٤)
١٠٠,٠٠٠		١٠٠,٠٠٠	

حـ/ إنتاج تحت التشغيل

١٥,٠٠٠	رصيد		(٧)
	(٢)		
٨٠,٠٠٠	الأجور(٤)		
	(٥)		
	(٦)		

حـ/ التكاليف الصناعية غير المباشرة

١٠,٠٠٠	(٣)	٨٠,٠٠٠	(٦)
	(٤)		
٥٠,٠٠٠	أخرى (٥)		

حـ/ بضاعة تامة الصنع

٢٥,٠٠٠	رصيد		
٢٢٠,٠٠٠	(٧)		

حـ/ تكلفة البضاعة المباعة

٢٠٠,٠٠٠	(٨)		

المطلوب:

إجراء قيود اليومية وترحيلها بصورة صحيحة، وتحديد أرصد الحسابات السابقة.

السؤال العشرون: (CMA معدل) يخص الأسئلة الثلاثة التالية:

الآتي معلومات مستخرجة من سجلات إحدى الشركات الصناعية.

المخزون	٤/١	٤/٣٠
مواد مباشرة	١٨,٠٠٠د	١٥,٠٠٠د
إنتاج تحت التشغيل	٩,٠٠٠د	٦,٠٠٠د
إنتاج تام	٢٧,٠٠٠د	٣٦,٠٠٠د

والآتي بعض المعلومات الإضافية عن شهر ٤:-

مواد مباشرة مشتراة	٤٢,٠٠٠د
أجور مباشرة	٣٠,٠٠٠د
معدل الأجر المباشر بالساعة	٧,٥د
معدل تحميل الأعباء الإضافية	١٠ د / س ع م

- فإن التكلفة الأولية هي :-

(أ) ٧٥,٠٠٠ د   (ب) ٦٩٠٠٠ د

(ج) ٤٥,٠٠٠ د   (د) ٣٩,٠٠٠ د

كانت تكاليف التحويل في شهر ٤ هي:

(أ) ٣٠,٠٠٠ د   (ب) ٤٠,٠٠٠د

(ج) ٧٠,٠٠٠ د   (د) ٧٢,٠٠٠ د

- تكلفة البضاعة التامة الصنع في شهر ٤ هي:

(أ) ١١٨,٠٠٠ د   (ب) ١١٥,٠٠٠ د

(ج) ١١٢٠٠٠ د   (د) ١٠٩,٠٠٠ د

- تكلفة البضاعة المباعة في شهر ٤ هي:

(أ) ١١٨,٠٠٠   (ب) ١١٢,٠٠٠

(ج) ١٠٩,٠٠٠   (د) ١٢٧,٠٠٠

السؤال الحادي والعشرون: المواد المباشر تعتبر:

	تكلفة تحويل	تكلفة صناعية	تكلفة أولية
أ	نعم	نعم	لا
ب	نعم	نعم	نعم
جـ	لا	نعم	نعم
د	لا	لا	لا

الفصل
الثالث

تقدير التكاليف

أهداف الفصل:

بعد دراسة هذا الفصل يجب أن تكون قادراً على معرفة:

١. المقصود بالتكاليف المتغيرة وشبة المتغيرة والثابتة .

٢. الطريقة الشخصية لفصل التكاليف شبه المتغيرة إلى متغيرة وثابتة.

٣. الطريقة الهندسية لتقدير التكاليف.

٤. طريقة النقطة العالية والمنخفضة.

٥. سمات طريقة خرائط الانتشار.

٦. أساسيات طريقة الانحدار الخطي البسيط.

٧. كيفية التنبؤ باستخدام طرق التقدير السابقة.

مقدمـــة:

تقوم المحاسبة بتقديم معلومات إلى عدة جهات داخل المنشأة وخارجها لترشيد قراراتها المالية، وكانت المحاسبة قديماً تقوم بتقديم معلومات تاريخية ولكن بدأت الإدارة تطلب منها تقديم بيانات لمساعدتها في اتخاذ القرارات الإدارية المختلفة. ولتحقيق ذلك واجهت المحاسبة مشكلة تمايز استجابة عناصر التكاليف والمصروفات للتغير في حجم النشاط فبعضها متغير وبعضها ثابت والبعض الآخر يحمل هاتين الصفتين معاً. وللتغلب على هذه المشكلة قامت المحاسبة باستخدام عدة أساليب لفصل مجموعة التكاليف الأخيرة إلى متغيرة وثابتة.

تعرف التكلفة المتغيرة على أنها التكاليف التي تتغير طردياً مع التغير في مستوى النشاط ولذلك فأن إجمالي هذه التكلفة يتغير بنفس نسبة التغير في النشاط، وأن نصيب وحدة النشاط من هذه التكاليف ثابت، أما التكاليف الثابتة فهي التكاليف التي يبقى مبلغها الإجمالي ثابتاً طالما بقي حجم النشاط ضمن مدى معين. وبهذا فإن نصيب وحدة النشاط من هذه التكاليف يتناسب عكسياً مع التغير في حجم النشاط. أما التكاليف شبه المتغيرة، أو شبه الثابتة أو المختلطة فإن نمط سلوكها تجاه التغير في حجم النشاط يختلف عن المجموعتين السابقتين إذ نجد أنها تتغير مع تغير حجم النشاط، ولكن هذا التغير ليس طردياً، فمثلاً، نجد أن الأجور غير المباشرة تتكون من، وتحتوي على أجرة عمال مناولة المواد، والوقت الضائع وأجور الإجازات، والعلاج الطبي. وهذه البنود تؤدي إلى أن تكون مكونات الحسابات جزئين الأول ويمثل الجزء المتغير من تكاليف الأجور، والجزء الثاني ويمثل التكاليف الثابتة، وبدون فصل تكلفة هذين الجزئين عن بعضهما لا تستطيع المنشأة وضع الموازنات التخطيطية أو تقدير التكاليف اللازمة للقرارات الإدارية المختلفة، لذلك من الضروري القيام بفصل هذه التكاليف إلى متغيرة وثابتة، وهذه التكاليف يمكن التعبير عنها بالمعادلة التالية.

$$ص = أ + ب س$$ .... (٣-١).

حيث أن :

ص = أجمالي التكاليف

أ   = التكاليف الثابتة

ب = ميل خط الدالة وتمثل درجة استجابة التكاليف للتغير في حجم النشاط.

س = حجم النشاط

طرق فصل التكاليف شبه المتغيرة

يمكن استخدام أربع طرق لفصل التكاليف شبه المتغيرة هي:

١. طريقة تحليل الحسابات الشخصية.

٢. طريقة التقدير الهندسي.

٣. طريقة أعلى نقطة نشاط وأدناه.

٤. الطرق الإحصائية.

وسيتم شرح هذه الطرق على التوالي:

أولاً: طريقة تحليل الحسابات الشخصية:

تعتمد هذه الطريقة على خبرة الشخص الذي يقوم بعمل تحليل الحسابات التي تظهر في دفاتر المنشأة، فمن واقع خبرته الشخصية يقوم بدراسة كل حساب والعمليات المالية التي يتكون منها، وبعدها يحدد النسبة المئوية لكل من التكاليف الثابتة والمتغيرة التي تكون هذا الحساب، فمثلاً إذا وجد هذا الخبير أن تكلفة بند الكهرباء تبلغ ٢٠٠٠ دينار ووجد أن ٦٠% من استخدام الكهرباء ثابت فإن تكاليف الكهرباء الثابتة تساوي: ١٢٠٠د(=٢٠٠٠×٦٠%) وأن المبلغ الباقي من تكلفة الكهرباء يمثل تكاليف متغيرة، وبتطبيق هذا الإجراء على كل عناصر المصروفات التي تظهر في ميزان المراجعة يتم تحديد إجمالي تكلفة البنود المتغيرة وإجمالي تكلفة البنود الثابتة ويمكن أن تظهر نتيجة التحليل السابق كما في الجدول (٣-١).

جدول (٣-١)

فصل التكاليف إلى متغيرة وثابتة عند مستوى ١٠,٠٠٠ وحدة

	إجمالي	متغيرة	ثابتة
المواد غير المباشرة	٦٠٠٠	٤٠٠٠	٢٠٠٠
الأجور غير المباشرة	٨٢٠٠	٣٢٠٠	٥٠٠٠
ضرائب على المصنع	١٠٠٠	-	١٠٠٠
الاستهلاك	١٥٠٠٠	-	١٥٠٠٠
ايجار المصنع	١٠٠٠٠	-	١٠٠٠٠
مصروفات الرقابة	٤٨٠٠	٣٦٠٠	١٢٠٠
القوى المحركة	٨٠٠٠	٧٠٠٠	١٠٠٠
أخرى	٩٠٠٠	٤٥٠٠	٤٥٠٠
الإجمالي	٦٢,٠٠٠	٢٢,٣٠٠	٣٩,٧٠٠

وبدراسة البيانات الواردة في الجدول نجد أن الخبير المحاسبي اعتبر أن ثلثي تكاليف المواد غير المباشرة تكلفة متغيرة وثلثها الباقي تكاليف ثابتة، كما أعتبر أن كل الضرائب والرسوم على المصنع والاستهلاك والايجار بنوداً ثابتة.

وبقسمة إجمالي التكاليف المتغيرة على عدد وحدات النشاط ومقدارها ١٠,٠٠٠ وحدة نتوصل إلى أن التكاليف المتغيرة للوحدة تساوي ٢,٢٣ دينار

(=٢٢٣٠٠د/١٠٠٠٠وحدة) وبعد إنجاز هذا التحليل يمكن صياغة معادلة التكاليف غير المباشرة الكلية كالتالي:

التكاليف الكلية = التكاليف الثابتة + التكلفة المتغيرة للوحدة × عدد الوحدات

ص = ٣٩٧٠٠ + ٢,٢٣ س .... (٣-٢)

وإذا تم تقدير المدى الملائم للنشاط بين ٩٠٠٠ وحدة و ١٢٠٠٠وحدة ففي هذه الحالة يمكن استخدام معادلة إجمالي التكاليف في التنبؤ بما ستكون عليه

التكاليف عند مستوى نشاط معين فمثلاً، إذا توقعت المنشأة أن يبلغ نشاطها في الفترة المقبلة ١١٠٠٠ وحدة، فإنه باستخدام معادلة التكاليف السابقة ستكون تكاليفها غير المباشرة المتوقعة هي:

$$ص = ٣٩٧٠٠ + ٢,٢٣ × ١١٠٠٠ \text{ وحدة}$$

$$= ٦٤,٢٣٠ \text{ دينار}$$

يعاب على هذه الطريقة أنها تعتمد على خبرة ووجهة نظر المحاسب الذي يقوم بإعداد التحليل ومن ثم تخضع لتحيزه الشخصي بالإضافة إلى ذلك، نجد أن هذه الطريقة تعتمد على ملاحظة واحدة وهي البيانات التي تم تحليلها ومن ثم تهمل ذبذبات التكاليف من فترة لأخرى إلا بالقدر الـذي يتـذكره الخبير الذي قام بعمل التحليل.

ثانياً: طريقة التقدير الهندسية   *Engineering Method*

وتقوم هذه الطريقة باستخدام الأساليب الفنية في تقدير احتياجات وحدة المنتج، فمثلاً يقوم الصيادلة في الصناعات الدوائية بتحديد خلطة المواد التي يتكون منها كل دواء وهذه المواد تعتبر تكلفة متغيرة وبالمثل تستطيع الصناعات الأخرى تحديد كمية المواد اللازمة لإنتاج الوحدة باستخدام الأساليب العلمية المتوفرة لها. ففي صناعة الكتب مثلاً يمكن تحديد كمية الورق اللازمة لإنتاج الكتاب وتكاليف طباعته بدقة وهذه تعتبر تكاليف متغيرة أيضاً.

ولقد أوصى رواد الإدارة العلميـة استخدام الأساليـب العلميـة عنـد تحديـد كميـة العمل المبـاشر اللازمة لإنتاج الوحدة، وهنا يجب تقسيم عملية الإنتاج إلى خطوات وتحديد الـزمن اللازم لإنجاز كل خطوة باستخدام أسلوب دراسة الحركة والزمن أو عن طريق حساب متوسط الزمن اللازم لإنجاز العمليـة، وبتسعير الوقت اللازم تتحدد تكلفة الأجور المباشرة.

ومن مزايا هذه الطريقة دقتها في تحديد عناصر تكلفة المواد والأجور اللازمة لإنتاج الوحدات المنتجة وإضافة إلى ذلك، فإن الإجراءات التي تستخدمها هذه الدراسات تعمل على رفع الكفاية الإنتاجية لأنها تساعد على التخلص من الحركات والمواد غير اللازمة للإنتاج ، وتساعد أيضاً في التركيز على سمات قوة العمل. أما عن عيوبها فأولها أن تكلفة تطبيقها مرتفعة وخصوصاً في الشركات الكبيرة التي تمتاز بتنوع منتجاتها وتعدد عملياتها، وثانيهما أنه لا يمكن استخدامها في تقدير تكلفة كل عناصر التكاليف وخاصة تلك التي تقع ضمن مجموعة التكاليف الصناعية غير المباشرة.

ثالثاً: طريقة أعلى نقطة نشاط وأدناه *High –Low Method*:

تعتمد هذه الطريقة عند فصل التكاليف شبه المتغيرة إلى متغيرة وثابتة على البيانات التاريخية المتوافرة لدى المنشأة وتعمل على تحديد ميل دالة التكاليف وتقاطعها مع المحور الرأسي. وتظهر دالة التكاليف كما في الشكل رقم (٣-١) وحتى يتم تقدير متغيرات دالة التكاليف يجب أولاً تحديد أعلى مستوى نشاط وأدناه، أما الخطوة الثانية فتقوم بتحديد التكاليف المناظرة لهذه المستويات. وبعد ذلك نقوم باستخدام البيانات السابقة لحساب الميل والتقاطع. وبطبيعة الحال يجب تبرير وجود علاقة نظرية بين وحدات النشاط والتكاليف لأنه بدون وجود هذه العلاقة تكون النتائج غير مفيدة، ولبيان طريقة حساب الميل سيتم الاعتماد على البيانات التالية:

مثال (٣-١)

الآتي بيانات عن ساعات العمل المباشرة وتكاليف الصيانة التي توفرت من سجلات إحدى الشركات:

	ساعات العمل	تكاليف الصيانة
١-	١١٦	٦٩٠
٢-	١٥٣	٧٢٣
٣-	١٤٠	٨٧٣
٤-	١١٠	٦٨٧
٥-	١٨٠	٨٧٦
٦-	١٥٠	٧٥٠
المجموع	٧١٠	٣٨٩٥

المطلوب:

تحديد ميل وتقاطع دالة التكاليف شبه المتغيرة.

يتم رسم دالة التكاليف حسب هذه الطريقة كما في الشكل رقم (٣-١).

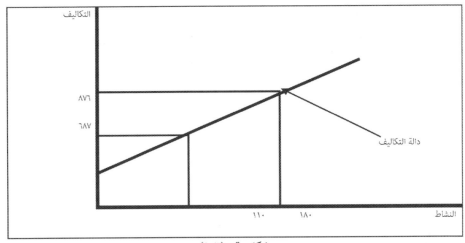

شكل رقم (٣-١)

ميل دالة التكاليف شبه المتغيرة

من هذه البيانات نجد أن أعلى مستوى للنشاط هو ١٨٠ ساعة واقل مستوى للنشاط هو ١١٠ ساعات، وأن التكاليف المناظرة لهذين المستويين هي ٨٧٦ دينار، ٦٨٧ دينار على التوالي، وبعد تحديد هذه البيانات يتم حساب ميل دالة التكاليف كالتالي:

المقابل

الميل = --------- .... (٣-٣)

المجاور

$$\text{الميل} = \text{التكلفة المتغيرة} = \frac{٦٨٧-٨٧٦}{١١٠ - ١٨٠} = \frac{١٨٩}{٧٠} = ٢٫٧$$

وهذا يعني أن التكلفة المتغيرة لكل ساعة تشغل ٢٫٧ دينار. وبالإطلاع على دالة إجمالي التكاليف نجد أنها خط مستقيم لذلك فإن التكلفة المتغيرة لوحدة النشاط ثابتة لذلك يكون إجمالي التكلفة المتغيرة لأي حجم نشاط عبارة عن حاصل ضرب التكلفة المتغيرة لوحدة النشاط في عدد وحدات مستوى النشاط. وبعد تحديد التكلفة المتغيرة للوحدة يتم تحديد إجمالي التكاليف الثابتة وهنا يلزمنا التعويض في معادلة دالة التكاليف الآتية:

ص = أ + ب س .... (٤-٣)

ففي هذه المعادلة تكون قيمة ص معروفة، وقيمة ب س معروفة، وأن المجهول الوحيد هو قيمة أ وبتعويض هذه القيم في معادلة (٤-٣) وتكون قيمة أ هي:

٦٨٧ = أ + ٢٫٧ × ١١٠

أ = ٣٩٠ دينار

وسوف تكون التكاليف الثابتة واحدة عند استخدام مستوى النشاط المرتفع أو المنخفض لأن دالة التكاليف دالة خطية.

وبعد تحديد التكاليف الثابتة والمتغيرة للوحدة تكون دالة التكاليف المختلطة هي:

ص= ٣٩٠د + ٢,٧ س

والآن إذا افترضنا أن مستوى النشاط المتوقع خلال الفترة المقبلة هو ١٥٠ ساعة عمل، فإن تكاليف الصيانة المتوقعة ستكون كالتالي:

تكاليف الصيانة = ٣٩٠ +٢,٧× ١٥٠

= ٧٩٥ دينار.

تمتاز هذه الطريقة بسهولتها وبساطتها وأنها استفادت من مشاهدتين بدلاً من مشاهدة واحدة كما في حالة طريقة تحليل الحسابات، ولكن من عيوبها أنها تهمل البيانات الأخرى المتوافرة لدى لمنشأة، ففي مثالنا السابق كان لدينا (٦) مشاهدات تم استخدام مشاهدتين منهما فقط، وكذلك قد لا تشكل النقاط العالية والمنخفضة مستويات نشاط عادية. فالمستوى العالي أو المستوى المنخفض قد يمثل ظاهرة غير طبيعية في إحدى الفترات، وعلى أية حال، يمكن التخفيف من بعض عيوب هذه الطريقة عن طريق ترتيب بيانات النشاط تنازلياً ثم قسمه المشاهدات إلى مجموعتين الأولى وتعتبر المجموعة العالية وتعتبر الثانية المجموعة المنخفضة، وبعد ذلك تحدد متوسطات نشاط أو تكاليف هذه المجموعات ونستخدمها في حساب ميل الدالة. ولتوضيح ذلك سيتم الاعتماد على البيانات الواردة في المثال (٣-١) وهنا تم ترتيب المشاهدات الستة تنازلياً في الجدول (٣-٢) ، وتم اعتبار المشاهدات الثلاثة الأولى مجموعة رقم (١). والمشاهدات الثلاثة الأخيرة المجموعة (٢). ولكل مجموعة قمنا بجمع أرقام النشاط وأرقام التكاليف وقسمه الناتج على رقم (٣) لأن ذلك هو عدد المشاهدات في كل مجموعة ثم باستخدام المعادلة رقم (٣-٣) تم تحديد التكلفة المتغيرة كالتالي:

٧٢٠-٧٨٣

التكلفة المتغيرة للوحدة = ------------- = ١,٦١٥ دينار

١٢٢ - ١٦١

الثابتة = ٧٨٣-١٦١ ×١,٦١٥ = ٥٢٢ دينار

وتكون دالة التكاليف كالتالي :

ص = ٥٢٢ + ١,٦١٥ س

جدول (٣-٢)

حساب متوسطات النقاط العالية والمنخفضة

الرقم	ساعات العمل	تكاليف الصيانة
١	١٨٠	٨٧٦
٢	١٥٣	٧٢٣
٣	١٥٠	٧٥٠
المجموع المتوسط	٤٣٨	٢٣٤٩
	١٦١	٧٨٣
٤	١٤٠	٧٨٣
٥	١١٦	٦٩٠
٦	١١٠	٦٨٧
المجموع المتوسط	٣٦٦	٢١٦٠
	١٢٢	٧٢٠

رابعاً: الطرق الإحصائية *Statistical Methods*:

يمكن استخدام عدة نماذج إحصائية لفصل التكاليف شبه المتغيرة، ولكن للتبسيط سيتم مناقشة خرائط الانتشار والانحدار الخطي البسيط فقط. ولتوضيح ذلك سيتم الاعتماد على البيانات الواردة في جدول (٣-٣).

جدول (٣-٣)

ساعات العمل وتكاليف الصيانة

الرقم	١	٢	٣	٤	٥	٦	٧	٨	٩	١٠	مجـ
ساعات العمل س	١٠	١٢	١٥	١٣	١٦	٢٥	٢٤	١٩	٢٠	٢٦	١٨٠
تكاليف الصيانة	٨	٩	١٣	١١	١٣	١٨	١٩	١٧	١٨	١٩	١٤٥

أ- خرائط التشتت ***Scatter Diagram***

تعتبر خرائط التشتت من الوسائل الرئيسية المستخدمة في رقابة الجودة وتم استعارتها لعرض علاقة التكاليف بالنشاط، وهذه الطريقة تعمل على تمثيل كل نقطة نشاط وتكاليفها بنقطة بيانية في مجال الرسم البياني وبالاعتماد على البيانات الواردة في الجداول ٣-٣) تكون خارطة التشتت كما في الشكل (٣-٢).

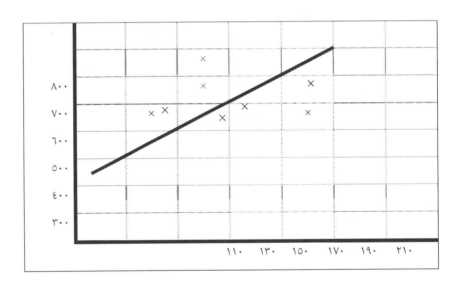

شكل (٣-٢) خارطة التشتت للتكاليف شبه المتغيرة

وبعد تمثيل المشاهدات بيانيا يتم رسم خط ليمثل جميع المشاهدات المتوافرة أفضل تمثيل. وحتى يمكن تحقيق ذلك يجب أن تكون النقاط التي أعلى من خط الدالة مساوية للنقاط التي تحت الدالة وبعد رسم الدالة يتم تحديد احداثياتها كما في الطريقة السابقة.

وعلى الرغم من أن هذه الطريقة قد عالجت بعض عيوب الطريقة السابقة لأخذها جميع المشاهدات في الحسبان إلا أنه يمكن انتقادها على أساس عدم موضوعيتها، لأن كل شخص يمكنه رسم دالة التكاليف حسب تقديره الشخصي فإذا كان لدينا عدة أشخاص فإنهم سوف يقومون برسم عدة دوال لنفس البيانات، ولتخفيف هذه المشكلة يجب اختيار الخط الأقرب لجميع النقاط.

الانحدار الخطي البسيط *Simple Linear regeression:*

أصبحت هذه الطريقة من الطرق الشائعة الاستخدام في فصل التكاليف شبة المتغيرة إلى متغيرة وثابتة بعد تقدم الحاسبات الالكترونية، فهي تستفيد من كل البيانات المتوفرة في تقدير معلمات خط الانحدار وكذلك ترسم خط الانحدار بموضوعية لأنها تقوم بتقليل مربع مسافات الخطأ التي تفصل بين خط الانحدار، وبين قيمة التكاليف الفعلية، وهذه المسافات هي التي تراها تفصل بين النقاط ص١، ص٢، على سبيل المثال، وخط الدالة كما في الشكل (٣-٣).

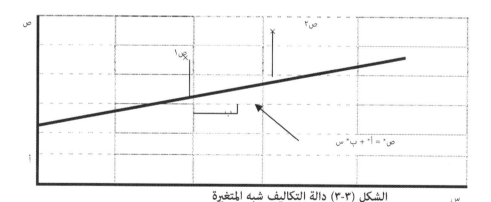

الشكل (٣-٣) دالة التكاليف شبه المتغيرة

يعرف المتغير (ص) بإجمالي التكاليف شبه المتغيرة في هذا النموذج وتعرف بالعامل التابع لان حدوثه يتبع حدوث عامل آخر وهو النشاط (س) الذي يعرف بالعامل المستقل، وحتى يتم تقدير معلمات خط الانحدار من البيانات التاريخية يجب تبرير وجود علاقة خطية بين المتغيرين (س)،(ص). وإذا لم يتوافر مثل هذا التبرير النظري فإن العلاقة بين هذه المتغيرات يكون مشكوكاً فيها Spurious، وفي التطبيقات العملية نجد أن هناك علاقة قوية بين مصروفات مناولة المواد ووزنها، ومصروفات المشتريات وعدد الموردين أو عدد الأصناف التي يتم استلامها، وبين استهلاك الكهرباء وساعات دوران الآلات، ومصروفات الصيانة وساعات الصيانة أو ساعات دوران الآلات.

في هذه الطريقة نجد أن هناك قيمتين للمتغير ص، الأولى وتمثل قيمته الفعلية والتي تعرف بالرمز ص وهي كما تظهر في الرسم البياني بعيدة عن خط الانحدار وقيمته التقديرية التي يقع على خط الانحدار ويشار إليها بالرمز ص* ويمكن التعبير عن الدالة التي تحقق تقليل مربع السافة بين ص، ص*، كالتالي:

قلل مجـ (ص-ص*)^{٢} .... (٣-٥)

وبتعويض أ* +ب* س عن ص* تصبح المعادلة السابقة كالتالي:

قلل مجـ$_{ر=١}^{ن}$ (ص -أ* -ب*س)٢ .... (٣-٦)

ولتقليل مجموع مربع كل المسافات التي تفصل بين المشاهدات الفعلية والتقديرية يتم أخذ المشتقة الأولى للمعادلة السابقة مرة للعامل (أ) ومرة أخرى للعامل (ب) ووضعهما تساوي صفراً، وحلها حتى يتم التوصل إلى المعادلتين الآتيتين:

مجـ ص = ن أ + ب مجـ س .... (٣-٧)

مجـ س ص = أ مجـ س + ب مجـ س٢ .... (٣-٨)

وبإعادة حل هاتين المعادلتين نتوصل إلى المعادلات الآتية:

$$\text{ب}^* = \frac{\text{ن مجـ س ص} - (\text{مجـ س})(\text{مجـ ص})}{\text{ن}\,(\text{مجـ س}^{2}) - (\text{مجـ س})^{2}} \quad .... \quad (٣\text{-}٩)$$

$$\text{أ}^* = \frac{\text{مجـ ص}}{\text{ن}} - \frac{\text{ب}(\text{مجـ س})}{\text{ن}} \quad .... \quad (٣\text{-}١٠)$$

فهذه المعادلات تحتوي على مجهولين فقط هما (أ) و(ب) أما الألفاظ الأخرى فإنه يتم تحديدها من البيانات المتوافرة ، فمثلاً يشير لفظ مجـ س إلى مجموع قيمة وحدات النشاط (س) من أول مشاهدة إلى آخر مشاهدة، وأن (ب) تعبر التكلفة المتغيرة للوحدة، وأن (أ) تعبر عن التكاليف الثابتة .

ولتحديد المتغيرات اللازمة لحل معادلات الانحدار يجب أن نحدد مجـ س، ومجـ ص، ومجـ س ص، ومجـ ص^{٢}، ومجـ س^{٢}، وبالاعتماد على بيانات الجدول (٣-٣) تم تحديد البيانات اللازمة لحل معادلات الانحدار وظهرت النتيجة في الجدول رقم (٣-٤).

جدول (٣-٤)

بيانات ساعات العمل وتكلفة الصيانة

	س	ص	س^{٢}	ص^{٢}	س ص
١	١٠	٨	١٠٠	٦٤	٨٠
٢	١٢	٩	١٤٤	٨١	١٠٨
٣	١٥	١٣	٢٢٥	١٦٩	١٩٥
٤	١٣	١١	١٦٩	١٢١	١٤٣
٥	١٦	١٣	٢٥٦	١٦٩	٢٠٨
٦	٢٥	١٨	٦٢٥	٣٢٤	٤٥٠

٧	٢٤	١٩	٥٧٦	٣٦١	٤٥٦
٨	١٩	١٧	٣٦١	٢٨٩	٣٢٣
٩	٢٠	١٨	٤٠٠	٣٢٤	٣٦٠
١٠	٢٦	١٩	٦٧٦	٣٦١	٤٩٤
	١٨٠	١٤٥	٣٥٣٢	٢٢٦٣	٢٨١٧

وباستخدام المعادلات السابقة يتم تحديد قيم معلمات الانحدار كالتالي:

$$\text{ب} = \frac{١٠ \times ٢٨١٧ - ١٨٠ \times ١٤٥}{١٠ \times ٣٥٣٢ - (١٨٠)^{٢}} = \frac{٢٠٧٠}{٢٩٢٠} = ٠,٧٠٨٩$$

$$\text{أ} = \frac{١٤٥}{١٠} - ٠,٧٠٨٩ \times \frac{١٨٠}{١٠} = ١,٧٤٠$$

وبهذا تكون معادلة الانحدار هي:

$$\text{ص}^{*} = ١,٧٤٠ + ٠,٧٠٨٩ \text{ س}$$

وباستخدام هذه المعادلة يمكن التنبؤ بقيمة ص إذا توقعنا قيمة س. فمثلاً إذا توقعت الإدارة أن قيمة س خلال الفترة هي ٢٠ ساعة فإن تكاليف الصيانة تساوي:

$$\text{ص}^{*} = ١,٧٤٠ + ٠,٧٠٨٩ \times ٢٠$$

$$= ١٥,٩٢ \text{ دينار}$$

فحص النموذج:

قبل استخدام معادلة الانحدار الخطي البسيط في التنبؤ يجب التحقق من مدى ملائمة هذه المعادلة من ناحية إحصائية لهذا الغرض. وهذا يتطلب إخضاعها لعملية فحص إحصائي. وويتم ذلك بفحص حساب مسافة التنبؤ Prediction Interval، أو فحص قيمة ب لمعرفة ما إذا كانت مختلفة عن الصفر أم لا ويعرف هذا الفحص

باسم فحص ت. أو عن طريق دراسة مدى التشتت في قيمة في قيمة ص وهذا الفحص يعرف باسم فحص F . وجميع هذه الفحوصات يتم الحصول عليها من مخرجات الحاسوب. وهذه الفحوصات كالتالي.

Coefficients[a]

Model	Unstandardized Coefficients B	Unstandardized Coefficients Std. Error	Standardized Coefficients Beta	T	Sig.
(Constant)	١,٧٤٠	١,٤٤٢		١,٢٠٦	.٢٦٢
X	.٧٠٩	.٠٧٧	.٩٥٦	٩,٢٣٨	.٠٠٠

a Dependent Variable: Y

Model Summary

Model	R	R Square	Adjusted R Square	Std. Error ot the Estimate	Change Statistics				
					R Square Change	F Change	df١	df٢	Sig. F Change
١	.٩٥٦a	.٩١٤	.٩٠٤	١,٣١١٣	.٩١٤	٨٥,٣٣٥	١	٨	.٠٠٠

a. Predictors : (Constant), X

فمثلاً يقوم الحاسوب عند استخدام برنامج SPSS، باعطائك قيمة ت وقيمة F واحتمال حدوثها وإذا كانت هذه الاحتمالات أقل من ٥% فمعنى ذلك أن النموذج الإحصائي يمكن استخدامه في عملية التنبؤ. وتظهر مخرجات الحاسوب على الصفحة التالية. ومنها نتوصل إلى أن النموذج الذي تم الحصول عليه من بيانات العينة، صالحا لعمليات التنبؤ الإحصائي حيث بلغت احتمالات الحصول على قيم ب، F أو أكثر من تلك التي تم حسابها من البيانات الفعلية تساوي صفراً.

معامل التباين والانحراف المعياري ***Variance and Standard Deviation***:

يتطلب حساب هذا العامل تحديد قيمة ص* التقديرية المقابلة لكل مشاهدة من المشاهدات، ثم طرح قيمة ص الفعلية منها وتربيع المسافة بينهما لقياس الخطأ وبهذا يتم تعريف مربع الخطأ على أنه:

$$\text{غ}^{٢} = \text{مجـ}\,(\text{ص} - \text{ص*})^{٢} \quad \ldots\ldots\ldots\ldots\ldots\ldots\ldots \quad (٣\text{-}١٠)$$

حيث:

أن $\text{غ}^{٢}$ هي الخطأ أو مربع المسافة التي تفصل بين ص و ص^{*}

ثم بقسمة المجموع على ن-٢ نتوصل إلى تحديد التباين، وبأخذ الجذر ألتربيعي نتوصل إلى الانحراف المعياري، وهذا يمكن كتابته بموجب المعادلة التالية:

$$\text{الانحراف المعياري (ع)} = \sqrt{\frac{(\text{ص} - \text{ص*})^{٢}}{\text{ن} - ٢}} = \sqrt{\frac{\text{مجـ ص٢} - \text{أ مجـ ص} - \text{ب مجـ س ص}}{\text{ن} - ٢}}$$

ويتم استخدام هذا المقياس في حساب مسافة التنبؤ. وبطبيعة الحال كلما قلت كمية الانحراف كلما ارتفع مستوى دقة المعادلة الإحصائية السابقة في التنبؤ.

معامل التحديد ***Coefficient of Determination***

يعتبر معامل التحديد من أهم المقاييس المستخدمة لدراسة جودة تمثيل الخط البياني لبيانات العينية وهو يساوي النسبة المئوية من إجمالي انحراف العامل التابع (ص) التي يمكن تفسيرها عن طريق علاقته مع العامل المستقل كما تم قياسها بواسطة خط الانحدار، ولتوضيح مفهومه انظر إلى الشكل (٣-٤) فمربع المسافة $(\text{ص} - \overline{\text{ص}})$ يشير إلى إجمالي انحراف التكاليف الفعلية ص عن متوسط التكاليف $\overline{\text{ص}}$، وأن ص تساوي مجموع التكاليف مقسومة على عدد المشاهدات، وعند جمع مربع المسافات لجميع المشاهدات نتوصل إلى إجمالي الانحراف الكلي وهذا يساوي

= مجـ (ص - صَ)٢، وتعرف المسافة بين (ص) وخط الانحدار صْ بالانحراف غـير المفسر- وتعرف المسافة بين خط الانحدار وبين خط (صَ). بالانحراف المفسر وبالتالي وبعـد تحديـد مجموع الانحراف والانحراف المفسر، وغير المفسر يتم التعبير عن معامل التحديد باستخدام المعادلة الآتية:

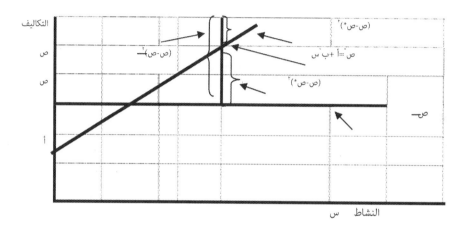

شكل (٣-٤) دالة التكاليف

$$\text{معامل التحديد (ر}^٢) = \frac{\text{الانحراف المفسر}}{\text{إجمالي الانحراف}} = \frac{\text{مجـ (صْ} \ast - \bar{صَ})^٢}{\text{مجـ (ص} - \bar{صَ})^٢} \ldots\ldots\ldots (٣-١١)$$

ويمكن كتابة المعادلة (٣-١) رياضياً كالتالي:

$$ر^٢ = \frac{أ \ مجـ ص + ب \ مجـ س ص - ن \ \bar{ص}^٢}{مجـ ص^٢ - ن \ \bar{ص}^٢} \ldots\ldots\ldots (٣-١٢)$$

وباستخدام المعلومات الواردة في الجدول (٣-٢) يتم تحديد قيمة ر٢ كالتالي:

$$ر^٢ = \frac{١,٧٣٩ \times ١٤٥+٠,٧٠٨٩ \times ٢٨١٧-١٠ \times (١٤,٥)^٢}{\text{---------------------------------------}} = ٩١,٤ \ldots (٣-١٢)$$

$$٢٢٦٣-١٠\times(١٤,٥)^{٢}$$

ويشير هذا الرقم إلى أن ٩١% من التغير الذي يلحق بالعامل التابع يمكن تفسيره نتيجة للتغير في العامل المستقل، ومن ثم فإن جودة العلاقة مرتفعة.

معامل الارتباط:

تتراوح قيمة معامل الارتباط، بين -١، ١، ويشير الصفر إلى عدم وجود علاقة بين العامل التابع والعامل المستقل بينما يشير +١،-١، إلى وجود علاقة موجبة أو سالبة تامة على التوالي، وتحدث هذه الحالات عندما تقع كل المشاهدات الفعلية على خط الانحدار ويتم حسابه بأخذ الجذر التربيعي لمعامل التحديد، ويمكن حسابه هذا العامل بالمعادلة الآتية:

$$ر = \sqrt{\frac{\text{مجـ س ص} - \text{ن}\ \overline{\text{س}}\ \overline{\text{ص}}}{(\text{مجـ ص}^{٢} - \text{ن}\ \overline{\text{ص}}^{٢})(\text{مجـ س}^{٢} - \text{ن}\ \overline{\text{س}}^{٢})}}$$

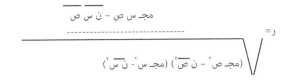

$$= \sqrt{\frac{٢٨١٧-١٠\times١٤,٥\times١٨}{(٢٢٦٣-١٠\times(١٤,٥)^{٢})(٣٥٣٢-١٠(١٨)^{٢})}} = ٩٥,٦\%$$

وكذلك يأخذ الجذر التربيعي لمعامل التحديد نتوصل إلى معامل الارتباط.

وهذا يعرف باسم معامل ارتباط بارسون. ولحسن الحظ فإن كل المقاييس الإحصائية التي تم ذكرها سابقاً يتم الحصول عليها من الحاسوب وبرنامج SPSS. ولأنها لا تشكل هدفاً لهذا الكتاب لذلك تم ترك أمر معالجتها إلى كتب الإحصاء.

متطلبات المعلومات:

تتوقف النتائج التي يتم التوصل إليها على جودة البيانات المستخدمة في التحليل وفي البداية يجب تبرير وجود علاقة سببية بين العامل التابع وبين العامل أو

العوامل المستقلة لأنه بدون وجود مثل هذا الإطار النظري فإنه لا فائدة في النتائج التي يتم التوصل إليها، ولاستخدام البيانات في التقدير يجب توافر الأمور الآتية(١):

- وجود سجلات صحيحة:

يجب أن تكون البيانات المستخدمة صحيحة، فعند استخراج هذه البيانات من السجلات المحاسبية يجب التأكد من سلامة التسجيل وصحة عمل التسويات الجردية الملائمة لفصل نتائج الفترات المحاسبية المتعاقبة عن بعضها بطريقة سليمة.

- القيادة والتبعية : Leads and lags:

يجب أن يحدث العامل المستقل قبل العامل التابع أو أن يحدثا في آن واحد، فالصيانة تحدث عادة بعد زياد حجم العمل، وأن استهلاك الاسمنت يتبع العامل المستقل وهو إصدار رخص البناء.

- تمثيل البيانات:

يجب أن تكون لدى البيانات المستخدمة القدرة على تمثيل النشاط العادي والتكاليف العادية، ولذلك يجب استبعاد الأرقام غير العادية. فمثلاً عند تقدير رقم المبيعات يجب البحث عن وجود مبيعات غير عادية وشطبها من رقم المبيعات، وكذلك يجب أن تكون هذه البيانات ضمن المدى الملائم.

---

(١) Hirsch,L.M, Advanced Management Accounting, ٢nd.ed., South-Western Publishing Co,١٩٩٤.

الخاتمـــة

في هذا الفصل قمنا بدراسة موضوع تقدير التكاليف وكـان الهـدف الرئيس هـو فصل التكاليف المتغيرة عن التكاليف الثابتة وقد تم التركيز على التكاليف المختلطة (شبه المتغيرة أو شبه الثابتة) لأنها تحتوي على بعض التكاليف المتغيرة وبعض التكاليف الثابتة في آن واحد، كما تم التعرض للطرق المختلفة التي يمكن استخدامها لتحقيق هذه الغاية، وابسطها طريقة تبويب الحسابات عن طريق خبير محاسبي، ومن عيوبها تركيزها على نقطة واحدة وعلى خبرة الشخص الذي يقوم بتبويب الحسابات، كذلك وجدنا أن طريقة النقطة العالية والمنخفضة تعتمد على مستويين من النشاطات هما العالي والمنخفض عند تقدير التكاليف وأن ميل الدالة هو التكلفة المتغيرة للوحدة وتقاطعها مع المحـور الـراسي هـو التكاليف الثابتة، وأخيراً تم التعرض للطرق الإحصائية وتم التركيز على أسلوب الانحدار البسيط،ولاستخدام هـذه الطريقـة يجب الاهتمام بدقة البيانات وجودتها وكذلك يجب وجود علاقة نظرية بين بيانات مقياس النشاط وبـين أرقام التكاليف وتم كذلك التعرض إلى طريقة تحديد متغيرات النموذج وإعطاء لمحة عـن طـرق فحصـه، وعندما يكون الطالب بحاجة إلى معلومات إحصائية متعمقة عن هذا الموضوع يمكنـه اللجوء إلى الكتـب الإحصائية المتخصصة.

أسئلة وتمارين

السؤال الأول: عرف المقصود بالتكاليف شبه المتغيرة وأهم الطرق المستخدمة في تحليلها .

السؤال الثاني: ما هي أهم مزايا وعيوب طريقة تحليل الحسابات.

السؤال الثالث: ما هي أهم مزايا طريقة التقدير الهندسية.

السؤال الرابع: حد أهم العيوب التي تعاني منها طريقة النقطة العالية والمنخفضة.

السؤال الخامس: كيف يتم حساب ميل دالة التكاليف، وما هي فائدة لتقدير التكلفة.

السؤال السادس: ما هي أهم عيوب طريقة خرائط الانتشار.

السؤال السابع: ما هي أهم الفحوصات الإحصائية المستخدمة في فحص نموذج الانحدار.

السؤال الثامن: ما هي فائدة حساب معامل التحديد.

السؤال التاسع: ما هي فائدة حساب الارتباط.

السؤال العاشر: ما هي المقصود بالقيادة والتبعية.

السؤال الحادي عشر: الآتي معلومات عن قيمة المبيعات في إحدى الشركات

اليوم	١	٢	٣	٤	٥	٦	٧
المبيعات	٢٠٠	١٥٠	١٧٥	٢١٠	١٩٠	١٩٠	١٨٠

المطلوب:

١. حساب متوسط المبيعات اليومية.

٢. تحديد الانحراف المعياري للمبيعات.

السؤال الثاني عشر: الآتي معلومات عن كمية الإنتاج والتكاليف الصناعية غير المباشرة (الارقام بالألف) .

كمية الإنتاج	٣	٦	٧	٤	٥
التكاليف غير المباشرة	١٢	١٤	١٥	١١	١٤

وتتوقع الشركة أن يبلغ عدد الوحدات المنتجة خلال الفترة المقبلة ٧٫٥ وحدة.

المطلوب:

١. تحديد التكاليف المتوقعة لمستوى الإنتاج باستخدام النقطة العالية والنقطة المنخفضة.

٢. تحديد معاملات خط الانحدار.

٣. تقدير التكاليف المتوقعة عند إنتاج ٧٫٥ وحدة، بالاعتماد على معادلة خط الانحدار البسيط.

٤. تحديد معامل التباين الخاص بخط الانحدار.

السؤال الثالث عشر: عند قيام إحدى الشركات بإعداد الموازنة المرنة لمصروفات الصيانة قامت بتجميع بيانات عن شهور سابقة ووجدت أن تكلفة الصيانة تبلغ ٤٨٠٫٠٠٠ دينار، وتعتمد مصروفات الصيانة بدرجة معقولة على ساعات العمل المباشرة وبلغت ساعات العمل لنفس الفترة ٨٠٫٠٠٠ ساعة وقد أعد المحاسب الأرقام الآتية:

مجـ س ص = ٨٦٢٠

مجـ س = ٥٠

مجـ ص = ١٢٠

مجـ س٢ = ٣٠٠

ن = ١٥

مجـ ص٢ = ١٤١٦٠

المطلوب :

١. تحديد التكلفة المتغيرة للصيانة لكل ساعة عمل مباشر.

٢. تحديد المصروفات الثابتة للصيانة.

٣. إعداد قيمة معامل التحديد ر٢ ومعامل الارتباط ر.

السؤال الرابع عشر: الآتي معلومات مستخرجة من سجلات إحدى الشركات

الشهر	مصروفات الصيانة	ساعات الدوران
١	٢٢٠٠	٢٥٠
٢	٢١٥٠	٢٣٥
٣	٢٠٠٠	٢٠٠
٤	٢١٥٠	٢٤٠
٥	٢٠٥٠	٢١٠
٦	٢٢٠٠	٢٦٠
٧	٢١٥٠	٢٤٥
٨	٢٢٥٠	٢٥٥
٩	٢٣٠٠	٢٧٠
١٠	٢١٥٠	٢٤٥

المطلوب :

١. تحديد التكاليف المتغيرة للوحدة والتكاليف الثابتة من هذه البيانات باستخدام طريقة النقطة العالية والمنخفضة.

٢. تحديد معاملات خط الانحدار.

٣. تحديد قيمة معامل التحديد.

السؤال الخامس عشر : تستخدم إحدى الشركات طريقة النقطة العالية والمنخفضة في فصل التكاليف شبه المتغيرة وتوفرت إليك المعلومات الآتية:

	الوحدات	التكلفة الصناعية
١	٨٠٠	٥١٩٥
٢	٦٠٠	٥٢١٦
٣	٣٠٠	٥١٥٧
٤	٢٠٠	٥١٥٣
٥	١٠٠٠	٥٢٩٠

المطلوب:

١. تحديد متغيرات دالة التكاليف.

٢. تقدير التكاليف إذا كان من المتوقع إنتاج ٩٠٠ وحدة خلال الفترة المقبلة.

السؤال السادس عشر: الآتي معلومات عن تكاليف مناولة المواد ووزنها.

تكاليف المناولة	٦	٧	٥	٦	٧
الوزن	١٢	١٣	١١	١٤	١٥

المطلوب:

١. تحديد متغيرات خط الانحدار.

٢. حساب الانحراف المعياري لنموذج خط الانحدار.

٣. حساب معامل التحديد.

٤. عمل الفحوصات الإحصائية الملائمة لنموذج خط الانحدار.

السؤال السابع عشر: تدرس إحدى الشركات موضوع إدخال منتجات جديدة، وقد قام مهندسوا الشركة بعمل التقديرات الخاصة بإنتاج ٥٠,٠٠٠ وحدة وهي كالتالي:

المواد المباشرة	٥٠,٠٠٠د
الأجور المباشرة	٢٤,٠٠٠ دينار
أجرة ساعة العمل المباشر	٦ دينار

ولتقدير المصروفات غير المباشرة تم استخدام أسلوب الانحدار البسيط وأعطى المعادلة الآتية:

إجمالي التكاليف = ٣٠,٠٠٠ + ٢,٥ د لكل ساعة عمل مباشر

ويقدر سعر بيع وحدة المنتج بمبلغ ٤,٢٥ دينار.

المطلوب:

١. تقدير الأعباء الإضافية إذا توقعت الشركة بيع ٤٠,٠٠٠ وحدة منتج.

٢. تحديد إجمالي هامش المساهمة إذا تم بيع ٤٠,٠٠٠ وحدة منتج.

السؤال الثامن عشر: الآتي معلومات متوفرة في إحدى الشركات:

الشهر	الوحدات	الأعباء الإضافية
١	٨٠٠	١٥١٩٥
٢	٦٠٠	١٤٢١٦
٣	٣٠٠	١٣٦٥٧
٤	٢٠٠	١٣٢٥٠
٥	١٠٠	١٣٧٩٥

المطلوب:

باستخدام النقطة العالية والمنخفضة المطلوب تحديد دالة التكاليف.

الفصل الرابع

تحليل التكلفة والحجم والأرباح

أهداف الفصل :

بعد دراسة هذا الفصل يجب أن تكون قادراً على:

١. معرفة الافتراضات التي يقوم عليها نموذج التكلفة والحجم والأرباح.

٢. دراسة العلاقة بين متغيرات الحجم والتكلفة والأرباح.

٣. تحديد مستوى التعادل بالوحدات والدنانير.

٤. تحديد حجم المبيعات الذي يحقق مستوى معين من الأرباح.

٥. تحديد اثر تركيبة التكاليف على أرباح المنشأة.

٦. تطبيق تحليل علاقة التكلفة والحجم والأرباح في حالة تعدد المنتجات.

المقدمـــــة:

تعتبر دراسة علاقات التكلفة والحجم والأرباح من الأمور الأساسية التي يجب أن تقوم بها الإدارة؛ لأن معرفة العلاقة التي تربط بين هذه المتغيرات تمكنها من الإجابة على العديد من التساؤلات مثل: ما هي قيمة الأرباح التي يمكن تحقيقها إذا تم بيع عدد معين من الوحدات، وما هو حجم المبيعات اللازم تحقيقه حتى تحافظ الشركة على رقم الأرباح الذي كانت تحققه قبل ارتفاع تكاليف عناصر الإنتاج، وما هو أثر التغير في كل من سعر المبيعات والتكاليف على الأرباح، وبطبيعة الحال فإن الإجابة على هذه الأسئلة يساعد الإدارة عند اتخاذ قرارات التخطيط والرقابة والتسعير. يعتمد تحليل علاقة التكلفة والحجم والأرباح على معرفة سلوك التكاليف الثابتة والمتغيرة، وأسعار البيع ويقوم ببيان حجم وأسعار المبيعات اللازم لتغطية التكاليف الثابتة، وتحقيق مستوى الربح المنشود.

الافتراضات الرئيسية:

قبل البدء في تحليل العلاقة بين التكلفة والحجم والأرباح يجب تحديد الافتراضات الرئيسية التي يستند إليها تحليل هذه العلاقة، وأهمها الآتي:

أولاً: إن العلاقة بين التكاليف المتغيرة وحجم النشاط هي علاقة خطية، وهـذا يعنـي أن التكلفـة المتغيرة للوحدة المنتجة والمباعة ثابتة طالما بقي حجم النشاط ضمن المدى الملائم.

ثانياً: إن سعر بيع الوحدة ثابت بغض النظر عن الكمية المباعة.

ثالثاً: إن حجم الإنتاج يساوي حجم المبيعات وبالتالي لا يوجد هناك تغير في المخزون.

رابعاً: يعتبر حجم المبيعات هو المؤثر الوحيد على إجمالي التكاليف المتغيرة فتـزداد هـذه التكاليف بـنفس نسبة الزيادة في المبيعات، والعكس صحيح عند نقص المبيعات.

خامساً: إذا كانت المنشأة تتعامل بعدة منتجات، فإن نسبة مبيعات هذه المنتجات سوف تبقى ثابتة.

سادساً: إن قيم المتغيرات لا تتعرض لأية درجة عن عدم التأكد.

سابعاً: إنه يمكن فصل التكاليف إلى تكاليف متغيرة وتكاليف ثابتة.

وتستخدم هذه الافتراضات لتسهيل التحليل فقط؛ لذلك يمكن التخلي عنها كلها أو بعضها ، فمثلاً تخلى الاقتصاديون عن الافتراضين الأول والثاني، وناقشوا علاقة التكلفة والحجم والأرباح بصورة تفصيلية في حالة دوال الإيرادات والتكاليف غير الخطية.

العلاقة بين التكاليف والحجم والأرباح:

سبق وأن افترضنا أن علاقة إجمالي التكاليف المتغيرة بالمبيعات هي علاقة خطية، أي أنها تتغير "طردياً" مع التغير في المبيعات. لذلك فإنه يجب قبل البدء في التحليل القيام بتحديد التكاليف المتغيرة للوحدة وتمييزها عن التكاليف الثابتة، فالأخيرة لا تتغير مع التغير في المبيعات طالما بقيت المبيعات ضمن المدى المناسب.

وتستخدم المبيعات لقياس الحجم في نموذج التكلفة والحجم والأرباح. ويتم التعبير عنها إما بعدد الوحدات المباعة أو بقيمة المبيعات، وهذه تساوي عدد الوحدات المباعة مضروباً بسعر بيع الوحدة. ويمكن أن يتم التعبير عن العلاقة بين متغيرات النموذج بالمعادلات الجبرية، أو بالرسم البياني. وتستخدم- وفي العادة- قائمة الدخل للتحقق من صحة النتائج التي يتم التوصل إليها عند استخدام المعادلات الجبرية في الحل وسنقوم باتباع هذه السياسة أيضاً. ولدراسة الموضوع سيتم الاعتماد على البيانات الآتية:

مثال (٤-١) :

تقوم شركة بإنتاج إحدى المنتجات ، وتبيعه بسعر (٨) دنانير للوحدة، وتبلغ التكاليف الصناعية المتغيرة لإنتاج الوحدة ٥،٥ دينار وأن التكاليف المتغيرة غير الصناعية للوحدة هي ٠,٥دينار، وأن إجمالي التكاليف الثابتة الصناعية وغير الصناعية هي ١٠٠,٠٠٠ دينار.

الأرباح:

يقوم المحاسبون عند قياس الربح أو الخسارة بطرح التكاليف المتغيرة والثابتة من الإيرادات ، لذلك يمكن صياغة العلاقة بين متغيرات الأرباح باستخدام المعادلة التالية:

الربح = إيرادات المبيعات - إجمالي التكاليف ....(١)

يمكن إعادة كتابة المعادلة السابقة كالآتي:

الربح = عدد الوحدات المباعة × سعر البيع - التكلفة المتغيرة للوحدة× عدد الوحدات المباعة - التكاليف الثابتة .... (٢)

والآن افترض أن المنشأة الواردة في المثال (٤-١) قد باعت ٦٠,٠٠٠ وحدة خلال السنة، فإن صافي أرباحها تكون كالتالي:

الربح = ٦٠,٠٠٠ × ٨ - ٦×٦٠,٠٠٠ -١٠٠,٠٠٠

= ٢٠,٠٠٠ دينار

ويمكن إعداد قائمة الدخل لهذه الشركة بالاعتماد على البيانات السابقة كالتالي:

البيان	الإجمالي	الوحدة
المبيعات ٦٠,٠٠٠×٨	٤٨٠,٠٠٠	٨
يطرح: التكلفة المتغيرة		
٦٠,٠٠٠×٦	٣٦٠,٠٠٠	٦
هامش المساهمة	١٢٠,٠٠٠	٢
يطرح التكاليف الثابتة	١٠٠,٠٠٠	
صافي الربح	٢٠,٠٠٠	

لاحظ أنه عند إعداد قائمة الدخل لم توزع التكاليف الثابتة على الوحدات المباعة، وقد تم طرحها من رقم هامش المساهمة، وتم تحديد إجمالي التكاليف المتغيرة بجمع التكاليف المتغيرة الصناعية وغير الصناعية وضربهما في عدد الوحدات المباعة، وبعد ذلك تم طرح إجمالي التكاليف المتغيرة من المبيعات قبل التوصل إلى رقم هامش المساهمة. لذلك يمكن تعريف هامش المساهمة على أنه زيادة إيرادات المبيعات عن التكلفة المتغيرة للبضاعة المباعة، هذا الهامش يعمل على تغطية التكاليف الثابتة أولاً وما يزيد عن ذلك يعرف بالأرباح الصافية. فقبل أن يغطي هامش المساهمة التكاليف الثابتة تكون نتيجة نشاط المنشأة هي خسارة وبعد ذلك هي أرباح، ولأهمية رقم هامش المساهمة في تحليل علاقة التكلفة والحجم والأرباح سيتم إعادة كتابة المعادلة رقم ٢ كالتالي:

ر= ك (س –غ) - ث .... (٣)

حيث أن:

ر = الربح

ك= عدد الوحدات المباعة أو المنتجة.

س= سعر بيع الوحدة

غ= التكلفة المتغيرة للوحدة

ث: التكاليف الثابتة

س-غ = هامش مساهمة الوحدة

من المعادلة رقم (٣) يتم تحديد إجمالي هامش المساهمة بضرب عدد الوحدات المباعة في هامش مساهمة الوحدة، وبعد ذلك يتم طرح التكاليف الثابتة من رقم إجمالي هامش المساهمة للتوصل إلى رقم صافي الربح، وفي هذا المجال نواجه أحد ثلاثة احتمالات هي:

١. أن يزيد رقم إجمالي هامش المساهمة عن التكاليف الثابتة، وفي هذه الحالة تحقق المنشأة ربحاً.

٢. أن يقل رقم إجمالي هامش المساهمة عن التكاليف الثابتة، وفي هذه الحالة تحقق المنشاة خسارة.

٣. أن يتساوى إجمالي هامش المساهمة مع التكاليف الثابتة، وفي هذه الحالة لا تحقق المنشاة أي ربح أو خسارة،وهذا الوضع يعرف بنقطة التعادل، لذلك فإن نقطة التعادل هي حالة خاصة من حالات علاقة التكلفة والحجم والأرباح مع أنها حظيت باهتمام خاص من كتب المحاسبة الإدارية لأنها تساعد في استنباط مقاييس أخرى تستخدم في تقييم أعمال المنشأة وتخطيطها.

نقطة التعادل بالوحدات:

مما سبق وجدنا أن نقطة التعادل تمثل المستوى الذي تستطيع عنده المنشأة تغطية تكاليفها الثابتة دون زيادة أو نقص، وبالتالي تكون أرباح المنشأة عندها تساوي صفراً، ويتم التعبير عن نقطة التعادل باستخدام عدد الوحدات المباعة أو باستخدام قيمة المبيعات، ونظراً لأن قيمة الأرباح عند هذه النقطة تكون صفراً، لذلك عند تحديدها يجب أن يتم التعويض عن الأرباح الواردة في المعادلة رقم (٣) بصفر فتصبح تلك المعادلة كالتالي:

صفر= ك (س – غ) – ث .... (٤)

وبحل هذه المعادلة يكون عدد الوحدات اللازمة لتحقيق التعادل هو:

$$ك = \frac{ث}{(س-غ)} \quad .... (٥)$$

حيث إن:

ك= عدد الوحدات المباعة عند التعادل، ويكون لبقية الألفاظ في المعادلة المعنى نفسه الذي سبق تعريفها.

ومن المعادلة رقم (٥) نجد أن نقطة التعادل هي نتيجة قسمة التكاليف الثابتة على هامش مساهمة الوحدة، ولذلك نجد أن نقطة التعادل تزداد عند زيادة التكاليف الثابتة، أو زيادة التكاليف المتغيرة للوحدة، أو انخفاض، سعر بيع الوحدة كل على حده مع بقاء العوامل الأخرى على ما هي عليه. ويتم تحديد نقطة التعادل بالوحدات حسب المعادلة (٥) وبالاعتماد على بيانات المثال (٤-١) كالتالي:

$$ك= \frac{١٠٠,٠٠٠}{٨-٦} = ٥٠,٠٠٠ \text{ وحدة.}$$

ويمكن التحقق من صحة هذه النتيجة بإعداد قائمة الدخل التالية:

قائمة الدخل عند بيع ٥٠,٠٠٠ وحدة

الوحدة	الإجمالي	البـــيان
٨	٤٠٠,٠٠٠	المبيعات (٥٠,٠٠٠×٨)
٦	٣٠٠,٠٠٠	يطرح : التكلفة المتغيرة للوحدات المباعة
٢	١٠٠,٠٠٠	هامش المساهمة
	١٠٠,٠٠٠	يطرح: التكاليف الثابتة
	-٠-	صافي الربح

ونجد من هذه القائمة أن أرباح المنشاة عند هذا المستوى تساوي صفراً، وأن قيمة المبيعات عند نقطة التعادل تساوي ٤٠٠,٠٠٠دينار.

نقطة التعادل بالدنانير:

ويمكن في الحالات التي يصعب عندها حساب نقطة التعادل بالوحدات أن يتم حساب قيمة المبيعات عند نقطة التعادل عن طريق استخدام نسبة هامش المساهمة، وهذه النسبة تساوي هامش المساهمة على المبيعات. ولتوضيح ذلك يمكن ضرب طرفي المعادلة رقم (٥) بسعر بيع الوحدة، فتصبح كالتالي:

$$\text{ك س} = \frac{\text{ث س}}{\text{س - غ}} \quad \text{.........................} \quad (٦)$$

ثم بقسمة كل من بسط ومقام الطرف الأيسر للمعادلة (٦) على س، فإن النتيجة تصبح كالتالي:

$$\text{ك س} = \frac{\text{س}}{١ - \frac{\text{غ}}{\text{س}}} \quad \text{.........................} \quad (٦)$$

حيث إن:

ك س = قيمة المبيعات عند نقطة التعادل وهي تساوي عدد الوحدات ضرب سعر بيع الوحدة.

$$١ - \frac{\text{غ}}{\text{س}} = \text{نسبة هامش المساهمة}$$

وهذا يمكن إعادة كتابتها كالتالي :

$$\frac{\text{س-غ}}{\text{س}}$$

وعندما يكون سعر بيع الوحدة ٨ دنانير ، وتكلفتها المتغيرة هي ٦ دنانير تكون نسبة هامش المساهمة

$$\frac{٨-٦}{٨} = ٢٥\%$$

وبالتالي تكون قيمة المبيعات حسب المعادلة رقم (٦) كالتالي :

$$\text{قيمة المبيعات عند التعادل} = \frac{١٠٠,٠٠٠}{٠,٢٥} = ٤٠٠,٠٠٠$$

ولتحديد قيمة إجمالي هامش المساهمة نقوم بضرب قيمة المبيعات في نسبة هامش المساهمة، وبالاعتماد على بيانات المثال (٤-١) يكون إجمالي هامش المساهمة هو (٤٠٠,٠٠٠ ×٠,٠٢٥ = ١٠٠,٠٠٠) دينار.

الأرباح المخططة:

عند تحليل التعادل تم افتراض أن الأرباح تساوي صفراً ولكن إذا أردنا أن تكون للأرباح قيمة غير الصفر، فإن علينا القيام بإعادة حل المعادلة رقم (٢) لتصبح على النحو كالتالي:

ر = ك س – ك غ – ث .... (٧)

ك (س – غ) = ث + ر

$$\text{ك} = \frac{(ث + ر)}{(س - غ)} \quad .... (٨)$$

ومن المعادلة رقم (٨) نرى أن الأرباح المخططة (ر) تعامل نفس معاملة التكاليف الثابتة عند تحليل علاقة التكلفة والحجم والأرباح، وإذا عملنا على تجزئة بسط النسبة السابقة تصبح المعادلة رقم (٨) كالتالي:

$$\text{ك} = \frac{\text{ث}}{(\text{س} - \text{غ})} + \frac{\text{ر}}{(\text{س} - \text{غ})} \quad \text{.....................} \quad (٩)$$

والآن افترض أن المنشأة الواردة في المثال (٤-١) ترغب في تحقيق ٥٠٬٠٠٠ دينار أرباح فما هو عدد الوحدات اللازم بيعها لتحقيق ذلك؟

الحل:

باستخدام المعادلة رقم (٩) يكون عدد الوحدات هو :

$$\text{ك} = \frac{١٠٠٬٠٠٠}{٦-٨} + \frac{٥٠٬٠٠٠}{٦-٨}$$

$$= ٥٠٬٠٠٠ + ٢٥٬٠٠٠ = ٧٥٬٠٠٠ \text{ وحدة}$$

لذلك فإن الوحدات اللازمة لتحقيق الهدف المنشود تتكون من مجموعتين الأولى وهي تمثل عدد الوحدات اللازمة لتحقيق التعادل والمجموعة الثانية وهي الوحدات اللازمة لتحقيق الهدف المنشود وهذه تساوي الأرباح المخططة مقسومة على هامش مساهمة الوحدة.

ويمكن تحديد قيمة المبيعات اللازمة لتحقيق الهدف المنشود عن طريق استخدام نسبة هامش المساهمة كالتالي :

$$\text{قيمة المبيعات} = \frac{١٠٠٬٠٠٠ + ٥٠٬٠٠٠}{٠٬٢٥} = ٦٠٠٬٠٠٠$$

الأرباح المخططة بنسبة من المبيعات:

في بعض الحالات تقوم الإدارة بتحديد الأرباح المخططة على شكل نسبة مئوية من المبيعات، ولتحديد رقم المبيعات الذي يحقق الهدف المنشود في هذه

الحالة يجب الرجوع إلى المعادلة رقم (٨) وحلها. ولتوضيح ذلك افترض أن الإدارة في مثالنا السابق ترغب في تحقيق أرباح بنسبة ٢٠% من قيمة المبيعات.

الحل:

حتى يتم تحديد المبيعات نقوم بكتابة الأرباح كالتالي:

ر= ٠,٢٠ ×٨ ك .... (٦)

حيث إن : ٠,٢٠ هي نسبة الأرباح إلى قيمة المبيعات:

٨: هو سعر البيع

ك: الكمية التي تحقق الهدف المنشود وهي رقم مجهول حتى الآن.

وبتعويض الأرباح في المعادلة رقم (٨) تصبح كالتالي:

$$ك = \frac{١٠٠,٠٠٠ + ٠,٢٠ \times ٨ \times ك}{٨-٦}$$

٢ك = ١٠٠,٠٠٠ + ١,٦ ك

$$ك = \frac{١٠٠,٠٠٠٠}{٠,٤} = ٢٥٠,٠٠٠ \text{ وحدة}$$

ولتحقق من صحة ما تقدم يتم إعداد قائمة الدخل التالية:

الوحدة	إجمالي	البيـــان
٨	٢,٠٠٠,٠٠٠	المبيعات (٢٥٠,٠٠٠×٨)
٦	١٥٠٠,٠٠٠	التكاليف المتغيرة للوحدات المباعة
٢	٥٠٠,٠٠٠	هامش المساهمة
	١٠٠,٠٠٠	يطرح التكاليف الثابتة الربح
	٤٠٠,٠٠٠	صافي الربح
		وأن نسبته = (٤٠٠,٠٠٠÷٢,٠٠٠,٠٠٠) = ٢٠%

وحتى يمكن حل هذه العلاقة يجب ألا تكون نسبة الأرباح مضروبة في قيمة المبيعات أكبر من هامش مساهمة الوحدة، فمثلاً إذا طلبنا أن تكون نسبة الأرباح ٤٠% من المبيعات ، فإن المعادلة السابقة تصبح كالتالي:

$$٤٠\% \times ٨ \times ك = ٨ك - ٦ك - ١٠٠,٠٠٠$$

$$٣,٢ك = ٢ك - ١٠٠,٠٠٠$$

$$١,٢ك = -١٠٠,٠٠٠$$

وهذه مسألة لا يوجد لها حل، لأن الكمية يجب أن تكون موجبة.

وإذا كانت المنشأة في المثال السابق تخطط تحقيق ٤٠% من تكاليفها الثابتة فإن الحجم يحدد كالتالي:

الأرباح المخططة = ١٠٠,٠٠٠ ×٤٠ % = ٤٠,٠٠٠ دينار

$$ك = \frac{٤٠,٠٠٠+١٠٠,٠٠٠}{٦-٨} = ٧٠,٠٠٠ وحدة$$

ويتم التحقق من صحة هذه النتيجة بإعداد قائمة الدخل التالية:

قائمة الدخل

المبيعات (٧٠,٠٠٠×٨)	٥٦٠,٠٠٠
التكاليف المتغيرة للوحدات المباعة (٦٠,٠٠٠ ×٦)	٤٢٠,٠٠٠
هامش المساهمة	١٤٠,٠٠٠
يطرح التكاليف الثابتة	١٠٠,٠٠٠
صافي الربح	٤٠,٠٠٠

تحليل علاقات التكلفة والحجم والأرباح بيانياً:

يمكن تمثيل علاقة التكلفة والحجم والأرباح بيانياً وذلك برسم دوال هامش المساهمة أو دوال التكاليف والإيرادات، وعند الرسم البياني يتم تمثيل دالة الحجم على المحور الأفقي ويتم تمثيل هامش المساهمة، والتكاليف، والإيرادات على المحور الرأسي.

خارطة هامش المساهمة:

تقوم هذه الخارطة بعرض علاقة هامش المساهمة وحجم المبيعات، وباستخدام بيانات المثال (٤-١) ويتم رسم هذه العلاقة كما في الشكل رقم (٤-١).

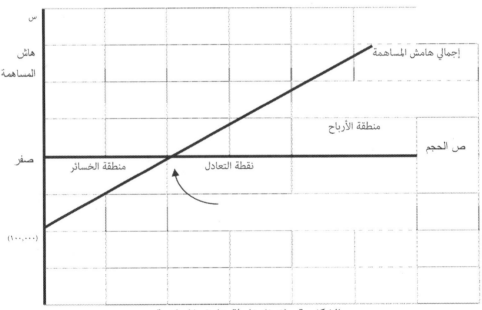

الشكل رقم (٤-١) خارطة هامش المساهمة

في هذه الخارطة يمثل المحور الأفقي الأرباح عندما تكون صفر. ولتحديد موقع خط هامش المساهمة نأخذ النقطة الأولى عندما يكون الإنتاج صفراً عنده تكون الخسائر مساوية للتكاليف الثابتة لذلك يتم تمثيلها على المحور الرأسي بنقطة

عند – ١٠٠,٠٠٠وعند نقطة التعادل يكون إجمالي هامش الساهمة مساوياً للتكاليف الثابتة لذلك يتم تمثيلها هي الأخرى بنقطة على الخط الأفقي (صفر,ص).وبعد ذلك يتم وصل النقطتين معاً ومدة إلى اليمين. لاحظ أن قبل تقاطع دالة هامش المساهمة مع المحور الأفقي تكون الشركة غير قادرة على تغطية تكاليفها الثابتة لأن خط هامش المساهمة أقل من مستوى الصفر، لذلك تعرف هذه المنطقة بمنطقة الخسائر، وتسمى المنطقة التي على يمين التقاطع بين دالة إجمالي هامش المساهمة والمحور الأفقي باسم منطقة الأرباح.

خارطة الإيرادات والتكاليف الكلية:

تحتوي هذه الخارطة على منحنيات إجمالي الإيرادات والتكاليف بدلاً من دالة هامش المساهمة، كما في الخارطة السابقة وتظهر كما في الشكل رقم (٢-٤).

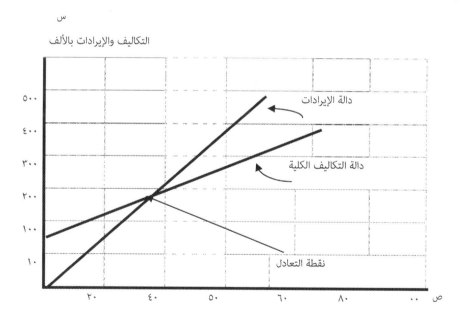

شكل رقم (٢-٤) خارطة التعادل

ولرسم منحنى الإيرادات لأي حجم نشاط يتم تحديد قيمة المبيعات وذلك بضرب عدد الوحدات المباعة في سعر بيع الوحدة وتمثيلها بنقطة إحداثها الأفقي هو عدد الوحدات المباعة، وإحداثها الراسي هو قيمة المبيعات، وبعد ذلك يرسم خط مستقيم يمر بهذه النقطة ونقطة الأصل لأنه عند نقطة الأصل تكون قيمة الإيرادات لا شيء، هذه الدالة هي خط مستقيم؛ لأن هذا التحليل يفترض أن سعر بيع الوحدة ثابت، وبالأسلوب نفسه نقوم برسم دالة التكاليف. وتجدر الإشارة هنا إلى أن هذه الدالة ستتقاطع مع المحور الراسي لأن الشركة، سواء أنتجت أو لم تنتج، فإنها سوف تتحمل التكاليف الثابتة، ويتحدد موقع دالة التكاليف الكلية بالطريقة نفسها التي استخدمت في تحديد موقع دالة الإيرادات، وذلك عن طريق تحديد نقط تمثل التكاليف الكلية لمستوى نشاط معين ثم وصلها مع نقطة التقاطع على المحور الرأسي. وبطبيعة الحال فإن نقطة التعادل تمثل نقطة تقاطع دالة الإيرادات مع دالة التكاليف. وقبل نقطة التعادل تكون دالة إجمالي التكاليف أعلى من دالة الإيرادات لذلك تتحمل المنشأة خسائر والعكس صحيح في المنطقة التي تقع على يمين نقطة التعادل.

نسبة هامش الأمان   *Margin of Safety*:

تفيد نقطة التعادل في معرفة مستوى النشاط اللازم لتغطية إجمالي التكاليف. وأنه إذا زادت المبيعات عن نقطة التعادل تحقق المنشأة ربحاً ، وبطبيعة الحال كلما زادت المبيعات المخططة عن المبيعات عند نقطة التعادل كلما قل احتمال تعرض المنشأة للخسائر ولقياس درجة المخاطرة يتم استخدام نسبة هامش الأمان، ويتم حسابها كالتالي:

المبيعات المخططة - المبيعات عند نقطة التعادل

نسبة هامش المساهمة = ---

المبيعات المخططة

فمثلاً إذا بلغت المبيعات المتوقعة ٥٠٠,٠٠٠٠ دينار. وكانت المبيعات عند نقطة التعادل ٣٠٠,٠٠٠دينار، فإن نسبة هامش الأمان تساوي (٥٠٠,٠٠٠- ٣٠٠,٠٠٠) ÷ ٥٠٠,٠٠٠) ٤٠%. وهذه النسبة تشير إلى أنه إذا انخفضت المبيعات المخططة بنسبة اقل من ٤٠% فإن المنشأة سوف تبقى في منطقة الأرباح وستدخل منطقة الخسائر إذا ما انخفضت مبيعاتها بنسبة تزيد على ٤٠%.

التغيرات في التكاليف والحجم والأرباح:

كما لاحظنا أن نموذج تحليل التكاليف والحجم والأرباح يستخدم رقماً واحداً لكل متغير من هذه المتغيرات، وبالتالي إذا اختلفت قيمه أي بند، فإن ذلك سوف يؤدي إلى اختلاف النتائج التي يتم التوصل إليها. ولزيادة قيمة النتائج فإننا يجب أن نأخذ في الحسبان أثر احتمالات التغير في العوامل المختلفة التي يتكون منها النموذج وتحديد أثر ذلك على النتائج، وهذا يعرف باسم تحليل الحساسية، ففي هذا التحليل يتم تحديد التغير الذي يتوقع حدوثه على متغيرات الحجم والتكاليف والأرباح وإعادة التحليل من جديد، وهذا يؤدي إلى توفير عدة أرقام بدلاً من رقم واحد، فمثلاً قد تتوقع الإدارة ارتفاع أسعار المواد وترغب في معرفة أثر ذلك على الأرباح المخططة، أو قد تتوقع ازدياد حدة المنافسة في السوق وترغب في دراسة أثر تخفيض السعر على الوحدات الواجب بيعها للمحافظة على رقم الربح المخطط، ولتوضيح اثر ذلك افترض أن المنشاة الواردة في المثال رقم (٤-١) قد رأت أنه يحتمل تخفيض سعر البيع من ٨د إلى ٧,٥د. وترغب في معرفة أثر ذلك على نقطة التعادل عند افتراض بقاء العوامل الأخرى على حالها.

ولدراسة أثر تخفيض الأسعار علينا حل المشكلة من جديد، وتحديد عدد الوحدات أو قيمة المبيعات اللازمة لتحقيق التعادل وهنا نجد أن:

$$\text{عدد الوحدات} = \frac{100{,}000}{7{,}5-6} = \frac{100{,}000}{1{,}5} = 66{,}667 \text{ وحدة}$$

مما سبق نجد أن تخفيض السعر قد أدى إلى رفع نقطة التعادل إلى ٦٦,٦٦٧ وحدة بعد أن كان ٥٠,٠٠٠ وحدة فقط. ويمكن تكرار هذا الحل لمعرفة أثر أي تغير آخر.

ضريبة الدخل:

في التحليل السابق لعلاقة التكلفة والحجم والأرباح لم يتم التطرق لموضوع الضريبة على الرغم من معرفتنا أن منشآت الأعمال تخضع لضريبة الدخل. لذلك فإن التحليل السابق يستخدم رقم الأرباح قبل الضريبة . وهنا إذا رغبنا في استخدام رقم الربح بعد الضريبة كهدف منشود، فإنه يجب تحويل رقم الربح من بعد الضريبة إلى رقم الربح قبل الضريبة، ويمكن حساب ذلك بإعادة كتابة المعادلة رقم (١) كالتالي:

$$\text{ر} = (\text{ك س} - \text{ك غ} - \text{ث})\ (1 - \text{ض}) \quad \ldots\ldots\ldots\ldots\ldots\ldots\ldots\ldots\ (9)$$

حيث إن

ض = ضريبة الدخل

ر= تمثل الأرباح بعد الضرائب

وبقسمة طرفي المعادلة السابقة على (١-ض) تصبح المعادلة رقم (٩) كالتالي:

$$\frac{\text{ر}}{1 - \text{ض}} = \text{ك س} - \text{ك غ} - \text{ث}$$

وبإعادة كتابة المعادلة نجد أن قيمة ك تصبح كالتالي:

$$\text{ك} = \frac{\text{ث} + \dfrac{\text{ر}}{1 - \text{ض}}}{\text{س} - \text{غ}}$$

فإذا كان معدل الضريبة يساوي ٤٠% ورغبت الإدارة تحقيق أرباح مقدارها ٣٠,٠٠٠دينار بعد الضريبة فإن الوحدات التي تحقق هذا الهدف هي

$$= \frac{١٠٠,٠٠٠ + \frac{٣٠,٠٠٠}{(١-٠,٤)}}{٢} = \frac{١٥٠,٠٠٠}{٢} = ٧٥,٠٠٠٠ \text{ وحدة}$$

وللتحقق من صحة النتائج يتم تصوير قائمة الدخل التالية:

قائمة الدخل

المبيعات (٧٥,٠٠٠ ×٨)	٦٠٠,٠٠٠
التكاليف المتغيرة (٧٥,٠٠٠×٦)	٤٥٠,٠٠٠
هامش المساهمة	١٥٠,٠٠٠
التكاليف الثابتة	١٠٠,٠٠٠
صافي الربح قبل الضرائب	٥٠,٠٠٠
يطرح : ضريبة الدخل	٢٠,٠٠٠
صافي الربح بعد ضريبة الدخل	٣٠,٠٠٠

ولزيادة الإيضاح افترض أنه تم تحديد الأرباح بعد الضريبة على شكل نسبة مئوية من المبيعات، فمثلاً. افترض أن الإدارة ترغب في تحقيق أرباح بعد الضرائب بنسبة ١٠%. من قيمة المبيعات، وأن معدل ضريبة الدخل يساوي ٤٠%. فهنا تكون الأرباح بعد الضريبة هي ٠,١٠ × ك × س ، وبالتالي يمكن كتابة معادلة الأرباح كالتالي:

$$\frac{٠,١ \times ٨ \times ك}{١-٠,٤} = ٢ك - ١٠٠,٠٠٠$$

٠,٨ ك
---------- = ٢ك - ١٠٠,٠٠٠
٠,٦

ك = ١٥٠,٠٠٠ وحدة تقريباً

وللتحقق من صحة النتيجة يتم إعداد قائمة الدخل التالية:

قائمة الدخل

المبيعات (١٥٠,٠٠٠×٨)	١٢٠٠,٠٠٠
تكاليف متغيرة (١٥٠,٠٠٠×٦)	٩٠٠,٠٠٠
هامش المساهمة	٣٠٠,٠٠٠
تكاليف ثابتة	١٠٠,٠٠٠
الربح قبل الضريبة	٢٠٠,٠٠٠
ضريبة الدخل ٤٠%	٨٠,٠٠٠
الربح بعد الضريبة (١٠% من المبيعات)	١٢٠,٠٠٠

تركيبة التكاليف : *Cost Structure*

مما سبق يتبين لنا أنه كلما زاد هامش مساهمة الوحدة كلما انخفضت نقطة التعادل وازدادت الأرباح التي يتم تحقيقها بعد هذه النقطة من بيع عدد معين من الوحدات بالمقارنة مع حالة انخفاض هامش المساهمة. وفي كثير من الصناعات يمكن زيادة هامش المساهمة عن طريق زيادة التجهيزات الآلية ومن ثم زيادة التكاليف الثابتة، لأن ذلك يقلل من التكاليف المتغيرة، وبخاصة تكلفة الأجور المباشرة، وهذا الوضع يؤثر على تخفيض نسبة التكاليف المتغيرة إلى إجمالي التكاليف وزيادة نسبة هامش المساهمة. وتعرف نسبة التكاليف المتغيرة ونسبة التكاليف الثابتة إلى إجمالي التكاليف بهيكل التكاليف.

وتتم دراسة أثر هيكل التكاليف على أرباح المنشأة باستخدام نسبة الرافعة التشغيلية وهذه تساوي هامش المساهمة على صافي الربح، فكلما قلت التكاليف المتغيرة إلى إجمال التكاليف كلما زادت نسبة هامش المساهمة، زادت نسبة الرافعة التشغيلية، والعكس صحيح عند زيادة التكاليف المتغيرة إلى إجمالي التكاليف. وكلما زادت نسبة هامش المساهمة كلما زادت الأرباح التي يتم تحقيقها من المبيعات. فمثلاً إذا كانت المبيعات مائة دينار ونسبة هامش المساهمة ٢٠% يكون هامش المساهمة ٢٠ دينار وبطبيعة الحال يزداد هذا الهامش إذا زادت نسبة هامش المساهمة إلى ٢٥%. وكلما ارتفعت نسبة الرافعة كلما ازداد أثر التغير في المبيعات على التغير في رقم صافي الربح، ويتم حساب التغير في نسبة صافي الربح بضرب نسبة الرافعة في نسبة التغير في المبيعات، ولذلك كلما زادت نسبة الرافعة كلما كان للتغير في المبيعات تأثيراً أكبر على الأرباح ولقياس التغير في الربح يتم ضرب الرافعه التشغيلية في نسبة التغير في المبيعات، ولتوضيح سيتم الاعتماد على قوائم الدخل التالية:

مثال (٤-٢)

الآتي قوائم الدخل للشركتين ا،ب

قائمة الدخل للشركتين ا ، ب

بيان	الشركة ب	الشركة ا
المبيعات	٣٠٠,٠٠٠	٣٠٠,٠٠٠
التكاليف المتغيرة	١٢٠,٠٠٠	١٨٠,٠٠٠
هامش المساهمة	١٨٠,٠٠٠	١٢٠,٠٠٠
التكاليف الثابتة	١٦٠,٠٠٠	١٠٠,٠٠٠
صافي الربح	٢٠,٠٠٠	٢٠,٠٠٠
نسبة الرافعة التشغيلية	٩ مرات	٦ مرات

تبين هذه القوائم أن الإيرادات والأرباح لهاتين الشركتين متساوية ولكن هناك اختلاف في هيكل التكاليف بينهما.

والمطلوب: معرفة اثر التغير في المبيعات على أرباحهما، إذا زادت مبيعات كل شركة بنسبة ٢٠%.

الحل:

لتسهيل الأمر تم إعداد قوائم الدخل للشركتين على افتراض زيادة مبيعاتهما بنسبة ٢٠% كالتالي:

التغير في الأرباح = (الأرباح بعد الزيادة - الأرباح قبل الزيادة) / الأرباح قبل الزيادة

قائمة الدخل للشركتين أ، ب بعد زيادة مبيعاتهما بنسبة ٢٠%

بيان	الشركة ب	الشركة ا
المبيعات	٣٦٠,٠٠٠	٣٦٠,٠٠٠
التكاليف المتغيرة	١٤٤,٠٠٠	٢١٦,٠٠٠
هامش المساهمة	٢١٦,٠٠٠	١٤٤,٠٠٠
التكاليف الثابتة	١٦٠,٠٠٠	١٠٠,٠٠٠
صافي الربح	٥٦,٠٠٠	٤٤,٠٠٠

ومن قوائم الدخل السابقة يتبين لنا أن :

نسبة التغير في أرباح الشركة ا = (٤٤,٠٠٠- ٢٠,٠٠٠) / ٢٠,٠٠٠ = ٢٤,٠٠٠ / ٢٠,٠٠٠ = ١٢٠%

التغير في أرباح الشركة ب = (٥٦,٠٠٠ - ٢٠,٠٠٠) / ٢٠,٠٠٠ = ٣٦,٠٠٠ / ٢٠,٠٠٠ = ١٨٠%

والآن يمكن التوصل إلى النتيجة نفسها باستخدام الرافعة التشغيلية:

التغير في الأرباح = الرافعه التشغيلية × نسبة التغير في المبيعات

التغير في أرباح الشركة ا = ٦ × ٢٠% = ١٢٠%

التغير في أرباح الشركة ب = ٩ × ٢٠% = ١٨٠%

تحليل علاقة التكلفة والحجم والأرباح في حالة تعدد المنتجات:

يحتاج تحليل علاقة التكلفة والحجم والأرباح في حالة تعدد المنتجات إلى ضرورة افتراض ثبات نسبة مبيعات المنتجات إلى المبيعات الكلية وحساب المتوسط المرجح لهامش المساهمة أو المتوسط المرجح لنسبة هامش المساهمة، وهذه المتوسطات المرجحة تستخدم بدلاً من هامش مساهمة الوحدة أو نسبة هامش مساهمة الوحدة في تحليل علاقة التكلفة والحجم والأرباح في حالة المنتج الواحد.

ويجري تحديد نسبة تشكيلية أو مزج المبيعات باستخدام عدد الوحدات المباعة أو باستخدام قيمة المبيعات، ففي الحالة الأولى تحدد نسبة عدد الوحدات التي تباع من كل منتج إلى إجمالي عدد الوحدات المباعة من كل المنتجات، فمثلاً إذا توقعت الشركة بيع ٢ وحدة من ا مع ٣ وحدات من ب نقول أن تشكيلة المنتجات هي ٣:٢ وحدة.

ويتبع الأسلوب نفسه عند استخدام قيمة المبيعات، لتحديد تشكيلة المبيعات، إذ يتم تحديد نسبة قيمة مبيعات كل منتج إلى إجمالي قيمة المبيعات من كل المنتجات. فمثلاً إذا كانت مبيعات المنتج ا هي ٢٠٠د وأن إجمالي مبيعات الشركة هي ١٠٠٠د فإن نسبة مبيعات المنتج ا إلى إجمالي المبيعات هي ٢٠%.

أولاً: تشكيلة المبيعات بالدنانير:

سيتم توضيح إجراءات هذا التحليل باستخدام المثال التالي:

مثال (٣)

تقوم منشأة ببيع المنتجات ا ، ب ، جـ وأن أسعار بيعها هي : ٨د، ١٢د ، ١٥د، على التوالي ، وأن هامش مساهمة الوحدات المباعة من هذه المنتجات هي: ٤٠% ، ٣٠%، ٢٠% على التوالي، وتبلغ التكاليف الثابتة للمنشأة ٢٤٠،٠٠٠د. وتخطط الإدارة تحقيق أرباحاً مقدارها ٥٠،٠٠٠ دينار، وأن قيمة مبيعات كل منتج من هذه المنتجات إلى المبيعات الكلية هي ٤:٣:٣ دينار.

المطلوب:

تحديد قيمة مبيعات كل منتج حتى يتم تحقيق الأرباح المخططة:

الحل :

حتى يتم حل هذه الحالة يجب حساب المتوسط المرجح لنسبة هامش المساهمة مزيج المبيعات، وهذه تساوي مجموع حاصل ضرب نسبة هامش مساهمة المنتج في النسبة المئوية لمبيعات المنتج. لذلك نجد أن الخطوة الأولى في الحل هي تحديد نسبة هامش المساهمة لكل منتج ويتم تحديدها بقسمة هامش مساهمة المنتج على سعر بيع وحدة المنتج. وأن الخطوة الثانية تتطلب تحديد نسبة مبيعات المنتج إلى إجمالي المبيعات وهذه النسبة كما ورد في السؤال هي ٣٠% : ٣٠% : ٤٠% للمنتجات ا، ب، جـ على التوالي. وبعد ذلك يتم ضرب هاتين النسبتين معاً وجمع ذلك للتوصل إلى المتوسط المرجح لنسبة المساهمة. وهي كالتالي:

$$= ٤٠\% × ٣٠\% + ٣٠\% × ٣٠\% + ٤٠\% × ٢٠\%$$

$$= ٢٩\%$$

ولتحديد قيمة المبيعات اللازمة لتحقيق أرباح مقدارها ٥٠،٠٠٠ نقوم بقسمة التكاليف الثابتة زائد الأرباح المخططة على المتوسط المرجح لنسبة هامش المساهمة، وتساوي:

$$إجمالي المبيعات = \frac{٢٤٠،٠٠٠ + ٥٠،٠٠٠}{٢٩\%} = ١،٠٠٠،٠٠٠ دينار$$

وهذا الرقم يمثل إجمالي قيمة مبيعات الشركة من المنتجات الثلاثة ، ولتحديد قيمة مبيعات كل منتج من هذه المنتجات يتم ضرب المبيعات الإجمالية في نسبة المنتج في تشكيلة المبيعات، ولذلك تكون مبيعات المنتجات كالتالي :

مبيعات المنتج ا	١٠٠٠,٠٠٠ ×٣٠%=	٣٠٠,٠٠٠ دينار
مبيعات المنتج ب	١٠٠٠,٠٠٠ ×٣٠%=	٣٠٠,٠٠٠ دينار
مبيعات المنتج جـ	١٠٠٠,٠٠٠ ×٤٠%=	٤٠٠,٠٠٠ دينار

وللتحقق من صحة النتائج يمكن حساب إجمالي هامش مساهمة المبيعات وذلك بضرب قيمة مبيعات كل منتج في هامش مساهمته ، وهذه المبالغ تكون كالتالي:

هامش مساهمة المنتج ا	٣٠٠,٠٠٠ × ٤٠%=	١٢٠,٠٠٠ دينار
هامش مساهمة المنتج ب	٣٠٠,٠٠٠ × ٣٠% =	٩٠,٠٠٠ دينار
هامش مساهمة المنتج جـ	٤٠٠,٠٠٠ × ٢٠%	٨٠,٠٠٠ دينار
المجموع		٢٩٠,٠٠٠ دينار

ولأن إجمالي هامش المساهمة يساوي مجموع التكاليف الثابتة زائد الأرباح المخططة لذلك يكون الحل صحيحاً.

ثانياً: تشكيلة المبيعات بالوحدات:

فيما سبق حددنا تشكيلة المبيعات باستخدام قيمة المبيعات، والآن سوف نفترض بانه يتم تحديد تشكيلة المبيعات باستخدام عدد الوحدات، ولتحديد عدد الوحدات المباعة من كل منتج من المنتجات نقوم بتكوين وحدة نظرية أو افتراضية تتكون من مجموع الوحدات في تشكيلة المبيعات وبعد ذلك نقوم بحساب هامش

مساهمة الوحدة النظرية وهو يساوي عدد الوحدات في التشكيلة ضرب هامش مساهمتها، ولتوضيح، ذلك سيتم الاعتماد على البيانات الآتية:

مثال (٤)

افترض أن تشكيلة المبيعات في المثال السابق تتكون من ٣ وحدات من المنتج ا و ٤ وحدات من المنتج ب، و٥ وحدات من المنتج جـ وتخطط الإدارة تحقيق أرباح مقدارها ٥٠١٦٠ دينار فما هي قيمة المبيعات اللازمة لتحقيق الهدف المنشود.

الحل:

للبدء في الحل نقوم بتكوين وحدة افتراضية أو نظرية تتألف من ٣ وحدات من أ، ٤ وحدات من ب، ٥ وحدات من ج، وبعد تحديد عدد الوحدات يتم تحديد هامش مساهمة الوحدة النظرية وهذا يساوي مجموع هامش مساهمة الوحدات التي تتكون منها الوحدة النظرية، ويتحدد هامش مساهمة وحدة المنتج بضرب سعر بيع وحدة المنتج في نسبة هامش مساهمتها، لذلك بالاعتماد على بيانات المثال السابق يكون هامش مساهمة المنتجات كالتالي:

هامش مساهمة المنتج ا =	٨ × ٤٠% =	٣,٢ دينار
هامش مساهمة المنتج ب =	١٢×٣٠%=	٣,٦ دينار
هامش مساهمة المنتج جـ =	١٥ ×٢٠% =	٣ دنانير

ويتم تحديد هامش مساهمة الوحدة النظرية بضرب هامش مساهمة وحدة المنتج في عددها بالمزيج البيعي ويكون كالتالي:

هامش مساهمة الوحدة النظرية = ٣×٣,٢ +٤×٣,٦ +٥×٣= ٣٩ ديناراً.

وبعد تحديد هامش مساهمة الوحدة النظرية نستخدمه وكأنه هامش ساهمة الوحدة الذي استخدم في حالة تحليل المنتج الواحد، وعليه فإن عدد الوحدات النظرية اللازم بيعها لتحقيق أرباح مقدارها ٥٠١٦٠ دينار هي:

$$
\text{عدد الوحدات النظرية} = \frac{٢٤٠,٠٠٠ + ٥٠,١٦٠}{٣٩} = ٧٤٤٠ \text{ وحدة}
$$

ويتم تحديد عدد الوحدات من كل منتج بضرب عدد الوحدات النظرية× عدد وحدات المنتج في الوحدة النظرية ، إذن:

عدد وحدات المنتج ا=   ٧٤٤٠ ×٣ =   ٢٢٣٢٠ وحدة

عدد وحدات المنتج ب =   ٧٤٤٠ ×٤=   ٢٩٧٦٠ وحدة

عدد وحدات المنتج جـ =   ٧٤٤٠ ×٥=   ٣٧٢٠٠ وحدة

وللتأكد من صحة النتائج يتم حساب هامش مساهمة كل منتج على حدة، وجمعها معاً كالتالي:

عدد الوحدات × هامش المساهمة = إجمالي هامش المساهمة.

٢٢٣٢٠ × ٣,٢ = ٧١,٤٢٤ دينار

٢٩٧٦٠ × ٣,٦ = ١٠٧,١٣٦ دينار

٣٧٢٠٠ × ٣   =   ١١١,٦٠٠   دينار

إجمالي هامش المساهمة   =   ٢٩٠,١٦٠

الخاتمـــة

في هذا الفصل تمت دراسة علاقة التكلفة والحجم والأرباح، بافتراض أن العلاقة بين هذه المتغيرات هي علاقة خطية. وتم حساب نقطة التعادل بقسمة التكاليف الثابتة على هامش مساهمة الوحدة، وكذلك تمت دراسة حالات تخطيط الأرباح في حالة وجود الضرائب وتبين أن الأرباح المخططة بعد الضرائب يجب أن تحول إلى أرباح قبل الضرائب وذلك بقسمتها على (١- ض). وكذلك قمنا بدراسة دور هيكل التكاليف وأثره في الأرباح، ووجدنا أن المنشأة التي تزيد نسب تكاليفها الثابتة على حساب نسبة تكاليفها المتغيرة تحقق هامش مساهمة مرتفع، إذا كانت مبيعاتها تزيد عن نقطة التماثل.

وفي نهاية الفصل تمت دراسة علاقة التكلفة والحجم والأرباح في حالات تعدد المنتجات وتبين لنا أنه عند تعدد المنتجات يجب تحديد نسبة تشكيلية مبيعات المنتجات، سواء على شكل عدد وحدات أو على شكل نسبة مئوية من المبيعات وبعد تحديد ذلك يتم حساب هامش المساهمة المرجح أو نسبة هامش المساهمة المرجحة، وبهذا الإجراء تصبح حالة تعدد المنتجات مماثلة لحالة المنتج الواحد.

أسئلة وتمـــارين

السؤال الأول: أذكر الافتراضات الرئيسية التي يتم الاعتماد عليها عند تحليل علاقة التكلفة والحجم والأرباح.

السؤال الثاني: عرف المقصود بهامش المساهمة ونسبة هامش المساهمة.

السؤال الثالث: ما هو المقصود بالأرباح المخططة وأذكر بعض الطرق لتحديدها.

السؤال الرابع: ما هو المقصود بهيكل التكاليف.

السؤال الخامس: ما هو المقصود بنسبة الرفع التشغيلي وما هي علاقتها مع التغير في نسبة الربح.

السؤال السادس: ما هو الحد الأعلى لنسبة الأرباح المخططة إلى المبيعات.

السؤال السابع: أشرح مفهوم نسبة هامش الأمان.

السؤال الثامن: ما هو المقصود بالمزيج البيعي وكيف يمكن أن تحدد نسبة المزج.

السؤال التاسع: ما هو المقصود بالوحدة النظرية وكيف يمكن تكوينها.

السؤال العاشر: ما هو هامش المساهمة الإجمالي وكيف يمكن تحديده إذا علمت رقم إجمالي المبيعات.

السؤال الحادي عشر: الآتي بيانات مستخرجة من سجلات إحدى منشآت الأعمال:

المصروفات الثابتة	٤,٣٧٥ د
المصروفات المتغيرة	٦٧٥٠ د
سعر بيع الوحدة	٨ د
عدد الوحدات	١٥٠٠

المطلوب:

أ- تحديد نقطة التعادل بالوحدات والدنانير.

ب- إذا رغبت المنشآة في تخفيض سعر البيع بنسبة ١٠% فما هي نقطة التعادل بالدنانير.

جـ- إذا زادت التكاليف الثابتة بمبلغ ٨٧٥ د وبقيت المعلومات الأخرى على حالتها فما هو عدد الوحدات المباعة عند نقطة التعادل.

السؤال الثاني عشر: الآتي معلومات مستخرجة من سجلات إحدى الشركات:

سعر بيع الوحدة	١٥ د
التكلفة الصناعية المتغيرة للوحدة	١٠
مصروفات تسويقية متغيرة	١
مصروفات إدارية متغيرة	١
إجمالي المصروفات المتغيرة	١٢
المصروفات الصناعية الثابتة	٢٥,٠٠٠
المصروفات الإدارية والتسويقية الثابتة	٣٢,٠٠٠

المطلوب : الإجابة عن الأسئلة التالية:

أ- ما هي نقطة التعادل بالوحدات والدنانير.

ب- إذا تم بيع ٢٢٥٠٠ وحدة فما هو صافي الربح.

جـ- إذا أمكن تخفيض المصروفات التسويقية إلى نصف دينار للوحدة مقابل زياد التكلفة الثابتة بمبلغ ٩٥٠٠ دينار فما اثر ذلك على نقطة التعادل.

د- إذا طلب منك المفاضلة بين بديلي المصروفات المتغيرة أو المصروفات الثابتة الواردة في البند السابق فأيهما تختار ولماذا؟

السؤال الثالث عشر: تقوم إحدى الشركات بتوزيع منتجها عن طريق تجار الجملة وبلغت مبيعاتها في العام المنتهي في ١٢/٣١ مبلغ ١,٠٠٠,٠٠٠ دينار وأن أرباحها ١٥٠,٠٠٠ دينار، وتقدم مدير التسويق بخطة لبيع هذا المنتج إلى تجار التجزئة وفي هذه الحالة يتوقع انخفاض حجم المبيعات بنسبة ١٠% وزيادة التكاليف الثابتة بمبلغ ٤٠,٠٠٠ دينار وهذا يؤدي إلى تخفيض نسبة التكاليف المتغيرة إلى المبيعات من ٥٠% إلى ٤٥%.

المطلوب:

أ. هل ستوافق على اقتراح مدير المبيعات وما هي أرباح الشركة عند تطبيق هذه الخطة؟

ب. تحديد نقطة تعادل الشركة قبل تطبيق خطة مدير المبيعات وبعد تطبيقها.

ج. تحديد مستوى للمبيعات الذي عنده يصبح البيع لتجار التجزئة أفضل من البيع لتجار الجملة.

السؤال الرابع عشر: تدرس إحدى الشركات بدائل إنتاجية وأمامها أحد الاقتراحين التاليين:

	الاقتراح الأول	الاقتراح الثاني
سعر بيع الوحدة	١٥د	١٥د
التكلفة المتغيرة للوحدة	١٢د	١٣د
التكاليف الثابتة السنوية	٦٥,٠٠٠	٤٥,٠٠٠

أ- حساب نقطة التعادل لكل بديل من البدائل السابقة.

ب- حساب الربح أو الخسارة الذي تحققه الشركة عند إنتاج وبيع ٢٠,٠٠٠ وحدة عند اتباع كل بديل.

جـ- إذا كان حجم المبيعات المتوقع ٣٠,٠٠٠ وحدة فما هو البديل الأفضل.

السؤال الخامس عشر: تنتج إحدى الشركات ١٠٠,٠٠٠ وحدة سنوياً وتبيعها بسعر ٢,٥ دينار للوحدة وقد حصلت الشركة على طلب لتصدير ١٥,٠٠٠ وحدة وبسعر ٢,٢٥ دينار، وقدّر المشرف على الإنتاج أنه يمكن توفير ٥% من التكاليف المتغيرة لإنتاج الوحدة في هذا الطلب وذلك للاختلاف البسيط في مواصفات وحداته ويمكن للشركة زيادة طاقتها الإنتاجية للوفاء بهذا الطلب وأن تكلفة ذلك هي ١٥,٠٠٠ د. وكانت قائمة الدخل للشركة قبل استلام هذا الطلب كالتالي:

المبيعات ١٠٠,٠٠٠ × ٢,٥	٢٥٠,٠٠٠
التكاليف المتغيرة	١٥٠,٠٠٠
هامش المساهمة	١٠٠,٠٠٠
المصروفات الثابتة	٨٥,٠٠٠
صافي الربح المتوقع	١٥,٠٠٠

المطلوب:

أ. تحديد نقطة التعادل للشركة في الوضع الحالي والوضع المقترح.

ب. هل يجب على الشركة قبول هذا الطلب ورفع مستوى الطاقة إلى ١٢٠,٠٠٠ وحدة أم لا.

السؤال السادس عشر: تقوم شركة الأردن للالكترونيات بإنتاج منتجين هما ا، ب وكانت قائمة الدخل لهذه الشركة في ٢٠٠٣/١٢/٣١ كالتالي:

	منتج ا		منتج ب		الإجمالي
	الوحدة	الإجمالي	الوحدة	الإجمالي	
المبيعات	١٥	٤٥,٠٠٠	١٦	٤٠,٠٠٠	٨٥,٠٠٠
تكاليف الإنتاج :					
مواد مباشرة	٣	٩,٠٠٠	٥	١٢٥٠٠	٢١٥٠٠
أجور مباشرة	٢	٦,٠٠٠	٣	٧٥٠٠	١٣٥٠٠
المصروفات المتغيرة	٢	٦,٠٠٠	٢	٥٠٠٠	١١٠٠٠
المصروفات الصناعية الثابتة	١	٣٠٠٠	٢	٥٠٠٠	٨,٠٠٠
مجمل الربح		٢١,٠٠٠		١٠,٠٠٠	٣١,٠٠٠
مصروفات تسويقية وإدارية ثابتة					٢٤,٠٠٠
صافي الربح					٧,٠٠٠ د

وتعتبر مبيعات المنتج ا مستقرة ولكن لا يتمتع المنتج ب بنفس الظروف لارتفاع حدة المنافسة التي يواجهها لذلك تدرس الإدارة احتمال تخفيض أسعار الوحدة من بداية العام القادم إلى ١٥ د والقيام بحملات إعلانية لزيادة مبيعاته تكلفتها ٩٢٥٠ دينار، وهذا المبلغ يعتبر تكلفة ثابتة، ونتيجة لهذه الأمور تتوقع الإدارة أن تكون ٦٠% من إيراداتها من المنتج ا و ٤٠% من المنتج ب ، وكذلك تتوقع الإدارة أن تنخفض أسعار المواد الخام بنسبة ١٠% وأن ترتفع تكلفة الأجور والمصروفات المتغيرة بنسبة ٥%، وأن تبقى التكاليف الثابتة على ما هي عليه في السنة القادمة.

المطلوب:

أ. تحديد نقطة التعادل للشركة عام ٢٠٠٣ بالدنانير والوحدات .

ب. تحديد نقطة التعادل للشركة عام ٢٠٠٣ حسب خلطة المبيعات الجديدة.

جـ تحديد قيمة مبيعات المنتجات ا ، ب كل على حدة حسب خلطة المبيعات الجديدة عند التعادل.

السؤال السابع عشر: المعلومات الآتية تخص الثلاث أسئلة التالية:

كانت الإيرادات والمصروفات التاريخية لمنتجات إحدى الشركات الصناعية كالآتي:

	منتج ا	منتج ب
سعر البيع	١٠د	١٥د
مواد مباشرة	٢	٣
أجور مباشرة	٣	٥
اعباء إضافية ثابتة	٢	٤
صافي الربح	٣	٣
عدد الوحدات المباعة في المزيج	١:	٣

وتتوقع الشركة أن تستمر التكاليف المتغيرة في السنة القادمة على ما كانت عليه خلال السنة السابقة وأن تبلغ التكاليف الثابتة المخططة للسنة المقبلة ٩٧٥,٠٠٠ دينار وأن تكون خلطة المنتجات في السنة المقبلة هي نفس خلطة المنتجات في السنة السابقة وهي أن تبيع وحدة من المنتج ا مع ٣ وحدات من المنتج ب.

المطلوب : الإجابة على الأسئلة التالية:

(١) فإن إجمالي عدد الوحدات التي تبيعها الشركة من المنتجين حتى تحقق التعادل.

أ. ١٥٠,٠٠٠ وحدة

ب. ٣٧٥٠٠ وحدة

ج. ١٨٧,٥٠٠ وحدة

د. ١١٢,٥٠٠ وحدة

هـ لا شيء مما ذكر

(٢) عدد الوحدات المادية اللازمة للتعادل إذا كانت تكلفة الأجور المباشرة للمنتج ا هي ٢د

وللمنتج ب هي ٣د.

أ. ٨٨٦٣٧ وحدة   ب. ١٤٤,٤٤٤ وحدة

ج. ١٥٦,٠٠٠ وحدة   د. ١١٨,١٨٢ وحدة

هـ ١٣٥,٤١٧ وحدة   و. لا شيء مما ذكر

(٣) إذا كانت خلطة الإنتاج عبارة عن وحدة من ا مع ٢ وحدة من ب، وبالرجوع إلى البيانات

الأصلية فإن الوحدات المادية اللازمة للتعادل مع بقاء التكاليف الثابتة والمتغيرة على ما هي

عليه هي:

أ. ١٧١٩٥٨ وحدة   ب. ٤١٨,٤٥٥ وحدة

ج. ١٥٣,٩٤٧ وحدة   د. ٢٠٥,٢٦٣ وحدة

هـ ١٠٢,٦٣٢ وحدة   و. لا شيء مما ذكر

(المحاسبين الإداريين)

السؤال الثامن عشر: تبيع إحدى الشركات ثلاثة منتجات هي (س) ، (ص) (ع) وأن كمية المبيعات وسعر

بيع الوحدة والتكلفة المتغيرة للوحدة هي كالتالي:

التكلفة المتغيرة للوحدة	سعر البيع	كمية المبيعات	المنتجات
٧,٥د	١٠	٨٠٠	س
١٢	١٥	٢٠٠	ص
٤	٨	٢٢٥	ع

وأن التكاليف الثابتة : ١٣٣,١٢٥ دينار وأن نسبة قيمة المبيعات المتوقعة من كل منتج إلى إجمالي

المبيعات هي ٣٠:٤٠:٣٠ من المنتجات السابقة على التوالي.

المطلوب:

١. تحديد قيمة المبيعات عند التعادل.

٢. إذا كانت المنتجات تباع بنسبة ١:٢:٣ وحدة على التوالي ما هو عدد الوحدات من كل منتج من المنتجات التي تسمح للشركة تحقيق أرباح قيمتها ١٥٧,٢٥٠ دينار.

السؤال التاسع عشر: إذا كانت المنشأة تبيع ٣ وحدات من المنتج س مع ٢ وحدة من المنتج (ص) مع وحدة من المنتج (ع) وأن سعر البيع والتكلفة المتغيرة لهذه المنتجات كالتالي:

المنتج	سعر البيع	التكلفة المتغيرة
س	١٠	٨
ص	١٢	٩
ع	٦	٤

وأن التكاليف الثابتة ٧٨٤٠ دينار.

المطلوب:

ما هو عدد الوحدات اللازم بيعها حتى يتم تحقيق التعادل.

السؤال العشرون: الآتي معلومات عن تكلفة وسعر بيع وحدة إحدى المنتجات:

سعر بيع الوحدة	٣٠ دينار
التكلفة الصناعية المتغيرة للوحدة	١٤
المصروفات التسويقية المتغيرة للوحدة	٥
المصروفات الصناعية الثابتة	٢٨٠,٠٠٠د
المصروفات التسويقية والإدارية الثابتة	١٢٧,٠٠٠د

وتتوقع الشركة أن تصل مبيعاتها إلى ١,٥٠٠,٠٠٠ دينار خلال الفترة المقبلة وتخضع الشركة لمعدل ضريبة دخل مقداره ٤٠%.

المطلوب:

أجب على الأسئلة الخمسة التالية:

أ. نقطة التعادل بالوحدات

أ. ٢٥٤٣٨وحدة ب. ٣٧,٠٠٠ وحدة

ج. ٢٥,٤٥٤ وحدة د. ٢٥٤٥٥وحدة

ب. فإن عدد الوحدات اللازم بيعها لتحقيق ٣٦,٠٠٠ دينار أرباح بعد الضريبة وهو:

أ. ٤٥٤٥٥ وحدة ب. ٣٠٨٩٣ وحدة

ج.٤٢,٤٥٥ وحدة د. ٢٥٤٥٥ وحدة

ج. إذا كان من المتوقع أن ترتفع التكلفة الصناعية المتغيرة بنسبة ١٠%، مع بقاء الأشياء الأخرى على حالتها، فإن عدد وحدات المبيعات اللازمة للتعادل هي:

أ. ٣٠٩١٠ ب. ٤٢٤٥٥

ج. ٤٤٧٢٥ د. ٤٢٣٩٦

د. إذا تم بيع ٤٥,٠٠٠ وحدة خلال العام فإن أرباح الشركة بعد الضريبة هي:

أ. ٥٢،٨٠٠ د ينار ب. ٣٥٢٠٠ دينار

ج. ٨٨,٠٠٠ دينار د. ٤٥٦٠٠ دينار

هـ إذا خططت الشركة تحقيق أرباح بنسبة ١٠% من إجمالي المبيعات فإن قيمة المبيعات التي تحقق الهدف المنشود هي:

أ. ١،٧٤٦,١٦٦ دينار ب. ١،٥٢٦,٢٥٠ دينار

ج. ٣,٤٨٨,٥٧١ دينار د. ٢٠٣٥,٠٠٠دينار

هـ لا شيء مما ذكر

السؤال الحادي والعشرون: تنتج إحدى الشركات الصناعية ثلاث منتجات هي أ، ب، ج، وتبلغ هوامش مساهمتها ٣،٢،١ دينار على التوالي، ويخطط مدير الشركة بيع ٣٠٠،٠٠ وحدة من المنتجات الثلاثة خلال الفترة القادمة وتتكون من ٤٠،٠٠٠ وحدة من أ، ٢٠٠،٠٠٠ وحدة من ب ٦٠،٠٠٠ وحدة من ج، وتبلغ التكاليف الثابتة للشركة خلال هذه الفترة ٢٥٥،٠٠٠ دينار.

<u>المطلوب:</u>

١. حساب نقطة التعادل بالوحدات لتشكيلة المبيعات التي اقترحها مدير الشركة وما هي الأرباح المخططة.

٢. ماذا سيكون صافي الربح إذا تم بيع ٣٠،٠٠٠ وحدة من أ، ١٥٠،٠٠٠ وحدة من ب ، ١٢٠،٠٠٠ وحدة من ج؟ وما هي نقطة التعادل الجديدة مع استمرار نفس العلاقات للتشكيلة الجديدة.

السؤال الثاني والعشرون: تقوم إحدى الشركات الصناعية بتصنيع وإنتاج منتجين وكانت البيانات الخاصة بهذين المنتجين كالتالي:

	منتج أ	منتج ب
المبيعات بالوحدات	٣٠،٠٠٠	٤٠،٠٠٠
قيمة المبيعات بالدينار	٣٠٠،٠٠٠	٦٠٠،٠٠٠
يطرح التكاليف المتغيرة	٢١٠،٠٠٠	٤٤٠،٠٠٠
هامش المساهمة	٩٠،٠٠٠	١٦٠،٠٠٠
يطرح التكاليف الثابتة	٧٢،٠٠٠	٧٧٦٠٠
صافي الربح	١٨،٠٠٠	٨٢،٤٠٠

المطلوب: الإجابة على الأسئلة التالية:

١. افترض أن كل منتج ينفرد بتسهيلاته الصناعية عندها فإن نقطة التعادل بالوحدات للمنتج ا هي:

    أ. ١٦٠٠٠ وحدة   ب. ٣٠,٠٠٠ وحدة

    ج. ٧٠,٠٠٠ وحدة   د. ٢٤,٠٠٠ وحدة

    هـ لا شيء مما ذكر

٢. افترض أن كل منتج من المنتجات ينفرد بتسهيلاته الصناعية فإن ثمن الوحدات المباعة من المنتج ب إذا رغبت المنشأة تحقيق أرباح بمبلغ ١٧,٦٠٠ دينار وهي:

    أ. ٣٧٥,٠٠٠ دينار   ب. ٣٥٧,٠٠٠ دينار

    ج. ٢٥٠,٠٠٠ دينار   د. ٢٩١,٠٠٠ دينار

٣. افترض بأن المنتجات تباع بتشكيلة مكونة من ٣ وحدات من المنتج ا مع ٢ وحدة من المنتج ب فإن مجموع عدد الوحدات التي تباع من المنتجين ا، ب عند التعادل هي:

    أ. ٣٥,٢٠٠   ب. ٤٤,٠٠٠

    ج. ٥٣,٤٢٩   د. ٤٢,٧٤٣

٤. الوحدات المباعة من المنتجات عند التعادل هي:

    أ ٢١١٢٠ وحدة من ا، ١٤٠٨٠ وحدة من ب

    ب. ٢٦٤٠٠ وحدة من ا، ١٧٦٠ وحدة من ب

    ج. ٣٢٠٥٧ وحدة من ا، ٢١٣٧٢ وحدة من ب

    د. ٢٥٦٤٥ وحدة من ا، ١٧٠٩٧ وحدة من ب

    هـ لا شيء مما ذكر

السؤال الثالث والعشرون: فيما يلي بيانات مستخرجة من سجلات منشأتين هما س، ص.

	المنشأة (س)	المنشأة (ص)
سعر بيع الوحدة	١٥	٢٠
التكلفة المتغيرة	٩	١٥
هامش المساهمة	٦	٥
التكاليف الثابتة	٥٠,٠٠٠	٧٠,٠٠٠

المطلوب:

١. حساب نقطة التعادل للمنشأتين (س، (ص).

٢. تحديد نسبة الرفع التشغيلي لكل منشأة عندما تكون مبيعات كل شركة ١٥٠٠٠ وحدة.

٣. تحديد الزيادة في أرباح كل منشأة إذا زادت مبيعاتها بنسبة ١٠%.

٤. إذا كان الطلب على منتجات كل منشأة هو ٢٠,٠٠٠ وحدة فمن هي المنشأة الأسعد حظاً من الأخرى مع بيان العمليات الحسابية .

السؤال الرابع والعشرون: تنتج إحدى الشركات المنتجات ا، ب ،جـ وتوفر عنها المعلومات الآتية:

المنتج	أ	ب	ج
سعر بيع الوحدة	١٥	٢٠	٢٥
المواد المباشرة للوحدة	٤	٦	٧
الأجور المباشرة	٣	٣	٤
المصروفات الصناعية والتسويقية المتغيرة	٣	٣	٤
التكاليف الثابتة السنوية	١٠٠,٠٠٠	١٢٠,٠٠٠	١٨٠,٠٠٠

المطلوب:

- افترض أن كل منتج من المنتجات ينفرد بتسهيلاته الصناعية فما هي نقطة التعادل لهذه المنتجات.

- افترض بأن قيمة مبيعات كل من المنتجات ا، ب ،جـ تمثل ٣٠%، ٤٠%، ٣٠% من إجمالي مبيعات الشركة وأنه يتوقع أن تستمر هذه النسبة، وأن التكاليف الثابتة لا يمكن تخصيصها على المنتجات وترغب الشركة في تحقيق أرباح مقدارها ٢٠٠,٠٠٠ دينار بعد الضرائب التي نسبتها ٤٠% فما هي قيمة مبيعات كل منتج من هذه المنتجات.

الفصل الخامس

القرارات الإدارية قصيرة الأجل

أهداف الفصل:

بعد دراسة هذا الفصل يجب أن تكون قادراً على:

١. التعريف بمفهوم التكاليف المناسبة لاتخاذ القرارات الإدارية قصيرة الأجل.

٢. المقارنة بين التكاليف المناسبة والتكاليف غير المناسبة.

٣. التعريف بتكاليف الفرص البديلة وطرق حسابها.

٤. معرفة التحليل التفاضلي.

٥. دراسة أنواع القرارات الإدارية قصيرة الأجل وهي:

أ- بيع المنتجات المشتركة مباشرة أو الاستمرار في تشغيلها.

ب- قبول طلبات الشراء المقدمة من العملاء.

جـ- التصنيع الداخلي أو الشراء من مورد خارجي.

د- تشغيل أو إيقاف تشغيل خط إنتاجي.

مقدمة:

تهدف منشآت الأعمال إلى تحقيق الأرباح في الأجل الطويل، وحتى يتم تحقيق ذلك يجب أن يتم تحقيق الأرباح في الأجل القصير أيضاً، ولإنجاز ذلك يجب على الإدارة وضع خطط استراتيجية تغطي جوانب العمل المهمة التي يتوجب عليها القيام بها؛ لأن ذلك يساعد على توجيه أنشطة المنشأة نحو أهدافها. وإضافة إلى ذلك فإن على الإدارة القيام بأعمال الرقابة لضمان سير الأعمال حسب الخطط المرسومة، وأن أي انحراف يتم اكتشافه يتم تصحيحه في الوقت المناسب. وفي جميع مجالات الأنشطة الإدارية تقوم الإدارة باتخاذ قرارات إدارية، ففي مرحلة التخطيط مثلاً تقرر الإدارة اختيار المنتجات التي سيتم التركيز عليها خلال الفترة المقبلة والمنتجات التي يتم تخفيف التركيز عليها وتحديد الأسواق التي سيتم تغطيتها، وما هو نوع الآلات التي تفضل الإدارة شراؤها. هذه القرارات وغيرها تتطلب من الإدارة القيام بمقارنة البدائل المتاحة لاختيار البديل الأفضل الذي يؤدي تعظيم أرباح المنشأة.

المعلومات المحاسبية والقرارات الإدارية:

تنشأ الحاجة إلى اتخاذ قرارات إدارية من وجود عدة بدائل للقيام بتنفيذ العمل، وللمفاضلة بين هذه البدائل واختيار أفضلها يجب تجميع بيانات مالية وغير مالية عنها، وتحليل هذه البيانات، ووضعها تحت تصرف الإدارة، لتقوم من جانبها باتخاذ القرار المناسب. ولتسهيل هذا العمل يجب على المحاسب أن يركز على المعلومات التي تساعد في التمييز بين البدائل، أما المعلومات التي لا تساعد في تحقيق ذلك فعليه إهمالها. هنا يمكن وصف المعلومات المفيدة لهذا الغرض بأنها تلك المعلومات التي تختلف من بديل لآخر، أما تلك التي لا تختلف من بديل لآخر فإنها لا تفيد في المفاضلة بين البدائل، ويعرف الفرق في تكاليف البدائل بالتكاليف التفاضلية.

وفي هذا المجال يمكن القول أن لكل قرار تكاليفه المناسبة. وحتى تكون التكاليف مناسبة فإنها يجب أن تحدث إذا تم اتخاذ القرار الإداري، ويتم تجنب حدوثها إذا لم يتم اتخاذ القرار الإداري. ونقطة البداية في تحديد التكاليف المناسبة هي فصل التكاليف إلى متغيرة وثابتة. فالتكاليف المتغيرة هي التي يتغير مجموعها طردياً مع التغير في حجم النشاط. فهذه التكاليف يتغير مبلغها استجابة للقرار الإداري، وعليه يعتبر القرار الإداري الذي أحدثها مسؤولاً عنها، لذلك تعتبر مرتبطة به ومن ثم فهي مناسبة له أو ذات علاقة به. وعلى الجانب الآخر نجد أن مجموع التكاليف الثابتة لا يتغير مع التغير في حجم النشاط إذا كان التغير ضمن مدى معين، وعليه فإنها لا تعتبر مرتبطة به، ولكن إذا أدى تغيير النشاط إلى تغييرها، فإن مقدار التغير يعتبر تكلفة مناسبة، فمثلاً إذا أدى طلب إنتاج كمية معينة من المنتجات إلى زيادة تكلفة الإيجار فإن هذه الزيادة تعتبر تكلفة مناسبة عند اتخاذ قرار زيادة كمية الإنتاج، أما إذا لم يحدث تغير في هذه التكاليف نتيجة قرار زيادة كمية الإنتاج، فإن تكاليف الإيجار الثابتة تعتبر غير مناسبة وكذلك نعرف أن أغلب العمال يتقاضون رواتبهم على أساس شهري وهنا إذا لم تؤد زيادة كمية الإنتاج إلى زيادة مقدار رواتبهم فإن هذه الرواتب لا تعتبر مناسبة. ولكن إذا تم صرف أجر إضافي علاوة لهم نتيجة للقرار فإن مبلغ العلاوة يعتبر من التكاليف المناسبة. وحسب هذا التحليل يعتبر استهلاك الآلات حسب طريقة القسط الثابت من التكاليف غير المناسبة.

ويمكن النظر إلى التكاليف المناسبة على أنها التكاليف التي يمكن تجنب تحققها إذا لم يتم اتخاذ القرار. فمثلاً إذا قررت الإدارة تخفيض حجم نشاطها فإن المبالغ التي لا تضطر المنشأة إلى دفعها تعتبر تكاليف مناسبة. وإذا اتخذت القرار بالحفاظ على مستوى النشاط، فإنها سوف تتحملها.

ومن المعروف أن القرار الإداري سيتم اتخاذه في المستقبل، وبالتالي فإن تكاليفه وإيراداته لم تحدث بعد لأن القرار لم يحدث بعد مما يعني أن التكاليف

والإيرادات المناسبة لاتخاذ القرارات الإدارية هي أرقام تقديرية تعكس مما يتوقع حدوثه في المستقبل أي سوف تحدث بعد اتخاذ القرار الإداري، وبالتالي فإن أرقام التكاليف والإيرادات التاريخية غير المناسبة لاتخاذ القرارات الإدارية إلا في الحدود التي تساعد في تقدير التكاليف والإيرادات المستقبلية، ولذلك يطلق على التكاليف التاريخية اسم تكاليف غارقة Sunk Cost ، وخلاصة القول أن التكاليف المناسبة هي التي ستحدث في المستقبل وهي تفاضلية أي تختلف من بديل لآخر وأنه يمكن تجنب حدوثها عند عدم اتخاذ القرار.

أنواع القرارات الإدارية:

تتخذ الإدارة العديد من القرارات الإدارية أثناء قيامها بوظائفها الإدارية الخاصة بالتخطيط والتوجيه والإشراف والرقابة. وبعض هذه القرارات يتخذ على أساس يومي مثل معالجة موضوع تأخر العمال، وزيادة نسبة الوحدات المعيبة. وبعض القرارات يتم اتخاذه بصورة غير روتينية، وهذه يمكن تقسيمها إلى مجموعتين: الأولى، وتشمل القرارات قصيرة الأجل، والثانية، وتشمل القرارات طويلة الأجل. تتطلب القرارات طويلة الأجل الالتزام بمنتجات وخدمات معينة لفترة طويلة وتحتاج إلى إنفاق رأسمالي كبير وتحمل تكاليف يصعب تجنب حدوثها في الأجل القصير. وعادة تهتم هذه القرارات بتكوين الطاقة الإنتاجية وتشمل قرارات مثل شراء الآلات والمعدات وتعيين الموظفين الرئيسيين في المنشأة. أما القرارات قصيرة الأجل فهي قرارات تتعلق بالتعامل مع أحد متغيرات نشاط المنشأة وهذا يعطي الإدارة حرية التحكم بمستوى نشاطها التشغيلي. وبالتالي فإن القرارات طويلة الأجل تضع المحددات التي يجب الالتزام بها عند اتخاذ القرارات قصيرة الأجل. ومن سمات القرارات قصيرة الأجل ما يلي:

- تتحقق آثارها ضمن فترة زمنية قصيرة لا تتعدى الدورة التشغيلية للمنشأة.

- تتعلق بمتغيرات النشاط بصورة رئيسية وليس بتغيير الأنشطة الرئيسية للمنشأة.

ولاتخاذ القرارات قصيرة الأجل نفترض توفر الطاقات الإنتاجية، وأن المنشأة قد اتخذت قرار توفيرها في السابق أي قبل التعرض لأمر اتخاذ القرارات قصيرة الأجل، ومن ثم فالإدارة ملزمة بتحمل تكاليف الطاقة بغض النظر عن مدى استغلالها لمتغيرات النشاط.

القرار الإداري الجيد:

كثيراً ما يقال إن الأمور تقاس بخواتيهما أي حسب النتائج النهائية لها فإذا كانت النتائج طيبة كان القرار الذي أدى لها جيداً والعكس صحيح، فهذه المقولة تفترض أن متخذ القرار يعلم بما سيحدث في المستقبل ولكن هذا الافتراض غير سليم لأن رؤية المستقبل ليست ضمن إطار معرفة بني البشر، إلا الأنبياء عليهم الصلاة والسلام، لذلك يصعب اعتبار الشخص مقصراً إذا كانت ظروف المستقبل مفاجئة له، فمثلاً إذا توقع متخذ القرار أن سعر بيع إحدى منتجاته بعد أربعة سنوات هو ١٥٠ ديناراً ولكن حينئذ بلغ السعر ٩٠ ديناراً، فمن الواضح هنا أنه يصعب اعتبار متخذ القرار مسؤولاً عن هذا الانخفاض في الأسعار لأنه ليس في مقدور بني البشر التنبؤ بدقة بما سيحدثه المستقبل بعد أربع سنوات.

لذلك يمكن تعريف القرار الإداري الجيد بأنه القرار الذي يتم اتخاذه في ضوء البيانات والمعلومات المتوافرة لدى متخذ القرار عند اتخاذه وأن هذا القرار قد لا يحقق أهدافه إذا طرأت ظروف لم تكن متوقعة أثناء عملية اتخاذ القرار.

التكلفة التاريخية غير المناسبة:

التكاليف التاريخية هي تكاليف فعلية حدثت نتيجة قرارات إدارية تم اتخاذها سابقاً ولأنها حدثت فإنه لا يمكن عكس نتائجها ولذلك فهي غير مناسبة لأغراض

القرارات الإدارية التي سيتم اتخاذها في المستقبل. وهنا قد نجد صعوبة كبيرة في إقناع رجال الأعمال بهذا الموضوع. فمثلاً إذا طرح على الإدارة فكرة استبدال إحدى الآلات فإن أول ما يتبادر إلى ذهنها هو موضوع صافي القيمة الدفترية؛ وإذا كانت هذه القيمة كبيرة فإن الإدارة تفضل الانتظار حتى تخريد الآلة ولا تتقبل فكرة دراسة أوضاع هذه الآلة واستبدالها.

تكلفة الفرصة المضاعة : *Opportunity Cost*

لقد ذكرنا أن تكلفة الأصول الثابتة غير مناسبة لاتخاذ القرارات الإدارية قصيرة الأجل لأنها تكلفة تاريخية وتتعلق بإعداد الطاقة الإنتاجية ومع ذلك إذا توافرت لهذه الأصول فرص استخدام بديلة تصبح مناسبة وتعرف مكاسبها المفقودة باسم تكلفة الفرصة المضاعة. فهذه المكاسب سوف تفقد نتيجة استخدام الأصول في خدمة أحد البدائل على حساب بديل آخر. ولتوضيح ذلك افترض أنه يوجد لدى إحدى المنشآت آلة يمكن استخدامها في إنتاج المنتجين س، ص، فإذا تم استخدام الآلة في إنتاج المنتج س فإنه لا يمكن استخدامها في إنتاج المنتج ص وبالتالي تضيع فرصة تحقيق الأرباح التي يمكن الحصول عليها عند استخدامها في إنتاج المنتج ص وإذا قدرت هذه الأرباح بمبلغ ٥٠٠٠ د فإن هذا المبلغ يعتبر تكلفة فرصة بديلة للآلة وأن هذه التكلفة تعتبر من التكاليف المناسبة للمنتج س وبالتالي يجب إضافتها إلى تكاليفه، وتعرف تكلفة الفرصة المضاعة أو البديلة على أنها تكاليف الفرصة المضاعة التي يوفرها أفضل بديل تال للبديل الذي تم اختياره.

ولزيادة إيضاح هذا المفهوم سيتم استخدام الأمثلة الآتية:

مثال ١:

افترض أنه عرض على أحد الأساتذة برنامج تدريبي خارج أوقات دوامه الرسمي يعطيه مبلغ ٥٠٠ دينار وبدون ذلك سيبقى بعد دوامة الرسمي بدون عمل. فهنا لان هذا الأستاذ لا يوجد له أعمال أخرى فإن تكلفة الفرصة البديلة لقرار قبول البرنامج التدريبي تساوي صفراً. لأنه إذا لم يقبل عمل البرنامج التدريبي ستكون إيراداته خلال فترة البرنامج التدريبي صفراً.

مثال ٢:

افترض أنه يوجد لدى إحدى الشركات مادة خام تكلفتها الدفترية ٥٠٠٠ د وحصلت على طلب خاص من أحد عملائها، يحتاج إلى استخدام هذه المادة وأن تكلفة التحويل اللازمة لذلك تقدر بمبلغ ١٣,٠٠٠ دينار وبعدها يباع الإنتاج للعميل بمبلغ ١٦,٠٠٠ دينار، وهنا إذا لم يتم استخدام هذه المادة في الإنتاج فإنه يمكن بيعها في السوق على حالتها بمبلغ ٤,٠٠٠ د. نقداً. إذن أمام الإدارة أحد بديلين هما: الأول وبه يتم بيع المادة الخام في السوق بمبلغ ٤٠٠٠ دينار والثاني هو تصنيعها وتلبية طلب العميل. وفي هذه الحالة يتم حساب التكاليف الخاصة بطلبية العميل كالتالي:

تكاليف تحويل	١٣,٠٠٠ د
تكلفة الفرصة المضاعة	٤,٠٠٠ د
إجمالي تكاليف التصنع	١٧,٠٠٠ د

وعند مقارنة تكاليف البديل الثاني وقدرها ١٧,٠٠٠ دينار مع إيراداته وقدرها ١٦,٠٠٠د نجد أن هذا البديل غير مقبول ويمكن التوصل إلى النتيجة السابقة نفسها كالتالي:

جدول رقم (٥-١)

التحليل التفاضلي البديلي

	التصنيع	بيع المواد على حالتها	التفاضل
إيرادات المبيعات	١٦,٠٠٠	٤,٠٠٠	١٢,٠٠٠
يطرح تكلفة التحويل	١٣,٠٠٠	٠٠٠٠	(١٣,٠٠٠)
هامش مساهمة القرار	٣,٠٠٠	٤,٠٠٠	(١٠٠٠)

وهذا يعني أن بيع المادة الخام على حالتها أفضل من تصنيعها لأن ذلك سيؤدي إلى زيادة الإيرادات بمبلغ ٤٠٠٠ دينار أما عملية تصنيعها فإنها تؤدي إلى زيادة الإيرادات بمبلغ ٣٠٠٠ دينار فقط وهو الفرق بين سعر البيع وتكلفة التحويل. وعند استخدام التحليل التفاضلي نجد أن الإيرادات التفاضلية تساوي ١٢,٠٠٠ دينار وأن التكاليف التفاضلية تساوي ١٣,٠٠٠ دينار ولأن التكاليف التفاضلية أكبر من الإيرادات التفاضلية فإن بديل التصنيع غير مرغوب فيه ومن ثم فإن بديل بيع المادة الخام على حالتها في السوق هو البديل الأفضل. وعلى أية حال، لم تؤخذ التكلفة التاريخية بعين الاعتبار في التحليل التفاضلي لأنها ستدرج بالمبلغ نفسه تحت البديلين محل الاعتبار.

وللمساعدة في تحديد تكلفة الفرصة البديلة نورد الشكل التالي:

هل توجد المصادر المطلوبة في المخازن

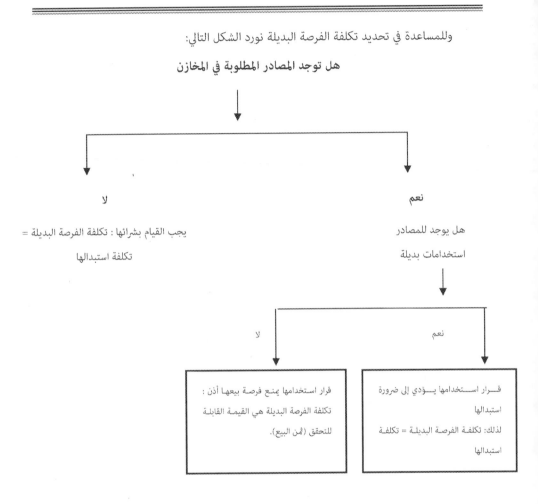

لا

يجب القيام بشرائها : تكلفة الفرصة البديلة =
تكلفة استبدالها

نعم

هل يوجد للمصادر
استخدامات بديلة

لا

قرار استخدامها يمنع فرصة بيعها أذن :
تكلفة الفرصة البديلة هي القيمة القابلـة
للتحقق (ثمن البيع).

نعم

قــرار اسـتخدامها يـؤدي إلى ضرورة
استبدالها
لذلك: تكلفة الفرصة البديلة = تكلفـة
استبدالها

المصدر: Bob Rayan and John Hosbson, <u>Managerial Accounting, Akontemporary Approach,</u>

Pitman, London, ١٩٨٥, P. ٥٨.

وبتطبيق هذا النموذج على المادة الخام السابقة نجد أن هذه المصادر موجودة لذلك تكون الإجابة
عنها نعم. وللإجابة على أن لها استخدام بديل تكون الإجابة لا. أذن تكون تكلفـة الفرصـة المضاعة للمـواد
الخام هي قيمتها القابلة للتحقق.

التحليل التفاضلي *Differential Analysis*:

عند استخدام التحليل التفاضلي للبدائل يستخدم أحد البدائل كأساس لمقارنة تكاليفه وإيراداته مع تكاليف البدائل المنافسة وإيراداتها. وهنا يتم طرح إيرادات وتكاليف المشروعات من تكاليف وإيرادات المشروع المستخدم كأساس للمقارنة. فإذا وجدنا في عمود التحليل التفاضلي زيادة الإيرادات التفاضلية على التكاليف التفاضلية يكون البديل المقارن مع بديل الأساس غير مقبولٍ وإذا حدث العكس يكون البديل الذي اعتبر أساساً للمقارنة هو البديل المقبول، ولتوضيح هذه الفكرة سيتم الاعتماد على البيانات الآتية:

مثال ٣:

افترض أنه يوجد لدى إحدى الشركات نوعين من الآلات وترغب في المفاضلة بينهما وتوفرت عنهما المعلومات الآتية:

	الآلة الأولى	الآلة الثانية	التفاضل
الإيرادات النقدية خلال عمر الآلة	١٥٠,٠٠٠	١٥٠,٠٠٠	٠٠٠٠
مصروفات التشغيل النقدية	١٢٠,٠٠٠	١٠٠,٠٠٠	٢٠,٠٠٠
الصيانة وأجور العمال	١٢,٠٠٠	١٠,٠٠٠	٢,٠٠٠
أجرة الآلات (عقود تشغيلية)	١٥,٠٠٠	٢٥,٠٠٠	(١٠,٠٠٠)
إجمالي المصروفات	١٤٧,٠٠٠	١٣٥,٠٠٠	١٢٠٠٠
مساهمة القرار	٣,٠٠٠	١٥,٠٠٠	١٢,٠٠٠

لقد اعتبرت الآلة الأولى أساس المقارنة، لذلك من دراسة الأرقام السابقة نجد أن الآلة الثانية أفضل من الآلة الأولى، لأنه إذا نظرنا إلى العمود الأخير، فإننا نجد أن الآلة الثانية قد أدت إلى توفير مبلغ مقداره ٢٠,٠٠٠ دينار من مصروفات التشغيل النقدية و ٢٠٠٠ دينار من مصاريف الصيانة وأجور العمال، ولكن كانت

تكلفة استئجارها أعلى من تكلفة الآلة الأولى بمبلغ ١٠,٠٠٠ دينار وبجمع هذه الأرقام نجد أن الآلة الثانية قد حققت وفراً في التكاليف مقداره ١٢,٠٠٠ دينار بالمقارنة مع الآلة الأولى. وهذا يؤدي إلى زيادة الأرباح.

لقد تم التوصل إلى نتيجة المفاضلة بالتركيز على البنود التي تختلف من بديل لآخر. أما المبالغ التي تتساوى تحت البدائل المختلفة مثل الإيرادات النقدية الواردة في البيانات أعلاه. فإنها لم تؤثر على القرار النهائي، ولذلك كانت قيمتها صفراً في عمود التحليل التفاضلي ومن ثم إذا تم إهمال أي بند من بنود الإيرادات أو المصروفات إذا كانت قيمته المتوقعة تقريباً متساوية تحت البدائل المختلفة فإن ذلك لا يؤثر على النتيجة التي يتم التوصل إليها.

وكذلك يجب أن نلاحظ أن التكاليف التفاضلية لا تعني بالضرورة التكاليف المتغيرة، فالتكاليف الثابتة قد تكون هي الأخرى تكاليف تفاضلية عندما تختلف من بديل لآخر. وعلى أية حال، لا تعتبر التكاليف الثابتة في الكثير من الحالات تكاليف تفاضلية لأنها لا تتغير وبخاصة في حالة القرارات التي تعمل على استغلال الموارد الاقتصادية المتاحة، وإذا لم تكن تفاضلية لا تكون مناسبة لاتخاذ القرارات الإدارية وإن وضعت أرقامها ضمن البيانات فإنها تدخل تحت كل البدائل المتنافسة بنفس القيمة ومن ثم لا تعمل على التمييز بين هذه البدائل.

نقطة تماثل التكاليف:

نواجه في الحياة العملية بعض الطرق الإنتاجية التي تعمل على تخفيض التكلفة المتغيرة لإنتاج الوحدة على حساب زيادة إجمالي التكاليف الثابتة وبينما تعمل طرق أخرى على عكس ذلك، ولإجراء المفاضلة بين البدائل تتم المقارنة بين أرباحها لاختيار البديل الأفضل. وإذا كانت إيرادات البدائل متساوية فإن المفاضلة تعتمد على التكاليف وهنا يتم اختيار البديل الذي يعطي أقل التكاليف وللقيام بعملية التحليل يتم حساب نقطة التماثل للبدائل المختلفة، وبعدها يتم عمل الاختيار بين

البدائل حسب ملائمتها لحجم النشاط المتوقع ولتوضيح ذلك سيتم الاعتماد على البيانات التالية:

مثال ٤:

تفكر إحدى المنشآت في إنتاج أحد المنتجات ويمكنها القيام بذلك باستئجار نوعين من الآلات الأولى وتعرف بالآلة الأوتوماتيكية، والثانية وتعرف بالآلة النصف أوتوماتيكية والآتي معلومات عن هذه الآلات:

	الآلة الأوتوماتيكية	**الآلة النصف أوتوماتيكية**
التكلفة المتغيرة للوحدة		
مواد خام	١,٢٥ د	١,٣٠ د
أجور مصروفات متغيرة	١,١٠	١,٤٥
التكلفة المتغيرة للوحدة	٢,٣٥	٢,٧٥
التكاليف الثابتة:		
مصروف استئجار الآلات	٣٠,٠٠٠ د	١٥,٠٠٠
صيانة ومصروفات أخرى	٥,٠٠٠	٥,٠٠٠
إجمالي التكاليف الثابتة	٣٥,٠٠٠	٢٠,٠٠٠
سعر بيع الوحدة	٥	٥

تشير البيانات السابقة إلى أن التكلفة المتغيرة للآلة النصف اوتوماتيكية أكبر من الآلة الاتوماتيكية ولكن تكاليفها الثابتة أقل. وأن التكلفة المتغيرة التفاضلية للوحدة هي ٠,٤ د وتمثل الوفر في التكلفة المتغيرة للوحدة عند استخدام الآلة الأوتوماتيكية بدلاً من الآلة النصف أوتوماتيكية، ولكن يقابل هذا الوفر زيادة في التكاليف الثابتة بمبلغ ١٥,٠٠٠ دينار عند استخدام الآلة الاتوماتيكية، ولتغطية هذه الزيادة في التكاليف الثابتة يجب إنتاج ٣٧٥٠٠(=١٥٠٠٠ ÷ ٠,٤) وحدة،

ويعرف هذا العدد من الوحدات بنقطة التماثل. وقد تحدد نقطة التماثل للتكاليف أو للإيرادات فالتماثل يشير إلى تساوي البدائل التي تتم مقارنتها معاً. ولتحديد تماثل التكاليف مثلاً، افترض أن التماثل لكل بـديل يحدث عندما يبلغ عدد الوحدات س. وعليه يكون إجمالي تكاليف كل بديل كالتالي:

الآلة الأوتوماتيكية = ٣٥,٠٠٠ + ٢,٣٥ س

الآلة النصف أوتوماتيكية = ٢٠,٠٠٠ + ٢,٧٥ س

ولأنه عند التماثل يجب أن تتساوى تكلفة البديلين إذن فإن

٣٥,٠٠٠ + ٢,٣٥ س = ٢٠,٠٠٠ + ٢,٧٥ س

٠,٤ س = ١٥,٠٠٠ دينار

$$
إذن س = \frac{١٥,٠٠٠}{٠,٤} = ٣٧٥٠٠ \text{ وحدة}
$$

لذلك يمكن صياغة نقطة التماثل كالتالي:

$$
\text{نقطة التماثل} = \frac{\text{التكاليف الثابتة التفاضلية}}{\text{التكلفة المتغيرة التفاضلية للوحدة}}
$$

وبالتعويض في معادلات إجمالي تكاليف البدائل عند نقطة التماثل تكون تكلفة البدائل كالتالي:

تكلفة الآلة الأوتوماتيكية = ٣٥,٠٠٠ + ٢,٣٥ × ٣٧٥٠٠
= ١٢٣١٢٥ دينار

تكلفة الآلة النصف أوتوماتيكية = ٢٠,٠٠٠ + ٢,٧٥ × ٣٧٥٠٠
= ١٢٣١٢٥ دينار

وبهذا تكون تكاليف البديلين عند مستوى التماثل متساوية.

ويمكن تمثيل إجمالي تكاليف البدائل بيانياً في شكل (٥-١) كالتالي:

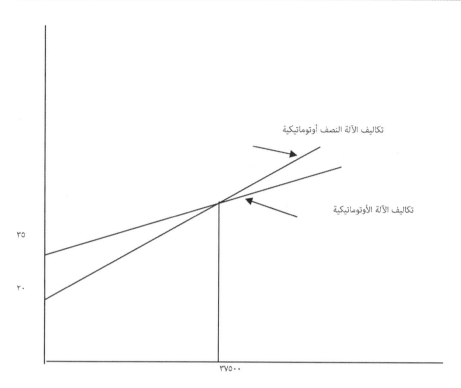

تكاليف الآلة النصف أوتوماتيكية
تكاليف الآلة الأوتوماتيكية
٣٥
٢٠
٣٧٥٠٠
النشاط

شكل (٥-١) تماثل آلات الاوتوماتيكية والنصف الاوتوماتيكية

بدراسة الرسم البياني نجد أن تكاليف الآلة الأوتوماتيكية كانت أعلى من تكاليف الآلة النصف أوتوماتيكية ويستمر هذا الوضع من نقطة الأصل حتى نقطة التماثل لذلك فإن استخدام بديل الآلة النصف أوتوماتيكية هو الأفضل من بديل استخدام الآلة الأوتوماتيكية إذا كان النشاط المتوقع أقل من نقطة التماثل. ولكن الوضع يتغير بعد نقطة التماثل حيث تصبح تكاليف الآلة النصف أوتوماتيكية أعلى من تكاليف الآلة الأتوماتيكية لذلك تفضل الآلة الأخيرة على الأولى.

وخلاصة القول فإن استخدام نقطة التماثل تساعدنا في المفاضلة بين بديلين ويمكن تعميمها على الحالات التي بها أكثر من بديلين أيضاً، وفي هذه الحالة يجب

مقارنة كل بديل مع جميع البدائل الأخرى. وهذا الأسلوب يفيد في مقارنة البدائل طويلة الأجل وقصيرة الأجل.

ويمكن التوصل إلى التبرير النظري نفسه بالاعتماد على تحليل رقم هامش المساهمة، فمن المعلومات المعطاة نجد أن مساهمة الوحدة في حالة الآلة الأوتوماتيكية هو ٢,٦٥ (٥ د – ٢,٣٥) أما في حالة الآلة النصف أوتوماتيكية فنجده يساوي ٢,٢٥ (٥د – ٢,٧٥)، لذلك فإن تراكم الأرباح بعد نقطة التماثل سيكون أسرع بالنسبة للآلة الأوتوماتيكية بالمقارنة مع الآلة النصف أوتوماتيكية وكذلك سيكون ضياع الأرباح قبل نقطة التماثل أسرع بالنسبة للآلة الأوتوماتيكية مقارنة مع الآلة النصف أوتوماتيكية لذلك يمكن التوصية بشراء الآلة الأوتوماتيكية بعد نقطة التماثل، والآلة النصف أوتوماتيكية قبل نقطة التماثل.

نقطة التماثل ونقطة التعادل:

نقطة التعادل هي النقطة التي تتساوى عندها التكاليف مع الإيرادات وتحدد بقسمة التكاليف الثابتة على هامش مساهمة الوحدة، ويتم حسابها لهذه الآلات كالتالي:

$$\text{الآلة الأوتوماتيكية} = \frac{٣٥,٠٠٠}{٢,٦٥} = ١٣٢٠٧,٥ \text{ وحدة}$$

$$\text{الآلة النصف أوتوماتيكية} = \frac{٢٠,٠٠٠}{٢,٢٥} = ٨٨٨٨,٨ \text{ وحدة}$$

أما نقطة التماثل فإنها تحدد متى تكون تكاليف البدائل متساوية ومتى تكون الأرباح متساوية أيضاً وقد تكون هذه النقطة أعلى أو أقل من نقطة التعادل لذلك يجب عدم الخلط بين هذه النقاط.

البيع مباشرة أو الاستمرار في التشغيل *Sell or Process Further*:

يهدف هذا النوع من القرارات إلى المفاضلة بين بديلين هما بيع المنتج عند الانتهاء مـن تصنيعه في مرحلة إنتاج معينة أو الاستمرار في تصنيعه في مرحلة إنتاج إضافيه، وبيعه بعد ذلك، وبطبيعة الحال فإن التشغيل الإضافي يؤدي إلى زيادة في التكاليف وزيادة في سعر بيع المنتج، لذلك عند اتخاذ هذا القرار يجب المقارنة بين الزيادة في الإيرادات المترتبـة علـى عمليـة التصنيع (التشغيل) الإضافي والتكاليف الإضافية. ولتوضيح ذلك افترض أن إحدى الشركات تقوم ببيع عربـات الأطفال بسـعر ٢٥ ديناراً للوحدة وتوصل المهندسون في الشركة إلى إمكانية إدخال تعديلات على هذه العربه بإضافة مظلة واقيـة تكلفتهـا ٣ دنانير، بعدها يمكن بيع هذه العربة بسعر ٢٩ ديناراً. ففي هـذه الحالـة تكـون الإيرادات التفاضلية (المضافة)٤ دنانير للوحدة وهي الفرق بين سعر البيع النهائي وسعر البيع قبل إضافة المظلـة الواقيـة وتكـون التكاليف التفاضلية ٣ دنانير. ولأن الإيرادات التفاضلية أكبر من التكاليف التفاضلية يكون مـن مصلحة الشركة إدخال التعديلات المقترحة على أية كمية يمكن تسـويقها لأن ذلـك يـؤدي إلى تحقيـق أربـاح تفاضلية مقدارها ١ دينار عن كل عربة مباعة.

والوضع نفسه ينطبـق في حالـة المنتجـات المشتركة التـي يتم إنتاجهـا مـن عمليـة إنتـاج واحـدة. ولتوضيح ذلك سيتم الاعتماد على البيانات الآتية:

مثال (٥):

افترض أن إحدى شركات الكيماويات تقوم بتحليل مادة خام لإنتاج منتجين هما أ، ب وأن سعر بيع الكيلو غرام من هذه المنتجات عند نقطة الانفصال هـو ٢ د، ١،٥د. علـى التـوالي. وتتوقع الشركة إنتـاج ٣٠،٠٠٠ كغم من المنتج أ، و ٤٠،٠٠٠ كغم من المنتج ب، وأن التكلفة المشتركة لإنتاج هذه المنتجات هي

١٠٠,٠٠٠ دينار، وقد اقترح مدير الإنتاج أن يتم تحويل كل المنتج أ إلى مرحلة تشغيل إضافية تكلفتها ٤٠,٠٠٠د وتحويل كل المنتج ب إلى مرحلة تصنيع أخرى تكلفتها ٢٥,٠٠٠ د وبعد ذلك يباع كل من المنتج أ، والمنتج ب بسعر ٣ دنانير لكل كيلو غرام.

المطلوب :

هل توصي بإجراء التشغيل الإضافي للمنتجات أ،ب؟

الحل:

لغرض اتخاذ هذا القرار علينا مقارنة التكاليف التفاضلية مع الإيرادات التفاضلية وتعرف التكاليف التفاضلية بأنها الزيادة في التكاليف الناتجة عن التشغيل الإضافي ، وتعرف الإيرادات التفاضلية بأنها الزيادة في مبلغ الإيرادات الناتجة عن التشغيل الإضافي، ويتم حسابها كالتالي:

الإيرادات النهائية	أ	ب
أ : ٣٠,٠٠٠ كغم × ٣د	٩٠,٠٠٠	
ب: ٤٠,٠٠٠ كغم × ٣ د		١٢٠,٠٠٠
ناقص : إيرادات عند نقطة الانفصال:		
أ: ٣٠,٠٠٠ × ٢د	(٦٠,٠٠٠)	
ب: ٤٠,٠٠٠ كغم × ١,٥		(٦٠,٠٠٠)
الإيرادات التفاضلية للمنتجات	٣٠,٠٠٠	٦٠,٠٠٠
يطرح التكاليف التفاضلية	٤٠,٠٠٠	٢٥,٠٠٠
الأرباح (الخسائر) التفاضلية	(١٠,٠٠٠)	٣٥,٠٠٠

من دراسة الأرقام السابقة نجد أن التكاليف التفاضلية للمنتج (أ) أكبر من إيراداته التفاضلية بمبلغ ١٠,٠٠٠دينار. لذلك لا ننصح بتشغيل هذا المنتج بعد نقطة الانفصال أما الإيرادات التفاضلية للمنتج ب فهي أكبر من تكاليفه التفاضلية بمبلغ

٣٥,٠٠٠دينار. لذلك يجب تشغيله وبيعه بعد ذلك. لاحظ أنه وصلنا إلى هذا القرار دون الحاجة إلى توزيع التكاليف المشتركة. وأكثر من ذلك إذا رغبنا في اتخاذ قرار يتعلق بالتصنيع حتى نقطة الانفصال فإننا أيضاً لا نحتاج إلى توزيع التكاليف المشتركة حيث يمكن اتخاذ مثل هذا القرار باستخدام التحليل التفاضلي كالآتي:

الإيرادات التفاضلية :	
المنتج أ (٣٠,٠٠٠ × ٢)	٦٠,٠٠٠
المنتج ب (٤٠,٠٠٠ × ١,٥)	٦٠,٠٠٠
إجمالي الإيرادات التفاضلية	١٢٠,٠٠٠
يطرح التكاليف التفاضلية (المشتركة)	١٠٠,٠٠٠
الربح التفاضلي	٢٠,٠٠٠

لاحظ هنا انه لم يكن هناك إيرادات أو تكاليف تفاضلية قبل بداية مرحلة الإنتاج المشترك ولقد جمعنا إيرادات كل المنتجات وطرحنا منها التكاليف المشتركة. لذلك لم نحتاج إلى توزيع التكاليف المشتركة لاتخاذ هذا القرار.

قبول طلبات الشراء الخاصة *Special Orders*:

يحدث هذا الوضع عندما يتقدم شخص أو جهة معينة إلى المنشأة لشراء كمية معينة من الإنتاج بسعر خاص يختلف عن السعر العادي الذي يتم البيع به في السوق المحلية، وبطبيعة الحال، يجب قبول الطلب إذا كان يؤدي إلى زيادة الإيرادات التفاضلية عن التكاليف التفاضلية، وهنا يجب أن لا ننسى- المخاطرة التي قد تحدث نتيجة قبول الطلب، لأنه إذا علم العملاء العاديون للمنشأة بهذا الأمر فسيطلبون تخفيض الأسعار وهذا التخفيض يعتبر تكلفة فرص مضاعة ومن ثم يجب أخذه في الحسبان عند تحديد تكلفة الطلب، وكذلك يجب الانتباه إلى تكلفة الفرصة البديلة لمصادر المنشأة التي سوف تستخدم في الوفاء بالطلب ولتوضيح كيفية اتخاذ هذا القرار الإداري سيتم الاعتماد على البيانات الآتية:

مثال ٦:

افترض أن إحدى الفنادق قد تقدم لأحد مصانع الأثاث وطلب شراء ٢٥٠ سريراً بسعر ١٥٠ ديناراً للسرير الواحد. وكان سعر بيعه في السوق ١٧٥ ديناراً، ويوجد لدى المصنع الآلات اللازمة لإنتاج هذه الكمية ضمن أوقات العمل الرسمية. وكانت تقديرات التكاليف الخاصة بإنتاج السرير كالتالي:

قائمة تكلفة إنتاج السرير

خشب ولوازم أخرى	٨٠ د
أجور مباشرة	٢٠
مصروفات متغيرة أخرى	٢٥
مصروفات ثابتة (٨٠% من تكلفة الأجور)	١٦
عمولة مندوبي المبيعات في السوق المحلية	٩
إجمالي تكلفة إنتاج السرير	١٥٠

وطلب الفندق إدخال تعديلات على تصميم السرير قدرت تكلفتها بمبلغ ١٠ دنانير في المتوسط للسرير الواحد.

المطلوب :

هل توافق على الطلب المقدم من الفندق أم لا.

وبدراسة قائمة تكاليف إنتاج السرير نجد أن تكلفة الخشب، والأجور المباشرة، والمصروفات المتغيرة تعتبر من التكاليف المناسبة لأنه في حالة عدم قبول الطلب فإنه يمكن تجنب حدوثها، أما المصروفات الثابتة فهي غير ملائمة للقرار لأنه لا يمكن تجنب حدوثها إذا لم يتم قبول الطلب، وكذلك ليس لهذه المصروفات تكلفة فرصة بديلة، لأنه لم يتم ذكر أن الشركة قادرة على استغلالها في أعمال أخرى. أما

بالنسبة لعمولة مندوبي المبيعات فهي مرتبطة بعملية البيع في السوق المحلية وأن الطلب قد تم الحصول عليه بدون وساطتهم لذلك تعتبر ضمن البنود غير الملائمة ولكن إذا تم الحصول على هذا الطلب عن طريقهم فتعتبر ضمن التكاليف المناسبة. وعلى أية حال، لقد جرى العرف عند عدم ذكر ذلك صراحة أن تعتبر عمولة مندوبي المبيعات غير مناسبة لهذا النوع من القرارات، والوضع نفسه ينطبق على المصروفات الثابتة والعامة الموزعة فهي أيضاً غير مناسبة إلا إذا تمت الإشارة إلى إمكانية التوفير في قيمتها. ومن التحليل السابق نتوصل إلى أن التكاليف المناسبة لهذا الطلب كالتالي:

الخشب ومواد أخرى	٨٠ د
أجور مباشرة	٢٠
مصروفات متغيرة	٢٥
تعديلات مطلوبة من قبل الفندق	١٠
إجمالي التكلفة المناسبة	١٣٥

ونظراً لأن هذه التكلفة أقل من السعر الذي عرضه الفندق لذلك يتم قبول العرض المقدم من الفندق. لقد تم إهمال التكاليف الثابتة في التحليل السابق لأنه افترضنا توفر طاقة عاطلة ولكن إذا افترضنا أنه يمكن استخدام الطاقات الصناعية في إنتاج منتجات أخرى تعطي هامش مساهمة مقداره ٥٠٠٠ دينار، فإن هذا المبلغ يعتبر تكلفة فرصة بديلة، ومن ثم تكلفة مناسبة يجب أن تدخل ضمن تكلفة الإنتاج وعليه يكون نصيب السرير الواحد منها ٢٠ د (٢٥٠/٥٠٠٠ سرير)، وعندها يجب رفض طلب الفندق لأن التكاليف المناسبة لإنتاج السرير تصبح ١٥٥ ديناراً والسعر الذي عرضه هو ١٥٠ ديناراً.

التصنيع الداخلي أو الشراء من مورد *Make or Buy Decision*:

يهدف هذا القرار إلى المفاضلة بين تصنيع بعض الأجزاء أو المنتجات في مصانع المنشأة أو شرائها من موردين. وعلى الرغم أنه قد يكون لهذا النوع من القرارات آثار طويلة الأجل إلا أنه يعتبر ضمن القرارات قصيرة الأجل لأن المنشاة يمكنها عكس آثاره في نهاية فترة التعاقد مع المورد. وقبل اتخاذ مثل هذا القرار يجب الأخذ في الحسبان مدى صدق المورد وتعاونه، ومدى مسايرة جودة المنتجات أو الأجزاء التي سيقوم بتوريدها لمعايير الجودة التي تتطلبها المنشأة، وما هو مصير طاقة الإنتاج المتوفرة لدى المنشأة التي يتم استخدامها في الإنتاج حالياً. فهذه الأمور تعتبر هامة ولا يجوز إهمالها عند اتخاذ هذا النوع من القرارات الإدارية على أية حال، لا تعتبر هذه الأمور من مسؤولية المحاسب الإداري لأن واجبه ينحصر في دراسة العوامل الكمية المتمثلة في تكاليف القرار وإيراداته وتقديم نتيجة ذلك إلى الإدارة لتقوم من جانبها باتخاذ ما تراه مناسباً ولتوضيح البيانات اللازمة لاتخاذ قرار التصنيع الداخلي أو الشراء من مورد سيتم الاعتماد على بيانات المثال التالي:

مثال (٧):

تحتاج إحدى الشركات إلى ١٠,٠٠٠ وحدة في السنة من قطعة معينة، وكانت تكلفة إنتاج هذه الوحدات كالتالي:

البيـان	الوحدة	الإجمالي
مواد خام	٧	٧٠,٠٠٠
أجور صناعية مباشرة	٣	٣٠,٠٠٠
أعباء صناعية (٦٠% ثابتة)	٥	٥٠,٠٠٠
أعباء عامة موزعة	٤	٤٠,٠٠٠
	١٩	١٩٠,٠٠٠

ويتوقع أن ترتفع أسعار المواد الخام في الفترة المقبلة بنسبة ٢٠% وأن ترتفع تكلفة الأجور الصناعية بنسبة ١٠% أما التكاليف الأخرى ستبقى على ما هي عليه. وتقدم مورد خارجي وعرض بيع هـذه الكميـة إلى الشركة وبسعر ١٨ ديناراً للوحدة. وقد وجدت الشركة أنه إذا تم قبول هذا العـرض فإنـه يمكنهـا تـوفير مبلغ ١٠,٠٠٠ دينار من الأعباء الصناعية الثابتة و١٠,٠٠٠ من الأعباء العامة الموزعـة بالإضـافة إلى إمكانيـة تأجير الآلات المستخدمة في إنتاج هذه الوحدات إلى الغير بمبلغ ٢٥,٠٠٠ دينار.

حتى يتم اتخاذ هنا القرار يجب تحديد التكاليف المناسبة للإنتاج الداخلي وهذه تكون كالتالي:

البيان	الوحدة	الإجمالي
مواد خام (٧×١٢٠%)	٨,٤٠	٨٤,٠٠٠
أجور (٣×١١٠%)	٣,٣	٣٣,٠٠٠
أعباء صناعية متغيرة (٥×٤٠%)	٢	٢٠,٠٠٠
الوفر في الأعباء العامة	١	١٠٠٠٠
الوفر في الأعباء الصناعية الثابتة	١	١٠,٠٠٠
أجرة الآلات إلى الغير	٢,٥	٢٥,٠٠٠
القيمة الإجمالية	١٨,٢٠	١٨٢,٠٠٠

لقد تم تعديل تكاليف المواد المباشرة والأجور المباشرة لأنه يتوقـع ارتفـاع أسـعارهما، وقـد قسـمت الأعباء الصناعية إلى مجموعتين هما : المتغـيرة والثابتـة واعتـبرت الأعبـاء المتغـيرة ضـمن التكـاليف الملائمـة للإنتاج لأنه إذا لم يتم الإنتاج داخل المنشأة سيتم التخلص منها بالكامل. أما الأعباء الصـناعية الثابتـة فإنهـا تعتبر غير ملائمة لأنها سوف تستمر في الحدوث إذا تم الإنتاج الداخلي أو تم الشراء مـن المـورد، ولكـن إذا أمكن توفير جزء من هذه التكاليف فإن مبلغ الوفر يعتبر تكلفة

مناسبة للإنتاج الداخلي لأنه إذا تم الإنتاج الداخلي سوف تضيع فرصة توفير ذلك المبلغ، ولهذا يعتبر الوفر في الأعباء العامة الموزعة وأجرة الآلات من بنود التكاليف المناسبة إذا تم الإنتاج الداخلي. ونتيجة لهذا التحليل فإن إجمالي التكاليف المناسبة للإنتاج الداخلي تصبح ١٨٢,٠٠٠ دينار ومتوسط تكلفة الوحدة يساوي ١٨,٢ دينار. ولأن سعر شراء الوحدة وهو ١٨ د وهذا أقل من متوسط تكلفة إنتاجها داخلياً، إذن يجب قبول عرض المورد، ويمكن القيام بالتحليل التفاضلي لهذا القرار كالتالي:

	الوحدة	الشراء من المورد	التحليل التفاضلي	الإنتاج الداخلي
سعر الشراء من المورد	١٨	١٨٠,٠٠٠	(١٨٠,٠٠٠)	-٠-
مواد خام	٨,٤	-٠-	٨٤,٠٠٠	٨٤,٠٠٠
أجور مباشرة	٣,٣	-٠-	٣٣,٠٠٠	٣٣,٠٠٠
أعباء متغيرة	٢	-٠-	٢٠,٠٠٠	٢٠,٠٠٠
أعباء ثابتة		٢٠,٠٠٠	١٠,٠٠٠	٣٠,٠٠٠
أعباء عامة موزعة		٣٠,٠٠٠	١٠,٠٠٠	٤٠,٠٠٠
إيجار معدات		-٠-	٢٥,٠٠٠	٢٥,٠٠٠
المجموع		٢٣٠,٠٠٠	٢,٠٠٠	٢٣٢,٠٠٠

لإجراء هذا التحليل قمنا بحصر إجمالي تكاليف بديل الإنتاج الداخلي وبديل الشراء من المورد. وكانت المقارنة الإجمالية لصالح بديل الشراء من المورد لأن إجمالي تكاليفه أقل من إجمالي تكاليف بديل الإنتاج الداخلي.

لاحظ أنه في حالة الشراء من المورد ستتحمل المنشأة ٢٠,٠٠٠ د أعباء ثابتة و ٣٠,٠٠٠ د أعباء عامة موزعة، لأن هذه التكاليف سوف تستمر عند الشراء من المورد. لذلك ظهر في عمود التحليل التفاضلي مبلغ ١٠,٠٠٠ دينار مقابل الأعباء الثابتة ومبلغ ١٠,٠٠٠ مقابل الأعباء العامة الموزعة لذلك تعتبر هذه المبالغ من

التكاليف المناسبة في حالة الإنتاج الداخلي وكذلك يعتبر إيراد إيجار المعدات إلى الغير مناسباً للإنتاج الداخلي لأنه يؤدي إلى ضياع هذه الإيرادات.

وبدراسة عمود التحليل التفاضلي نجد أنه يقوم بحصر الفرق بين تكاليف البديلين ففي حالة سعر الشراء نجده فقط تحت عمود الشراء من المورد ولاشيء تحت عمود الإنتاج الداخلي. لذلك ظهر في عمود التحليل التفاضلي ١٨٠٬٠٠٠ دينار. وبمقارنة أرقام كل أسطر القائمة نحدد الفرق بين مبالغ الأعمدة ونضع ذلك في عمود التحليل التفاضلي ثم تجمع المبالغ مع ملاحظة إشارة الرقم لنصل إلى الرقم النهائي وهو لصالح الشراء من المورد.

إقفال قسم أو خط إنتاجي:

تواجه الإدارة بعض الظروف التي تتطلب اتخاذ قرار يتعلق بإيقاف إنتاج إحدى المنتجات، أو أحد الأقسام أو أحد خطوط الإنتاج أو المناطق الجغرافية، وهنا يكون القرار الذي يجب اتخاذه هو : هل يجب الاستمرار في تشغيل هذه الأنشطة أو التوقف عنها، وهنا نجد أن القرار يؤدي إلى ضياع إيرادات القسم وتوفير تكلفة البضاعة المباعة، بمعنى آخر يؤدي إلى فقد هامش مساهمة القسم وكذلك يؤدي إلى توفير بعض المصروفات وهنا إذا زاد مقدار الوفر في المصروفات عن هامش المساهمة المفقود عندها سيكون القرار لصالح إيقاف الخط الإنتاجي والعكس صحيح. ولبيان طريقة تحليل هذا القرار سيتم الاعتماد على البيانات التالية:

مثال (٨):

تتكون شركة أ من ثلاثة أقسام وكانت قائمة دخلها المجزأة كما في الجدول

(٥-٢)

جدول ٥-٢

قائمة الدخل لشركة أ عن السنة المنتهية في ٣١/١٢/-١٩

البيان	المنشأة	قسم (٣)	قسم (٢)	قسم (١)
الإيرادات	٣٤٠,٠٠٠	٧٠,٠٠٠	١٢٠,٠٠٠	١٥٠,٠٠٠
يطرح التكلفة المتغيرة:				
صناعية	٢٢٦,٠٠٠	٥٠,٠٠٠	٧٦,٠٠٠	١٠٠,٠٠٠
تسويقية	٢٢,٥٠٠	٢,٠٠٠	٨,٠٠٠	١٢,٥٠٠
إجمالي التكلفة المتغيرة	٢٤٨,٥٠٠	٥٢,٠٠٠	٨٤,٠٠٠	١١٢,٥٠٠
هامش المساهمة	٩١,٥٠٠	١٨,٠٠٠	٣٦,٠٠٠	٣٧٥٠٠
يطرح مصروفات عمومية:				
الإيجار يوزع حسب المساحة	١٣,٠٠٠	٣,٠٠٠	٥٠٠٠	٥٠٠٠
الاستهلاك الأصول	٣٠,٠٠٠	٥,٠٠٠	٧٠٠٠	١٨,٠٠٠
رواتب إدارية	٢٠,٠٠٠	٢,٠٠٠	٦,٠٠٠	١٢,٠٠٠
مصاريف عامة بنسبة المبيعات	١٧,٠٠٠	٣,٥٠٠	٦,٠٠٠	٧,٥٠٠
إجمالي المصروفات	٨٠,٠٠٠	١٣,٥٠٠	٢٤,٠٠٠	٤٢٥٠٠
صافي الربح (الخسارة)	١١,٥٠٠	٤,٥٠٠	١٢,٠٠٠	(٥٠٠٠)

وبدراسة قائمة الدخل لأقسام الشركة نجد أن القسم (١) قد حقق خسائراً مقدارها ٥٠٠٠ دينار، لذلك قد يتبادر إلى الذهن أنه إذا تم إقفاله أو تحويل نشاطه إلى نشاط آخر قد تتحسن أحوال الشركة لأن ذلك يؤدي، على الأقل، إلى توفير قيمة الخسارة والبالغة ٥٠٠٠ دينار وتوفير جزء من المصروفات التشغيلية. ولتحليل وضع القسم (١) سنفترض أنه يمكن تحويل نشاطه لإنتاج منتجات أخرى هامش مساهمتها ٢٠,٠٠٠ دينار، بالإضافة إلى ذلك سوف يتم تسريح بعض الموظفين المتخصصين والتي تبلغ رواتبهم ٧٠٠٠ دينار. وكذلك توفير مبلغ ١٥٠٠ دينار من المصاريف العامة الموزعة. وفي ضوء هذه المعلومات هل تنصح بإقفال القسم (١) أو الاستمرار في تشغيله.

لاتخاذ هذا القرار يجب تحديد الوفورات التي تترتب على عملية إقفال هذا القسم وهذه تساوي:

٢٠,٠٠٠	هامش مساهمة المنتجات الأخرى
٧,٠٠٠	الوفر في أجور العمال
١,٥٠٠	الوفر في المصاريف العامة الموزعة
٢٨,٥٠٠	إجمالي الوفر عند تحويل نشاط المنشأة وهذه تعتبر أرباح

وعلى الجانب الآخر سوف يترتب على إقفال القسم ضياع هامش مساهمته وقدره ٣٧٥٠٠ ديناراً، وهذا المبلغ يعتبر خسارة. وبمقارنة الوفر الناتج عن الإقفال وخسائر الإقفال فإن أرباح الشركة سوف تنخفض بمبلغ ٩٠٠٠ دينار (=٣٧٥٠٠ د - ٢٨٥٠٠) وبالتالي يجب عدم إقفال القسم بل يجب الاستمرار في تشغيله. ويمكن التوصل إلى النتائج نفسها إذا قمنا بإعداد قائمة دخل للشركة بدون وجود القسم (١) ومقارنتها مع ما كانت عليه قبل ذلك وهذه القائمة بعد التعديل ستكون كالتالي:

٣٦,٠٠٠		هامش مساهمة القسم ٢
١٨,٠٠٠		هامش مساهمة القسم ٣
٢٠,٠٠٠		هامش مساهمة القسم ١ بعد التحويل
٧٤,٠٠٠		إجمالي هامش مساهمة الأقسام
		يطرح المصروفات :
	١٣,٠٠٠	الإيجار (لم يتم توفير شيء منه)
	٣٠,٠٠٠	الاستهلاك (لم يتم توفير شي منه)
	١٣,٠٠٠	رواتب إدارية (٢٠,٠٠٠ - ٧,٠٠٠ توفير عند الإقفال)
	١٥,٥٠٠	مصروفات عامة موزعة (١٧,٠٠٠ - ١٥٠٠ توفير عند الإقفال)
٧١٥٠٠		إجمالي مصروفات الشركة
٢٥٠٠		صافي الربح

بمقارنة أرباح الشركة قبل وبعد قرار الإقفال فإننا نجد أن أرباح المنشأة سوف تنخفض بمبلغ ٩٠٠٠ دينار إذا تم إقفال القسم (١).

الخاتمــة

في هذا الفصل قمنا بدراسة القرارات الإدارية قصيرة الأجل وتم التركيز على القرارات التي يمكن إخضاعها لتحليل التكاليف والإيرادات، وقد وجدنا أن التكاليف المناسبة لاتخاذ هذه القرارات تعتمد على مفهوم التحليل التفاضلي للتكاليف والإيرادات ووجدنا أن التكلفة التاريخية غير مناسبة لاتخاذ القرارات الإدارية لأنها ناتجة عن قرارات إدارية سابقة ولا يمكن عكس نتائج تلك القرارات.

وقد تعرضنا لأربعة أنواع من القرارات وهي قرارات الاستمرار في التشغيل أو البيع مباشرة، وقرارات طلبات الشراء الخاصة، وقرارات الإنتاج الداخلي أو الشراء من المورد، وأخيراً قرار إقفال أحد الأقسام أو الاستمرار في تشغيلها. وقد تم بيان أسس التحليل لكل نوع منها وبينا أساس حساب التكاليف المناسبة وكيفية حساب تكلفة الفرصة المضاعة لكل منها. وعند معالجة هذه القرارات كانت قاعدة القرار هي التوصية باتخاذ القرار لصالح البديل الذي يؤدي إلى تخفيض التكاليف أو زيادة الإيرادات الكلية للمنشأة.

أسئلة وتمارين

السؤال الأول: ما هو المقصود بالتكاليف المناسبة وما هي أهم صفاتها.

السؤال الثاني: ما هو المقصود بالتكاليف الغارقة.

السؤال الثالث: يقال تقاس الأمور بخواتيمها، ناقش هذه العبارة وركز على القرارات الإدارية.

السؤال الرابع: ما هو المقصود بتكلفة الفرصة المضاعة للأصول الثابتة.

السؤال الخامس: التكاليف المتغيرة تعتبر مناسبة دائماً للقرارات الإدارية، ناقش هذه العبارة.

السؤال السادس: التكاليف الثابتة ليست دائماً مناسبة، ناقش هذه العبارة.

السؤال السابع: عرف نقطة تماثل البدائل.

السؤال الثامن: ما هو أوجه الشبه والاختلاف بين نقطة التماثل ونقطة التعادل.

السؤال التاسع: تعتبر التكلفة التاريخية غير ملائمة لاتخاذ القرارات الإدارية، ناقش هذه العبارة.

السؤال العاشر: في حالة توفر آلات الإنتاج. فإن تكلفتها يجب أخذها في الحسبان عند تسعير الطلبات الخاصة سواء كان هناك طاقة عاطلة أو أن جميع الطاقة مستغلة.

السؤال الحادي عشر: المعلومات التالية خاصة بتكلفة إنتاج أحد المنتجات في شركة جولد ستار

مواد مباشرة	٦٠
أجور مباشرة	١٠ دنانير
أعباء إضافية	٢٥ دينار
الإجمالي	٩٥ دينار

وتحمل الأعباء الإضافية بنسبة ٢٥٠% مـن الأجـور المباشرة، وأن ٦٠% مـن هـذه التكاليف ثابتـة، وتتوفر الطاقة العاطلة لدى الشركة، وأنه يمكن شراء المنتج من خارج المنشأة بسعر ٨٥ ديناراً، وفي هـذه الحالة يمكن توفير ٤٠% من الأعباء الإضافية الثابتة.

المطلوب:

هل توافق على الشراء المنتج من خارج المنشأة بدلاً من إنتاجه داخلياً ولماذا؟

السؤال الثاني عشر: تقوم شركة صناعية ببيع الوحدة بسعر ٢٤ ديناراً وأن تكلفة إنتاج الوحدة على أساس إنتاج ١٠٠,٠٠٠ وحدة في السنة كانت كما يلي:

مواد مباشرة	٨
أجور مباشرة	٧
أعباء صناعية (٤٠% متغيرة)	٦
الإجمالي	٢١

وتبلغ عمولة البيع في السوق المحلية ١,٥ دينار، وتقدم شخص من بلد أجنبي وطلب شراء ٢٥,٠٠٠ وحدة بسعر ٢٢ ديناراً تسليم بلد المشتري وأن تكلفة نقل وشحن الوحدة تقدر بمبلغ ٢ د.

المطلوب:

١. إذا لم يكن لدى الشركة طاقة عاطلة ولا تستطيع زيادة ساعات العمل وبالتالي سيتم الوفاء بالطلب عند قبوله من الوحدات التي تباع في السوق المحلية هل توافق على العرض.

٢. إذا كان لدى الشركة طاقة إنتاجية عاطلة فهل توافق على العرض؟

السؤال الثالث عشر: يقوم مصنع الأنوار بإنتاج أضويه السيارات البلاستيكية استطاعت الشركة الدخول إلى الأسواق المجاورة، وفي بداية العام أتصل أحد المستوردين وطلب شراء ٥٠,٠٠٠ غطاء من نوع سوبر تسليم أرض المصنع. وقد طلب هذا المستورد من مصنع الأنوار أن يرسل له عرض أسعار لهذه الكمية. ولذلك قام المحاسب الإداري بدراسة السجلات التاريخية للشركة وتوصل إلى الآتي بخصوص الغطاء الواحد:

متوسط سعر بيع الغطاء في السوق المحلية	٢٥ دينار
المصروفات المتغيرة الصناعية	١٦ دينار
مصروفات النقل للسوق المحلية	١,٥ دينار
أعباء عامة موزعة	٢,٥ دينار
مجمل الربح	٥ دينار

وتحتوي الأعباء العامة الموزعة على ٦٠% مصروفات ثابتة والباقي مصروفات متغيرة. عند قبول العرض، يتوقع أن تزداد الأعباء العامة بمبلغ ٢٥,٠٠٠ د وسيتم إنتاج هذه الأغطية خارج أوقات الدوام الرسمي لذلك سوف تتحمل الشركة مبلغ ٣ دنانير علاوة أجور إضافية عن كل غطاء. ويتوقع أيضاً أن ترتفع المصروفات المتغيرة الصناعية خلال فترة تنفيذ الطلب بمعدل ١٥% وكذلك تحتاج الشركة إلى شراء قالب لصب هذه الأغطية تكلفته ٦٥,٠٠٠ د ويمكن بيعه بعد تنفيذ الطلب بسعر ٣٥,٠٠٠ د. وإذا تم قبول الطلب فإن أسعاره سوف لا تؤثر على السعر الدارج في السوق المحلية.

<u>**المطلوب:**</u>

ما هو أدنى سعر يمكن قبوله وتقديمه في عرض الأسعار.

السؤال الرابع عشر: شب حريق في إحدى مصانع الأثاث مما أدى إلى توقف الإنتاج في بعض الخطوط الإنتاجية وضاع على الشركة فرصة تسليم طلبية مكونة من ١٠٠ سرير، وكان بيان تقدير الأضرار الذي أعده المحاسب الإداري كالتالي:

سعر بيع السرير في السوق		١٨٠
التكاليف الصناعية:		
مواد	٨٠	
أجور	٢٠	
أعباء إضافية	٣٠	١٣٠
الربح المفقود		٥٠

هذه التقديرات تستند على التكاليف التاريخية ولكن عند وقوع الحادث تبين أن سعر المواد قد ارتفع بنسبة ١٠% ولم تتلف وسيتم استخدامها في الإنتاج في المستقبل، وكذلك تم تحويل العمال إلى أعمال أخرى أدت إلى توفير مبلغ ١١٠٠ دينار، ومن ضمن الأعباء الإضافية ٥٠% أعباء ثابتة مخصصة ولا يتوقع أن تتغير نتيجة للحريق. أما النسبة الباقية من الأعباء الإضافية فهي متغيرة وخاصة بالقسم الذي حدث به الحريق وقد تم تجنبها نتيجة لحدوث الحريق.

واستملت الشركة تعويضاً عن إضرار الحريق من شركة التأمين مقداره ١٥,٠٠٠ دينار وتحملت لإصلاح الأضرار الناجمة عنه مبلغ ١٤,٠٠٠ دينار، وقد اضطرت المنشأة إلى تخطيط استخدام العمل الإضافي للوفاء بالطلبات الأخرى وتحملت في سبيل ذلك ٥٠٠ د.

المطلوب:

تحديد قيمة الخسارة أو الربح الناتجة عن الحريق.

السؤال الخامس عشر: حصلت شركة على طلب لتوريد ٥٠٠٠ وحدة من إحدى منتجاتها بسعر ٢,٢ د. وأن تنفيذ الطلب يحتاج إلى ١٢ أسبوعاً والآتي تكاليف إنتاج كمية الطلب كما أعدها محاسب التكاليف واعتمد فيها على سجلات التكاليف.

المواد الخام		
مادة أ:	٢٨٠٠	
مادة ب:	١٩٠٠	
إجمالي تكلفة المواد المباشرة		٤٧٠٠
أجور مباشرة:		٤٣٠٠
تكلفة استخدام الآلات:		
تكلفة الاستئجار ١٠٠×٢×١٢	٢٤٠٠	
الاستهلاك	٢٠٠٠	٤٤٠٠
أعباء إضافية محملة		٥٠٠٠
إجمالي التكاليف الخاصة بالكمية		١٨٤٠٠
الإيرادات ٥٠٠٠ × ٢٫٢		١١,٠٠٠
الخسائر		٧,٤٠٠

والآتي معلومات عن الأرقام الواردة في القائمة أعلاه:

١. تم شراء المادة الخام أ قبل سنتين ولا تستخدم حالياً في إنتاج الشركة ولكن يمكن بيعها بمبلغ ١٨٠٠ دينار، أما المادة ب فقد تم استيرادها بمبلغ ١٩٠٠ دينار قبل سنة وتستخدم في أعمال الشركة باستمرار، وإذا رغبت الشركة في استيرادها الآن فإن تكلفتها ستكون ٢٣٠٠ دينار.

٢. تحتوي الأجور المباشرة على ١٨٠٠ دينار مرتب مشرف الإنتاج ولا يتوقع الاستغناء عنه لأنه يشرف على عدة خطوط إنتاجية وسيدفع له ٢٥ د أسبوعياً علاوة خاصة بدل إشراف على هذه الطلبية، أما بقية رقم تكلفة الأجور المباشرة فنصفها ثابت والنصف الآخر متغير.

٣. نظراً لاستخدام الآلات المؤجرة في إنتاج الكمية المطلوبة فإن الشركة مضطرة إلى استئجار آلتين بدلاً منهما بأجره أسبوعية مقدارها ١٢٠ ديناراً لكل آلة للقيام بأعمال الآلات المؤجرة وبالنسبة للإستهلاك فهو يخص آلات

أخرى مملوكة ليس لها استخدام بديل ويتم الاستهلاك باستخدام طريقة القسط الثابت.

٤. الأعباء الإضافية المحملة موزعة على المنتجات على أساس عدد الوحدات ومن هـذا المبلـغ ١٠٠٠ دينار أعباء متغيرة ٥٠٠ دينار عمولة على مبيعات هذه الطلبية والباقي مصروفات ثابتة.

المطلوب:

هل توافق على العرض أم لا مع بيان الأرقام التي اعتمدت عليها.

السؤال السادس عشر: لقد طلبت الإدارة من المحاسب الإداري أن يقدم لها تقريراً عن مدى ربحية أقسامها المختلفة ولإنجاز هذا الغرض تم تجميع المعلومات الآتية (المبلغ بالألف):

البيان	الإجمالي	قسم أ	قسم ب	قسم جـ
المبيعات	٤٧٠٠	٢٠٠٠	١٥٠٠	١٢٠٠
يطرح التكلفة المتغيرة:				
صناعية	٣١٦٥	١٣٥٠	٩٧٥	٨٤٠
عمولة مبيعات	٣٣٥	٢٠٠	٧٥	٦٠
هامش المساهمة	١٢٠٠	٤٥٠	٤٥٠	٣٠٠
يطرح المصروفات الثابتة:				
صناعية	٥٤٠	١٨٠	١٦٠	٢٠٠
تسويقية	٨٥	٣٠	٣٠	٢٥
إدارية	١٥٠	٥٠	٤٥	٥٥
عامة موزعة	٣١٥	١٤٠	١٠٥	٧٠
إجمالي المصروفات الثابتة	١٠٩٠	٤٠٠	٣٤٠	٣٥٠
صافي الربح والخسارة	١١٠	٥٠١	١١٠	(٥٠)

يتم بيع الوحدة من المنتج جـ بسعر ٦ دنانير. ونظراً لوجود خسائر في نتائج هذا القسم فإن الإدارة تدرس أحد الاحتمالات الآتية:

١. والدخول في اتفاقية لشراء المنتج جـ مع أحد الموردين وبسعر ٣,٤٠ ديناراً للوحدة وفي هذه الحالة يتوقع استمرار قيمة مبيعات القسم عند مستواها الحالي وسوف تستمر المنشأة في تحمل نفس عمولة المبيعات ومع ذلك يمكن للشركة توفير ٣٠% من إجمالي مصروفات الثابتة المحملة على القسم.

٢. إيقاف الإنتاج الحالي للقسم جـ وتحويل آلاته لإنتاج منتج آخر سعر بيع الوحدة منه ٤ دنانير وتقدر التكاليف المتغيرة للوحدة المباعة ٣ دنانير وسوف يتم إنتاج ٤٥٠ وحدة من هذا المنتج في السنة، وإذا تم ذلك سيتم تخفيض التكاليف الصناعية والتسويقية الثابتة للقسم جـ بنسبة ٢٠% وكذلك سيتم توفير مبلغ ١٠٠ دينار من التكاليف الثابتة الإدارية والعمومية الموزعة.

المطلوب :

أي من البدائل المذكورة أفضل من وجهة نظر المنشأة. ولماذا؟

السؤال السابع عشر: تقوم إحدى الشركات بإنتاج المنتجين أ،ب وتوزيعهما في منطقة الشرق الأوسط، وتقسم إدارة المبيعات هذه المنطقة إلى ثلاثة مناطق هي الأردن، والدول العربية الأسيوية والدول العربية الأفريقية، ويقوم بتغطية كل منطقة مصنع تتم إدارته بصورة مستقلة. وحالياً أظهرت المنطقة الأخيرة خسائراً تبلغ ١٥٠,٠٠٠ دينار وتفاصيلها كالتالي:

المبيعات		١٥٠٠,٠٠٠
يطرح تكلفة البضاعة المباعة (٤٠% ثابتة)		١٢٠٠,٠٠٠
مجمل الربح		٣٠٠,٠٠٠
رواتب وأجور (ثابتة)	٢٠٠,٠٠٠	
استهلاك الأدوات والمعدات الإدارية والتسويقية	٥٠,٠٠٠	
عمولة المبيعات (٥% من سعر البيع)	٧٥,٠٠٠	
مصروفات إدارية وعمومية ثابتة	١٢٥,٠٠٠	
إجمالي المصروفات		٤٥٠,٠٠٠
صافي الربح		(١٥٠,٠٠٠)

عند إقفال مصنع المنطقة يتوقع أن يتم الآتي:

١. سيتم تحويل بعض المعدات إلى مصانع المناطق الأخرى مما يؤدي إلى توفير مبلغ ١٨٠,٠٠٠ دينار من تكاليفها وهذا المبلغ يظهر ضمن تكلفة البضاعة المباعة.

٢. وعند إعادة العمل في المنطقة سوف يتم تعين وتدريب عمال جدد وتكلفة ذلك ٥٠,٠٠٠ دينار.

٣. وعند تحليل مبلغ الرواتب والأجور تبين أن هناك مبلغ ١٠٠,٠٠٠ دينار نصيب المصنع من رواتب الإدارة المركزية وهذه الرقم سيتم تخفيضه بمبلغ ٢٠,٠٠٠ دينار عند إقفال هذا المصنع. أما باقي بند الرواتب والأجور فسيتم التخلص من ٧٠% منها.

٤. بالنسبة لإجمالي استهلاك الأدوات والمعدات الإدارية والتسويقية فإنها ستبقى على ما هي عليه، ولكن سوف يتم تأجير هذه المعدات بمبلغ ٦٠,٠٠٠ دينار.

٥. بالنسبة للمصروفات الإدارية فإنه سيتم نقل موظفين إلى أماكن أخرى في الشركة ويؤدي ذلك إلى توفير مبلغ ٧٠,٠٠٠ دينار.

٦. وفي جميع الأحوال سيتم إقفال المصنع لمدة سنة واحدة وبعدها يعاد فتحه.

المطلوب:

هل توافق على قرار إقفال المصنع أم لا؟ مع بيان كل العمليات الحسابية.

السؤال الثامن عشر: المعلومات الآتية تخص الأسئلة الثلاثة التالية:

تستخدم إحدى الشركات ١٠ وحدات من قطعة معينة في إنتاجها الشهري وتقدر تكلفة إنتاج القطعة منها كالتالي:

مواد مباشرة	١٢٠٠د
الأجور المباشرة	٨٠٠٠ د
المصروفات غير المباشرة (١٥٠% من الأجور المباشرة)	١٢,٠٠٠ د

وبالنسبة للمصروفات غير المباشرة فثلثها متغير وثلثيها ثابت. حصلت الشركة على عرض من مورد محل ثقة لتوريد هذه الوحدات إلى الشركة بسعر ١٥,٠٠٠ دينار للوحدة المطلوب الاجابة على الأسئلة الثلاث التالية:

أ- إذا كانت الطاقات الصناعية المستخدمة في إنتاج هذه القطعة ستبقى عاطلة عن العمل عند الشراء من المورد، وقررت الشركة شراء هذه القطع منه، فإن تكلفة الوحدة سوف:

أ- تزداد بمبلغ ٤٨٠٠ د ب- تنقص بمبلغ ٦٢٠٠ د

جـ- تنقص بمبلغ ٣٢٠٠ د د- تزداد بمبلغ ١٨٠٠ د

هـ- مبلغ آخر

ب- افترض أنه يمكن للشركة تأجير الطاقات الصناعية المستخدمة في إنتاج هذه القطعة إلى الغير بمبلغ ٢٥,٠٠٠ د شهرياً فعند قيام الشركة بشراء القطعة من المورد فإن التكاليف الشهرية قد:

أ- تزداد بمبلغ ٤٨,٠٠٠ د ب- تزداد بمبلغ ٢٣,٠٠٠ د

جـ- تنقص بمبلغ ٧,٠٠٠ د- تنقص بمبلغ ٥٧,٠٠ د

هـ- متغير بمبلغ آخر

جـ- إذا تم تحويل الطاقات الصناعية المستخدمة في إنتاج هذه القطعة إلى قسم مراقبة الجودة، فإن تكلفة الفرصة البديلة للطاقات الصناعية هي:

أ- ١٨,٠٠٠ د ب- (٢٠,٠٠٠ د)

جـ- ٤٠٠٠ د د- (٤٨,٠٠٠)

هـ- مبلغ آخر

امتحان المحاسبين الإداريين

السؤال التاسع عشر: تنتج إحدى الشركات الصناعية الجزء (س)، وكانت عدد الوحدات المنتجة منه خلال العام الماضي ٥٠٠٠ وحدة وإن تكلفة الوحدة عند هذا المستوى كانت كما يلي:

مواد مباشرة	٢٥
عمل مباشر	١٠
أعباء صناعية متغيرة	٥
أعباء صناعية ثابتة	١٠
مصروفات إدارية متغيرة	٢
إجمالي تكلفة الوحدة	٥٢

عرض على الشركة شراء هذا الجزء بسعر ٤٩ دينار للوحدة وتتوقع الشركة أنها تحتاج إلى ٦٠٠٠ وحدة خلال العام القادم وكذلك يتوقع إن تزداد تكلفة المواد المباشرة والعمل المباشرة بنسبة ١٠% خلال الفترة المقبلة، وأن تبقى التكاليف الأخرى كما هي دون تغير. وأن ٧٠% من الأعباء الصناعية الثابتة ستستمر في حالة الشراء، وأنه ليس هناك بديل آخر لاستخدام الطاقة غير المستغلة في إنتاج الجزء "س" في حالة شرائه من المورد الخارجي.

المطلوب :

أ- هل يجب على الشركة شراء الجزء "س" من المورد أو الاستمرار في إنتاجه داخلياً.

ب- إذا كان يمكن استغلال الطاقات الصناعية المستخدمة في إنتاج المنتج س في إنتاج المنتج ص وهذا يحقق هامش مساهمة مقداره ٣٥,٠٠٠ د وهنا سوف تبقى الأعباء الإضافية على ما هي عليه. هل تنصح الشركة بشراء القطعة س من المورد.

السؤال العشرون: تنتج إحدى الشركات القطعة رقم ٤٢١ لاستخدامها في دورة الإنتاج والآتي تقديرات تكلفة القطعة عند إنتاج ٥٠٠٠ قطعة.

مواد مباشرة	٢د
أجور مباشرة	١٢
مصروفات غير مباشرة متغيرة	٥
مصروفات غير مباشرة ثابتة	٧
الإجمالي	٢٦

عرضت شركة بيع هذه الكمية إلى الشركة بسعر ٢٧ د للقطعة فإذا قبلت الشركة العرض يمكن تحويل الطاقات المستغلة حالياً في إنتاج القطعة ٤٢١ إلى إنتاج القطعة ٣٢١ وهذا يؤدي إلى توفير مبلغ ٤٠,٠٠٠ د من التكاليف المناسبة لتصنيع القطعة ٣٢١ وكذلك سيتم توفير ٣ د من المصاريف غير المباشرة الثابتة المحملة على القطعة ٤٢١ فما هي قيمة الزيادة أو النقص في التكاليف المناسبة عند قبول العرض.

(أ) ٣٥,٠٠٠ دينار نقص   (ب) ٢٠,٠٠٠ دينار زيادة

(جـ) ١٥,٠٠٠دينار نقص   (د) ١٥,٠٠٠ دينار زيادة

السؤال الحادي والعشرون: تنتج الشركة أ ١٠,٠٠٠ وحدة من القطعة رقم ١٠١ لتستخدمها في إنتاجها العادي، وفيما يلي إجمالي تكلفة هذه الوحدات : ٢٠,٠٠٠دينار مواد مباشرة، ٥٥,٠٠٠ دينار أجوراً مباشرة، ٤٥,٠٠٠ دينار مصروفات غير مباشرة متغيرة، ٧٠,٠٠٠ دينار مصروفات غير مباشرة ثابتة.

عرضت شركة أخرى على الشركة أ بيعها ١٠,٠٠٠ وحدة بسعر ١٨ دينار للوحدة. فإذا قبلت الشركة أ العرض يمكنها تأجير التسهيلات الصناعية التي تستخدمها في إنتاج القطعة ١٠١ إلى الغير بمبلغ ١٥,٠٠٠ دينار وكذلك يمكنها توفير ٤ دنانير أخرى من المصروفات الثابتة المحملة على القطعة.

المطلوب:

هل على شركة أ قبول العرض ولماذا:

(أ) لا، لأن تصنع القطعة أرخص من شرائها بمبلغ ٥٠٠٠ دينار.

(ب) نعم، لأن شراء القطعة أرخص من تصنيعها بمبلغ ٥,٠٠٠ دينار.

(جـ) لا، تصنيع القطعة أرخص من شرائها بمبلغ ١٥,٠٠٠دينار.

(د) نعم، لأن شراء القطعة أرخص من تصنيعها بمبلغ ٢٥,٠٠٠دينار.

(المصدر : المجمع الأمريكي للمحاسبين القانونيين)

السؤال الثاني والعشرون: لدى شركة الأنوار ٢٠٠٠٠ كغم مواد خام في المخازن تكلفتها ٣٠,٠٠٠ د يمكن استخدام هذه المواد في الإنتاج وهنا ستتحمل الشركة مبلغ ١٠,٠٠٠ د وبعد ذلك يمكن بيعها بمبلغ ١٨,٠٠٠ د وفي نفس الوقت يمكن بيع هذه الكمية على حالتها الراهنة بمبلغ ٣٠٠٠ د.

المطلوب:

ما هي تكلفة الفرصة المضاعة (البديلة) التي يجب اعتبارها عند تحليل التكاليف:

(أ) ٣٠٠٠ د — (ب) ١٠,٠٠٠ د

(جـ) ١٣,٠٠٠ — (د) ٣٠,٠٠٠ د

السؤال الثالث والعشرون: يقدر الطلب على المنتج أ بعشرة آلاف وحدة في السنة وسعر بيع الوحدة ٨ د، وفي الوقت الحالي تقوم الشركة بإنتاجه استخدام آلة نصف أوتوماتيكية وأن التكلفة المتغيرة للوحدة هي ٦,٥. عرض على الشركة شراء آلة أتوماتيكية تؤدي إلى تخفيض التكلفة المتغيرة للوحدة إلى ٥ د وسعر هذه الآلة هو ٨٠,٠٠٠ دينار. إذا قبلت الشركة العرض يمكنها بيع آلتها القديمة بمبلغ ١٠,٠٠٠ د بالإضافة إلى ذلك يمكن بيع نفاية الآلة الجديدة بمبلغ ٢٠٠٠ د. في نهاية عمرها الإنتاجي وهو ٥ سنوات وأن تكلفة رأس المال ١٠%. فهل توصي بقبول عرض مصنع الآلات.

(أ) لا، لأن الشركة ستقوم بدفع ٧٠,٠٠٠ د عند البدء في المشروع.

(ب) لا، لأن الشركة سوف تنقص أرباحها التشغيلية بمبلغ ١٢٧٥٨ د.

(جـ) لا، لأن قيمة الشركة سوف تنقص بمبلغ ١١,١٣٥الاعتبار تكلفة الفرصة البديلة.

(د) لا، لأن قيمة الشركة سوف تنقص بمبلغ ١١٨٩٣ دينار.

(هـ) لا شيء مما سبق.

السؤال الرابع والعشرون: تعمل الشركة عند مستوى الطاقة والتي تبلغ إنتاج ٢٠,٠٠٠ وحدة وكانت التكلفة المعيارية للوحدة كالتالي:

٣د مواد مباشرة، ٣ د أجور مباشرة، ٥ د مصروفات غير مباشرة متغيرة

وتتحمل الشركة عمولة مبيعات ومصروفات بيعية متغيرة مقدارها ١ د عند البيع في السوق المحلية.

وتقدم تاجر جملة وطلب شراء ٤٠٠٠ وحدة من إنتاج الشركة وطلب إدخال تغيرات على شكل السلعة تؤدي إلى زيادة التكلفة المتغيرة للوحدة بـ ٣ دينار ولا يترتب على ذلك زيادة في وقت الإنتاج. وطلب خصم ٢٥% من سعر البيع

العادي للمنتج والذي هو ١٦ د للوحدة. فإن قبول العرض سيؤثر على الأرباح بمبلغ:

(أ) ٢٤,٠٠٠ بالنقص (ب) ٨٠٠٠ بالنقص (جـ) ١٢,٠٠٠ بالنقص (د) لا شيء مما ذكر

(المجمع الأمريكي للمحاسبين القانونيين)

السؤال الخامس والعشرون ر: تبيع شركة الزجاج إحدى منتجاتها في السوق المحلية بسعر ١٤ دينار للوحدة، وتبلغ تكلفته المتغيرة، بما فيها تكلفة الشحن ٨ دنانير للوحدة ومنها ١ دينار مصروفات نقل. تعمل الشركة حالياً عند مستوى أقل من طاقتها الإنتاجية السنوية. وقد تلقت طلباً من مستورد أجنبي يرغب في شراء ١٠,٠٠٠ وحدة بسعر ١٢ دينار للوحدة بعد إدخال تعديلات فنية معينة على وحدات هذا المنتج وتبلغ تكلفة هذه التعديلات ٣,٧٥ دينار للوحدة وفي نفس الوقت يؤدي ذلك إلى توفير مبلغ ١,٢٥ دينار من التكاليف الصناعية للوحدة المباعة في السوق المحلية تسلم البضاعة إلى ميناء الشحن وهذا يتطلب في المتوسط ١ دينار لكل وحدة. ولا يتوقع أن يؤدي هذا الطلب إلى تغيير في الاعباء الثابتة.

المطلوب :

(١) حساب هامش مساهمة الطلب المقدم، وهل توصي بقبول الطلب.

(٢) افترض أن الطاقة العاطلة تكفي لإنتاج ٥٠٠٠ وحدة وأن الكمية الباقية سوف تسحب من السوق. ففي هذه الحالة هل توافق على الطلب أم لا ولماذا.

السؤال السادس والعشرون: تسعى الإدارة إلى تحديد أسباب زيادة تكلفة الأجور في السنة الجارية بالمقارنة مع السنة السابقة فقد بلغت الأجور المباشرة في السنة الجارية ١٦٠,٠٠٠ دينار بعد أن كانت ١١١,٠٠٠٠ دينار في السنة السابقة، ويعتقد المراقب المالي أن ذلك يعود إلى زيادة عدد الحالات من ١٢,٠٠٠ حالة في

السنة السابقة إلى ١٨,٠٠٠ حالة في السنة الحالية ومن ثم يرى أن التكاليف يجب أن ترتفع بنسبة ٥٠%

وبدراسة التكاليف وجد أن هذه المؤسسة تستخدم مشرفاً واحداً راتبه السنوي ٢٧,٠٠٠ دينار ولا يقوم

بدراسة أية حال اجتماعية لأنه يتم دراستها بواسطة الباحثين الاجتماعيين. وأن معدل أجر هذه الفئة من

الموظفين هو ٧ دنانير في الساعة. وتحتاج الحالة الاجتماعية إلى ساعة عمل واحدة.

المطلوب :

تقييم رأي المشرف الاجتماعي وإعداد الموازنة لهذه المؤسسة.

الفصل السادس

الموازنات التخطيطية

أهداف الفصل:

بعد دراسة هذا الفصل يجب أن تكون قادراً على:

١. تحديد طبيعة الموازنات التخطيطية.

٢. بيان الإطار الإداري للموازنات التخطيطية.

٣. بيان مزايا استخدام الموازنات التخطيطية.

٤. بيان الفرق بين الرقابة والتخطيط.

٥. بيان مفهوم الموازنة الشاملة.

٦. إعداد موازنة المبيعات والأرباح.

٧. إعداد الموازنات التشغيلية.

٨. إعداد الموازنه النقدية.

٩. إعداد قائمة الدخل التقديرية وقائمة المركز المالي.

المقدمـــة :

حتى تستطيع الإدارة تحقيق أهداف المنشأة عليها عند ممارسة وظائفها الإدارية المختلفة من تخطيط، وتنظيم، وتوجيه ورقابة واتخاذ قرارات الاعتماد بقدر الإمكان على النماذج الكمية ومنها الموازنة التخطيطية، فالموازنة التخطيطية تعتبر إحدى الأدوات التي تساعد الإدارة في التخطيط والرقابة والتنسيق، وتعرف الموازنة على أنها تعبير كمي عن الأهداف التي تسعى الإدارة إلى تحقيقها فهي خطة العمل للمستقبل. وتبين، بالتفصيل الإيرادات والمصروفات الخاصة بفترة الموازنة والأصول والخصوم المتوقع وجودها في نهاية فترة الموازنة، وللبدء في إعداد الموازنة يجب أن يتم تحديد الأهداف التي تسعى الإدارة إلى تحقيقها ثم تحديد الأنشطة المختلفة التي يجب القيام بها للوصول إلى هذه الأهداف، وبعدها تستخدم الموازنة لتحديد الإيرادات والمصروفات والمركز المالي المتوقع خلال فترة الخطة بما يتلاءم مع أهداف المنشأة.

يطلق على الموازنة عدة مسميات منها الموازنة التخطيطية، والموازنة التقديرية، والموازنة الرقابية، فكل واحد من هذه الأسماء يسلط الضوء على إحدى صفات الموازنة فكلمة تخطيطية تشير إلى أن الموازنة تحتوي على بيانات عن الخطة التي اعتمدتها المنشأة، وتقديرية تعني أن البيانات التي تحتويها الموازنة هي بيانات تقديرية ولم تحدث بعد وأنها متوقعة، وأخيراً فإن صفة الرقابية تعني أن بيانات الموازنة تستخدم في رقابة وقياس الأداء الفعلي، لذلك فإن هذه الأسماء تعتبر مترادفة إذا اعتبرنا أن الموازنة هي أداة تخطيط ورقابة.

فوائد الموازنات:

قد يدعى البعض أن الموازنات ما هي إلا ضياع للجهد والمال لأنها تعكس ما يتوقع حدوثه في المستقبل وهذا المستقبل غير مرئي، مما يؤدي إلى حدوث فروقات بين الأرقام التي تحتويها الموازنة وبين أرقام الأداء الفعلي، هذه المقولة

يمكن قبولها في بداية عملية استخدام الموازنات ولكن كلما تقدمت خبرة المنشأة في استخدام هذه الموازنات كلما زادت درجة دقة البيانات التي تحتويها، على أية حال، يقوم الكثير من الأفراد والمنشآت بوضع تصورات عن إيراداتهم ومصروفاتهم المستقبلية ولكن لا يقومون بتدوينها بصورة رسمية وهؤلاء نعتبرهم في الحياة العملية أفضل من غيرهم لأنهم يعملون على تخطيط ظروفهم المستقبلية والفرق الذي يحدث عند استخدام نظام الموازنات أنه يتم تدورين هذه التقديرات بصورة رسمية. ومن مزايا استخدام الموازنات التخطيطية الآتي:

١. خلق عادة التخطيط لدى الإدارة لأن إعداد الموازنة يتطلب من الإدارة أن تنظر إلى المستقبل باستمرار وهذا يجعلها تتوقع ظروف المستقبل مما يؤدي إلى الحد من عدد المفاجآت، ويرى هورنجون أن التفكير المسبق يساعد الإدارة على تغيير الأحوال والظروف نحو الأفضل، فمثلاً إذا توقعت الإدارة حدوث عجز في النقدية خلال فترة الموازنة فإن ذلك يساعدها على ترتيب التمويل اللازم قبل الحاجة إليه بفترة طويلة، فمثلاً إذا كان العجز نتيجة للتوسعات الرأسمالية فإن بمقدور الإدارة جدولة هذه التوسعات أو الاتصال بجهات للتمويل قبل احتياج الأموال بوقت كاف.

٢. تنسيق مجهودات الإدارات والأقسام المختلفة في المنشأة، فعند معرفة حجم المبيعات المتوقع يتم الطلب من إدارة الإنتاج وضع برامج الإنتاج التي تلبي احتياجات المبيعات وهكذا يطلب من الإدارات والأقسام الأخرى وضع برامجها بما يجعلها تعمل معاً في نفس الاتجاه.

٣. تساعد الموازنة في خدمة وظيفة الرقابة فهي تحتوي على أرقام التكاليف والإيرادات التي يتوقع حدوثها خلال فترة الموازنة، والخاصة بكل إدارة أو قسم في المنشأة، وتتم الرقابة عن طريق مقارنة الأرقام الفعلية مع الأرقام الواردة في الموازنة لتحديد الانحرافات بينها تحليل

أسبابها والتقرير عنها، ولأن الموازنة تحدد لكل إدارة أو قسم فإن الرقابة تصل إلى كل الوحدات الإدارية.

٤. تساعد الموازنة في توجيه الاستثمارات المالية بين الإدارات والأقسام في المنشأة بصورة سليمة، فعند استخدام الموازنة تعلم الإدارة ما هي الوحدات الإدارية التي يجب دعمها من حيث الموارد وما هي الوحدات التي ليست بحاجة إلى ذلك.

دورة الموازنة:

لإعداد الموازنة يجب القيام بعدة خطوات يمكن توضيحها كما في الشكل (٦-١)، ففي الخطوة الأولى يتم وضع الأهداف طوية الأجل وقصيرة الأجل حيث تعمل الأهداف طويلة الأجل على رسم الملامح الرئيسية لأنشطة المنشأة في الأجل الطويل ويتم تحديد هذه الأهداف عادة بناء على دراسة السوق، والظروف الاقتصادية والاجتماعية، ويتم التعبير عن هذه الأهداف باستخدام عبارات عامة مثل زيادة قيمة المبيعات، تنويع المنتجات وزيادة حصة المنشأة في السوق، وتحسين نسبة المديونية.

وتعتبر الأهداف طويلة الأجل حجر الأساس عند تحديد الأهداف قصيرة الأجل وهذه الأهداف بدورها تحكم عملية إعداد الموازنة. وفي الخطوة الثانية يتم ربط الأهداف بالإمكانيات والمصادر المتاحة للمنشأة فالأهداف الواقعية هي التي تحدد في ضوء طاقات وإمكانيات المنشأة لذلك نرى سهمين يربطان بين الأهداف والإمكانيات نظراً لوجود تأثير متبادل بينهما.

وبعد الانتهاء من هاتين الخطوتين تبدأ الخطوة الثالثة وهي إعداد البرامج والجداول التشغيلية التي تغطي أنشطة الوحدات الإدارية الفرعية في المنشأة وبعد ذلك يتم تجميع هذه الجداول في جداول مركزية حسب خطوط السلطة والمسؤولية في المنشأة حتى نصل إلى جدول ملخص واحد يعكس خطة المنشأة ككل وإذا

وجدت الإدارة وبعد إتمام هذه الخطوة أنها لا تستطيع تحقيق أهدافها التي حددتها عند البدء في وضع الخطة فإنه يجب عليها تعديل الخطة أو الأهداف أو كليهما قبل أن يتم اعتماد الموازنة بصورة رسمية.

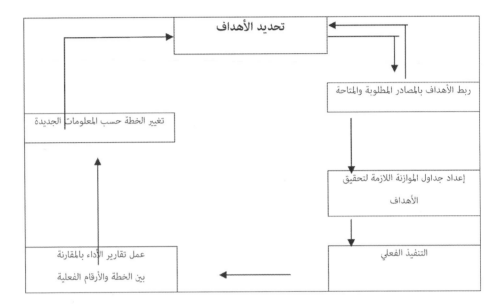

شكل (٦-١) دورة الموازنة

وبعد ذلك يتم البدء في الخطوة الرابعة وهي تتضمن التنفيذ الفعلي للخطة وهنا يتم حصر أرقام التكاليف والإيرادات الفعلية التي تحدث فعلاً وبعد ذلك تبدأ الخطوة الخامسة التي تقوم بمقارنة الأرقام الفعلية مع أرقام الموازنة التخطيطية لكشف الانحراف بينهما والتقرير عن ذلك إلى الإدارة، هذه المعلومات قد تدفع الإدارة إلى تغيير أهدافها الموضوعة أو زيادة دقة الأشراف على وحداتها الإدارية

لتصحيح الانحرافات وتعرف المعلومات التي تحتويها تقارير الانحرافات بالتغذية العكسية Feed Back.

أنواع الموازنات:

يوجد عدة أنواع من الموازنات تختلف عن بعضها من حيث نطاق الموازنة والفترة التي تغطيها، فمن حيث نطاق الموازنة يتم التمييز بين الموازنات الوظيفية والموازنة الرئيسية حيث تهدف موازنات النوع الأول إلى تغطية أداء الأقسام أو الوحدات الإدارية كل على حدة أما الموازنة الرئيسية فتعمل على تلخيص الموازنات الوظيفية في موازنة عامة للمنشأة وتحتوي على موازنة الدخل وقائمة المركز المالي، وقائمة التدفق النقدي وموازنة الإنفاق الرأسمالي.

أما من حيث فترة الموازنة فنجد أن هناك موازنات طويلة الأجل تغطي فترة قد تزيد عن ثلاث سنوات وموازنات سنوية، والموازنة الأخيرة قد يتم تجزئتها إلى فترات شهرية أو ربع سنوية، وهذا النوع من الموازنات قد لا يتم تعديله خلال الفترة التي تغطيها الموازنة مما يجعل فترة الموازنة تتناقص مع انتهاء أجزاء الفترة التي تغطها أو قد يتم ذلك عن طريق إضافة تقديرات عن الفترة التي تنقضي منها باستمرار، وبالتالي تغطي هذه الموازنة وباستمرار سنة كاملة، ويعرف هذا النوع من الموازنات باسم الموازنة المستمرة Continuous budget.

لجنة الموازنة:

يقوم بالأشراف على الموازنة في المنشآت الكبيرة لجنة تتكون من مدير الموازنة ومديري الأنشطة الرئيسية في المنشأة مثل مدير المبيعات، ومدير الإنتاج ومدير شؤون الموظفين والمدير المالي، وتعمل هذه اللجنة على وضع التعليمات اللازمة لإعداد الموازنة وإجراء التنسيق بين الإدارات المختلفة وحل النزاعات

الخاصة بتوزيع الموارد بين الإدارات ومناقشة التقديرات التي تقدمها الإدارات المختلفة، وفي هذا المجال يجب على المدير المالي تقديم المعلومات التي تساعد الإدارات الأخرى في إعداد تقديراتها، وتقوم هذه اللجنة بمتابعة تنفيذ الموازنة واستلام تقارير الأداء التي تعدها الإدارة المالية.

ويعتبر دور لجنة الموازنة مهماً لأنه إذا أعطت هذه اللجنة اهتماماً مناسباً لتقارير الأداء فإن ذلك سيدفع بمسؤولي الأقسام والوحدات الإدارية إلى بذل المجهودات المناسبة لتحقيق أرقام الموازنة أما إذا لم تهتم بالموضوع فإن ذلك سوف يدفع بالمسؤولين عن الوحدات الإدارية إلى إهمال التمسك بأهداف الموازنة ويحتاج العمل في لجنة الموازنة إلى معرفة إدارية ومعرفة محاسبية، فمن ناحية إدارية يجب التمسك بالإرشادات والتعليمات التي يتم الاتفاق عليها مع الإدارة العليا، أما من الناحية المحاسبية فيجب الإلمام بأساليب التقدير اللازمة لإعداد الموازنة ، وفهم تقارير الأداء.

مكونات الموازنة الشاملة: *Master Budget*

سبق وأن ذكرنا بأن الموازنة الشاملة تتألف من عدة موازنات وظيفية (أو تشغيلية) وموازنات مالية وهي كما في الشكل (٦-٢) . ومن دراسة هذا الشكل نجد أن الموازنة الشاملة تغطي كل جوانب النشاط في المنشأة فهناك موازنة للمبيعات وموازنة للإنتاج وموازنة للمصروفات البيعية وموازنة للمصروفات الإدارية وموازنات للمصروفات الأخرى وأنه يتم ربط الأنشطة المرتبطة مع بعضها البعض عند إعداد الموازنة فمثلاً نجد أن موازنة المبيعات مرتبطة مع موازنة الإنتاج ومخزون الإنتاج التام وأن موازنة الإنتاج تؤثر على موازنات التكاليف مثل موازنة المواد الخام وموازنة الأجور المباشرة وموازنة الأعباء الإضافية.

ثم إن الموازنات التشغيلية تؤثر على القوائم المالية النهائية وهـذه تشمل قائمـة التـدفق النقـدي وقائمة الدخل، وهاتان الموازنتان وموازنة الإنفاق الرأسمالي تؤثر على الميزانيـة العموميـة التقديريـة. لـذلك فإنه عند إعداد الموازنات أو جداول الموازنة يجب مراعاة علاقـة الأنشطة ببعضها البعض، وسوف نقوم بدراسة إعداد هذه الموازنات على التوالي:

موازنة المبيعات *Sales Budget*:

تعتبر موازنة المبيعات من أهم الموازنات التي تشملها الموازنة الشاملة لأن أي خطأ فيها سوف يؤثر على دقة الموازنات الأخرى، فمثلاً، يؤدي تضخيم المبيعات بنسبة ١٠% إلى زيادة كمية المواد الخام التي يتوقع أن يحتاجها الإنتاج وكذلك زيادة عدد وحدات الإنتاج. وتعتبر هذه الموازنة من أصعب الموازنات لأنه لا يوجد للاداه سلطة أو رقابة على السوق والعملاء.

يستخدم في إعداد تقديرات المبيعات عدة أساليب يمكن تبويبها في مجموعتين هما أساليب التقدير الشخصي، والأساليب الإحصائية، فعند استخدام أساليب التقدير الشخصي يطلب من منـدوبي المبيعات تقدير قيمة المبيعات المتوقعة في مناطقهم لأنهم على درايـة بالظروف المحيطة بتلك المناطق أكثر من غيرهم وبعد الحصول على تلك التقديرات يتم تعديلها في ضوء الأرقام التاريخية، والتغيرات المتوقعة في الأسعار والدعاية والإعلان والظروف الاقتصادية ودخل الأفراد، هنا ويجب ملاحظة أن من مصلحة منـدوبي المبيعات التحفظ في تقديراتهم حتى يستطيعوا تحقيق تلك التقديرات أثناء عملية التنفيذ الفعلي للموازنة وللتغلب على هذه المشكلة يمكن الربط بين دقة التقديرات وتقييم أداء هؤلاء المندوبين.

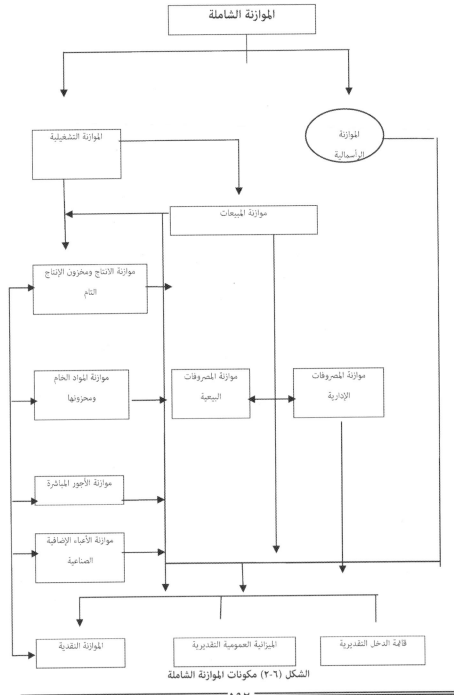

الشكل (٦-٢) مكونات الموازنة الشاملة

وعلى الجانب الآخر يمكن استخدام العديد من النماذج الإحصائية بعضها يقع ضمن نماذج السلاسل الزمنية وبعضها يقع ضمن النماذج الخطية وغير الخطية، فعند استخدام هذه النماذج يجب مراعاة العلاقة السببية بين المؤشر الاقتصادي وهو العامل (المستقل) وبين إيرادات المبيعات وهو العامل التابع بالإضافة إلى ضرورة مراعاة دقة المعلومات المستخدمة، فمثلاً إذا استخدمنا المبيعات الشهرية في السلاسل الزمنية يجب التأكد من أن مبيعات كل شهر قد سجلت فيه وليس في شهر سابق أو شهر لاحق، على أية حال، إذا استخدم أكثر من أسلوب في التنبؤ بالمبيعات وتم تسوية الخلاف بينها تزداد دقة التنبؤات، وبغض النظر عن الأسلوب المستخدم في تقدير المبيعات يجب مراعاة الأمور التالية:

١. تحليل البيانات التاريخية للمبيعات حسب المنتجات والمناطق والعملاء.

٢. حصة المنشأة في السوق وما يتوقع أن يطرأ عليها من تغيرات خلال فترة الموازنة.

٣. سياسات التسعير والدعاية والإعلان المتوقع استخدامها.

٤. الظروف الاقتصادية العامة وظروف القطاع الاقتصادي الذي تنتمي له المنشأة.

٥. دخل الأفراد.

٦. درجة المنافسة المتوقعة خلال فترة الموازنة.

٧. دراسات وأبحاث السوق.

٨. المنتجات الجديدة التي يتوقع دخولها إلى السوق خلال فترة الموازنة.

يمكن تبويب المبيعات في الموازنة على أساس المنتجات والمناطق الجغرافية، وطرق التوزيع أو أي أساس آخر تراه الإدارة مناسباً، ولزيادة فاعلية هذه الموازنة يجب أن تقسم المبيعات السنوية إلى مبيعات شهرية أو ربع سنوية،

ويمكن أن تظهر موازنة مبيعات المناطق كما في الجداول (٦-١) فمن هذا الجداول نرى أن مبيعات الربع الأول في المنطقة الشمالية من المنتج أ تبلغ ٣٠٠٠ وحدة وقيمتها ١٥,٠٠٠د ومن المنتج ب ٢٠٠٠ وحدة وقيمتها ٢٢٠٠٠ دينار، ويحتوي الجداول (٦-٢) على موازنة المبيعات للمناطق المختلفة.

جدول رقم (٦-١)

موازنة المبيعات للمناطق الشمالية والجنوبية عن السنة المنتهية في

٢٠-١/١٢/٣١

	المنتج أ		المنتج ب		الإجمالي
	الكمية	القيمة	الكمية	القيمة	القيمة الإجمالية
المنطقة الشمالية					
الربع الأول	٣٠٠٠	١٥,٠٠٠	٢٠٠٠	٢٢٠٠٠	٣٧٠٠٠
الربع الثاني	٤٠٠٠	٢٠,٠٠٠	٢٥٠٠	٢٧٥٠٠	٤٧٥٠٠
الربع الثالث	٥٠٠٠	٢٥,٠٠٠	٣٥٠٠	٣٨٥٠٠	٦٣٥٠٠
الربع الرابع	٣٨٠٠	١٩,٠٠٠	٢٥٠٠	٢٧٥٠٠	٤٦٥٠٠
إجمالي المبيعات	١٥٨٠٠	٧٩,٠٠٠	١٠,٥٠٠	١١٥,٥٠٠	١٩٤,٥٠٠
المنطقة الجنوبية					
الربع الأول	٦٠٠٠	٣٠,٠٠٠	٥٠٠٠	٥٥,٠٠٠	٨٥,٠٠٠
الربع الثاني	٧٠٠٠	٣٥,٠٠٠	٦٥٠٠	٧١،٥٠٠	١٠٦,٥٠٠
الربع الثالث	٧٥٠٠	٣٧،٥٠٠	٨٠٠٠	٨٨٠٠٠	١٢٥٥٠٠
الربع الرابع	٦٢٠٠	٣١,٠٠٠	٧٠٠٠	٧٧,٠٠٠	١٠٨,٠٠٠
إجمالي المبيعات	٢٦٧٠٠	١٣٣,٥٠٠	٢٦,٥٠٠	٢٩١,٥٠٠	٤٢٥,٠٠٠

وهنا حسبت قيمة المبيعات على أساس أن سعر بيع وحدة المنتج أ تساوي ٥ دنانير وسعر بيع وحدة المنتج ب تساوي ١١ دينار.

جدول رقم (٦-٢)

موازنة المبيعات عن السنة المالية المنتهية في ٢٠-١/١٢/٣١

	المنتج أ		المنتج ب		
	الكمية	القيمة	الكمية	القيمة	القيمة الاجمالية
الربع الأول	٩٠٠٠	٤٥,٠٠٠	٧٠٠٠	٧٧,٠٠٠	١٢٢٠٠٠
الربع الثاني	١١,٠٠٠	٥٥,٠٠٠	٩٠٠٠	٩٩,٠٠٠	١٥٤,٠٠٠
الربع الثالث	١٢,٥٠٠	٦٢٥٠٠	١١٥٠٠	١٢٦,٥٠٠	١٨٩,٠٠٠
الربع الرابع	١٠,٠٠٠	٥٠,٠٠٠	٩٥٠٠	١٠٤,٥٠٠	١٥٤,٥٠٠
إجمالي المبيعات	٤٢٥٠٠	٢١,٢٥٠٠	٣٧,٠٠٠	٤٠٧,٠٠٠	٦١٩,٥٠٠

وهنا قد تم تحديد مبيعات الربع الأول بجمع مبيعات الربع الأول للمنطقة الشمالية والمنطقة الجنوبية لكل منتج على حده لذلك كانت مبيعات الربع الأول للمنتج ب ٧٠٠٠ وحدة وهي عبارة عن ٢٠٠٠ مبيعات المنطقة الشمالية و ٥٠٠٠ وحدة مبيعات المنطقة الجنوبية.

ولتكملة إعداد الموازنات الأخرى سنفترض توفر المعلومات الآتية:

	مخزون أول المدة		مخزون آخر المدة المستهدف
	وحدة	تكلفة	وحدة
منتج أ	٢,٥٠٠	٨,٩٢٩ دينار	٥,٠٠٠
منتج ب	٢,٠٠٠	١١,٠٠٠ دينار	٣,٠٠٠
المادة س	١٥,٠٠٠	١٥,٠٠٠ دينار	٢٥,٠٠٠

- وتخطط الشركة أن يبلغ مخزون المنتج أ والمنتج ب في نهاية كل ربع ٣٠% من مبيعات الربع التالي، وأن يبلغ مخزون المادة الخام س نسبة ٤٠% من احتياجات الإنتاج للربع التالي، وأن سعر شراء الكيلو غرام منها هو ١دنانير.
- تحتاج وحدة المنتج أ إلى ٢ كغم من المادة س وتحتاج وحدة المنتج ب إلى ٣ كغم من المادة س.
- تحتاج وحدة المنتج أ إلى نصف ساعة عمل مباشر بينما تحتاج الوحدة ب إلى ٢ ساعة عمل مباشر، وأن معدل أجر الساعة هو ١ دينار.

موازنة الإنتاج:

تعتبر موازنة الإنتاج الخطوة الثانية بعد موازنة المبيعات ويتم تحديد الكمية المتوقع إنتاجها باستخدام المعادلة الآتية:

الإنتاج = المبيعات + مخزون آخر المدة - مخزون أول المدة.......(١)

والمنطق الذي تقوم عليه هذه المعادلة هي أن الإنتاج يهدف إلى تلبية حاجة المبيعات وتكوين مخزون آخر المدة ولكن لا نحتاج إلى كل هذه الكمية لوجود بضاعة أول المدة. تتحدد كمية مخزون آخر المدة بناء على عدة عوامل منها طبيعة الطلب على المنتج، ومعدل تلف المخزون، وتكلفة التخزين، وتكاليف إعداد الآلات للإنتاج، وتكلفة الأموال المربوطة في المخزون، ومعدلات التضخم المتوقعة. وباستخدام البيانات الواردة في جدول (٦-٢) والمعلومات الواردة أعلاه يتم إعداد موازنة الإنتاج للمنتج أ، والمنتج ب على التوالي.

من دراسة الجدول (٦-٣) والخاص بموازنة المنتج أ نجد أن السطر الأول قد تم الحصول عليه من موازنة المبيعات وأن السطر الثاني هو مجرد ضرب مبيعات الربع التالي بنسبة ٣٠% لأنه افترضنا أن مخزون آخر الربع يساوي ٣٠% من مبيعات الربع التالي وأن كمية مخزون آخر المدة للربع الرابع تم

الحصول عليها من المعلومات المعطاة في المثال، وكذلك نعلم بأن مخزون أول المدة هو مخزون آخر المدة للربع الرابع من السنة السابقة، ونفس المنطق استخدم في إعداد جداول (٦-٤).

جدول رقم (٦-٣)

موازنة الإنتاج للسنة المالية المنتهية في ٢٠-١/١٢/٣١ منتج أ

	الربع الأول	الربع الثاني	الربع الثالث	الربع الرابع	الإجمالي
المبيعات (بالوحدة)	٩,٠٠٠	١١,٠٠٠	١٢,٥٠٠	١٠,٠٠٠	٤٢,٥٠٠
إنتاج تام آخر المدة	٣,٣٠٠	٣,٧٥٠	٣,٠٠٠	٥,٠٠٠	٥,٠٠٠
إجمالي الاحتياجات	١٢,٣٠٠	١٤,٧٥٠	١٥٥٠٠	١٥,٠٠٠	٤٧,٥٠٠
ناقص وحدات أول المدة	٢,٥٠٠	٣,٣٠٠	٣٧٥٠	٣,٠٠٠	٢,٥٠٠
كمية الإنتاج	٩,٨٠٠	١١,٤٥٠	١١٧٥٠	١٢,٠٠٠	٤٥,٠٠٠

جدول رقم (٦-٤)

موازنة الإنتاج للسنة المالية المنتهية في ٢٠-١/١٢/٣١ منتج ب

	الربع				
	الأول	الثاني	الثالث	الرابع	الإجمالي
المبيعات (بالوحدة)	٧,٠٠٠	٩,٠٠٠	١١,٥٠٠	٩,٥٠٠	٣٧,٠٠٠
وحدات آخر المدة	٢,٧٠٠	٣,٤٥٠	٢,٨٥٠	٣,٠٠٠	٣,٠٠٠
إجمالي الاحتياجات	٩,٧٠٠	١٢,٤٥٠	١٤,٣٥٠	١٢,٥٠٠	٤٠,٠٠٠
ناقص وحدات أول المدة	٢,٠٠٠	٢,٧٠٠	٣,٤٥٠	٢,٨٥٠	٢,٠٠٠
كمية الإنتاج	٧,٧٠٠	٩,٧٥٠	١٠,٩٠٠	٩,٦٥٠	٣٨,٠٠٠

موازنة المشتريات *Purchases Budget*

يتم الشراء لتلبية احتياجات الإنتاج والتحكم في مستوى مخزون المواد الخام ويجب أن يتم شراء المواد الخام قبل البدء في عملية الإنتاج حتى لا تتعطل العملية الإنتاجية ويجب أن يتم شراء المواد حسب درجة الجودة المطلوبة، ويفيد في تحديد

كمية المواد المطلوبة بطاقات التكلفة المعيارية إذا كانت متوفرة لأنها تحتوي على كمية المواد الخام اللازمة لإنتاج وحدة المنتج.

بدراسة الجدول (٦-٥) نجد أن احتياجات المنتج أ قد حددت بضرب عدد وحدات الإنتاج كما في جدول (٦-٣) في ٢ كغم وبنفس الطريقة حددت احتياجات المنتج ب بضرب عدد وحدات الإنتاج كما في جدول (٦-٤) في ٣ كغم لأن وحدة المنتج أ تحتاج إلى ٢ كغم من المادة س وأن وحدة المنتج ب تحتاج إلى ٣ كغم من هذه المادة. فمثلاً من الجدول (٦-٤) فإن كمية الإنتاج في الربع الأول هي ٧٧٠٠ وحدة وأن كل وحدة منه تحتاج إلى ٣ كغم. لذلك فإن احتياجات المنتج أ في الربع الأول هي ٢٣,١٠٠ كغم من المادة س. وحدد مخزون آخر المدة لكل ربع سنة بضرب احتياجات الربع التالي له من المادة س في ٤٠% لأن الإدارة ترغب أن يكون مخزون المواد الخام آخر المدة كل ربع بما يساوي ٤٠% من احتياجات الربع التالي له. فمثلاً بلغ مخزون آخر المدة في الربع الأول ٢٠٨٦٠ لأننا ضربنا احتياجات الربع الثاني وقدرها ٥٢١٥٠ في ٤٠% أما مخزون أول المدة للربع الأول وقدره ١٥,٠٠٠ كغم فقد ورد في المعلومات المعطاة وأن مخزون أول المدة في أي ربع تال له تساوي مخزون آخر المدة في الرابع السابق له.

في عمود الإجمالي كان رقم بضاعة آخر المدة يمثل مخزون بضاعة آخر ربع في السنة أما مخزون أول المدة فإنه يمثل مخزون أول ربع في السنة أما الأرقام الأخرى وهي احتياجات الإنتاج فهي مجموع الكمية اللازمة في كل ربع من السنة، وقد حددت الأرقام الواردة في السطر الأخير من الجدول وهي تكلفة المشتريات بضرب المشتريات في سعر الشراء وهو ١ دينار.

جدول رقم (٦-٥)

موازنة مشتريات المادة س للسنة المالية المنتهية في ٣١/١٢-١-٢٠

	الربــع				
	الأول	الثاني	الثالث	الرابع	الاجمالي
المادة الخام س:					
احتياجات المنتج أ (٣كغم)	١٩٦٠٠	٢٢٩٠٠	٢٣٥٠٠	٢٤,٠٠٠	٩٠,٠٠٠
احتياجات المنتج ب (٣كغم)	٢٣١٠٠	٢٩٢٥٠	٣٢٧٠٠	٢٨٩٥٠	١١٤,٠٠٠
إجمالي الاحتياجات الإنتاج	٤٢٧٠٠	٥٢١٥٠	٥٦٢٠٠	٥٢٩٥٠	٢٠٤,٠٠٠
+ مخزون آخر المدة	٢٠٨٦٠	٢٢٤٨٠	٢١١٨٠	٢٥,٠٠٠	٢٥,٠٠٠
إجمالي الاحتياجات	٦٣٥٦٠	٧٤٦٣٠	٧٧٣٨٠	٧٧٩٥٠	٢٢٩,٠٠٠
- مخزون أول المدة	١٥,٠٠٠	٢٠٨٦٠	٢٢٤٨٠	٢١١٨٠	١٥,٠٠٠
كمية المشتريات	٤٨٥٦٠	٥٣٧٧٠	٥٤٩٠٠	٥٦٧٧٠	٢١٤,٠٠٠
× السعر	١	١	١	١	١
تكلفة المشتريات	٤٨٥٦٠	٥٣٧٧٠	٥٤٩٠٠	٥٦٧٧٠	٢١٤,٠٠٠

موازنة الأجور المباشرة : *Direct labor Budget*

الأجور المباشرة هي الأجور التي تبذل في إنتاج وحدات المنتج لذلك فإن نقطة البداية في إعدادها هي تحديد عدد الوحدات التي سيتم إنتاجها من كل منتج من منتجات المنشأة خلال فترة الموازنة وهذه متوفرة لدينا في الجدول (٦-٣) و (٦-٤) وبضرب الزمن اللازم لكل وحدة في عدد الوحدات يتحدد الوقت المباشر اللازم لإنتاج كميات الوحدات الواردة في موازنة الإنتاج، ويمكن تحديد الزمن اللازم لإنتاج الوحدة بدراسة الحركة والزمن أو بتحديد متوسط عدد الوحدات التي يمكن إنتاجها في ساعة العمل، ويحدد معدل أجر الساعة بدراسة تكلفة الأجور الفعلية وتعديلها بما يتوقع حدوثه خلال فترة العمل المقبلة من دوران للعمال وترقيات وتعديل لرواتبهم ثم بعد ذلك يحدد المعدل بقسمه المبلغ الإجمالي للأجور

على عدد ساعات العمل، ويفضل أن يتم حساب معدل أجر الساعة لكل مركز عمل على حده وليس لكل عامل على حدة.

وفي المعلومات المعطاة افترضنا أن وحدة المنتج أ تحتاج إلى نصف ساعة عمل مباشر بينما تحتاج وحدة المنتج ب إلى ٢ ساعة عمل مباشرة وأن معدل أجر ساعة العمل هو ١ دينار وفي ضوء هذه المعلومات وكمية الإنتاج فإن موازنة تكلفة الأجور المباشرة تم إعدادها كما في الجدول (٦-٦).

جدول (٦-٦)

موازنة الأجور المباشرة للسنة المالية المنتهية في ٢٠٠١/١٢/٣١

	الربع				
	الأول	الثاني	الثالث	الرابع	الخامس
المنتج أ:					
كمية الإنتاج (جدول ٦-٣)	٩٨٠٠	١١٤٥٠	١١٧٥٠	١٢,٠٠٠	٤٥,٠٠٠
ضرب ١/٢ ساعة للوحدة	٤٩٠٠	٥٧٢٥	٥٨٧٥	٦٠٠٠	٢٢٥٠٠
المنتج ب:					
كمية الإنتاج (جدول ٦-٤)	٧٧٠٠	٩٧٥٠	١٠٩٠٠	٩٦٥٠	٣٨,٠٠٠
ضرب ٢ ساعة للوحدة	١٥٤٠٠	١٩٥٠٠	٢١٨٠٠	١٩٣٠٠	٧٦,٠٠٠
إجمالي ساعات العمل المباشر	٢٠٣٠٠	٢٥٢٢٥	٢٧٦٧٥	٢٥٣٠٠	٩٨٥٠٠
× السعر	١	١	١	١	١
تكلفة الأجور المباشرة	٢٠٣٠٠	٢٥٢٢٥	٢٧٦٧٥	٢٥٣٠٠	٩٨٥٠٠

موازنة المصروفات الصناعية غير المباشرة:

Manufacturing Overhead Budget

تحتوي هذه الموازنة على تقدير للمصروفات الصناعية التي لم يتم تقديرها ضمن موازنة المواد المشتراة وموازنة الأجور المباشرة، لتحقيق أهداف محاسبة المسؤولية يجب إعداد هذه الموازنة لكل قسم أو وحدة إدارية على حدة، وكذلك

يجب فصل هذه البنود إلى متغيرة وثابتة لخدمة أغراض رقابة التكاليف عـن طريـق استخدام الموازنة المرنة.

وفي العادة يتم تقدير هذه التكاليف لمستوى النشاط العادي وبعد تقدير هـذه التكاليف يتم حساب معدل تحميل الأعباء الإضافية وذلك بقسمة إجمالي قيمتها على عدد وحدات النشاط ويمكن أن تظهر موازنة المصروفات الصناعية غير المباشرة (الأعباء الإضافية) كما في الجدول (٦-٧).

جدول رقم (٦-٧)

موازنة الأعباء الإضافية عن السنة المنتهية في ٢٠-١/١٢/٣١

المبلغ	البيـــان
٦٠,٠٠٠	الأجور غير المباشرة
٤٥,٠٠٠	زيوت ووقود وقوى محركة
٤٤,٠٠٠	مواد ومهمات متنوعة
١٥,٠٠٠	صيانة وقطع غيار
١٧٥٠٠	استهلاك الآلات
١٠,٠٠٠	الإيجار
١٢,٥٠٠	ضرائب ورسوم على المصنع
٢,٨٥٠	مصروفات نقل عمال، وغذاء
٢٠٦٨٥٠	إجمالي المصروفات الصناعية

وعند استخدام ساعات العمل المباشرة كأساس لقياس الطاقـة العاديـة، وأن ساعات الطاقة هـي ٩٨٥٠٠ ساعة عمل مباشرة كما ظهـرت في موازنـة الأجـور المبـاشرة، عنـدها يكـون معـدل تحميل الأعباء الإضافية: هو ٢,١د (= ٢٠٦٨٥٠ /٩٨٥٠٠ ساعة).

وإذا تم فصل هذه التكاليف إلى متغيرة وثابتة كما ذكرنا في الفصل الثالث فإنه يمكن إعداد موازنة هذه التكاليف لعدة مستويات نشاط أو التعبير عنها باستخدام معادلة جبرية تأخذ الشكل الآتي:

إجمالي التكاليف = التكاليف الثابتة + التكلفة المتغير لوحدة النشاط × عدد وحدات النشاط

بطاقة تكلفة الوحدة المنتجة:

بعد تقدير المواد والأجور والأعباء الصناعية الإضافية فإنه يفضل إعداد بطاقة تكلفة الوحدة المنتجة لتسهيل تحديد تكلفة مخزون آخر المدة وتكلفة البضاعة المباعة والوفاء بالاستخدامات الأخرى، وهي كما في الشكل (٦-٨) فبدراسة هذا الجدول نجد أن وحدة المنتج أ تحتاج إلى ٢كغم من المادة س وأن سعر الكيلو غرام هو دينار واحد إذن تكلفة المواد المباشرة تصبح دينارين، وتحتاج إلى ٠,٥ ساعة عمل مباشر وأن أجر الساعة الواحد، هي واحد دينار وأن معدل التحميل للأعباء الصناعية هو ٢,١ إذن يكون نصيب وحدة المنتج أ من الأعباء الإضافية ١,٠٥ د (٢,١ × ٠,٥). وبنفس الطريقة تحدد تكلفة وحدة المنتج ب.

جدول (٦-٨)

بطاقة تكلفة وحدة المنتج أ و ب

بيان	السعر	المنتج أ		المنتج ب	
		كمية	قيمة	كمية	قيمة
مادة خام س بالكيلو	١	٢	٢	٣	٣
ساعات عمل مباشرة	١	٠,٥	٠,٥	٢	٢
اعباء إضافية	٢,١	٠,٥	١,٠٥	٢	٤,٢
التكلفة الصناعية للوحدة			٣,٥٥		٩,٢

قائمة تكلفة البضاعة التامة الصنع:

تقوم هذه القائمة على تلخيص تكاليف الإنتاج في قائمة واحدة وهذه القائمة مناظرة لقائمة تكلفة البضاعة التامة الصنع التي يتم إعدادها في حالة استخدام التكلفة الفعلية ويتم الحصول على الأرقام اللازمة لها من موازنات الإنتاج، والمشتريات والأجور المباشرة والأعباء الإضافية أو من بطاقة تكلفة وحدة المنتج وهي كما في الجدول (٦-٩) .

جدول رقم (٦-٩)

موازنة تكلفة البضاعة التامة الصنع

مواد خام أول المدة	١٥,٠٠٠
مشتريات (جدول ٦-٥)	٢١٤,٠٠٠
المواد المتاحة للاستخدام	٢٢٩,٠٠٠
مواد خام آخر المدة (جدول ٦-٥)	٢٥,٠٠٠
المواد المباشرة	٢٠٤,٠٠٠
الأجور المباشرة (جدول ٦-٦)	٩٨٥٠٠
الأعباء الصناعية (جدول ٦-٧)	٢٠٦٨٥٠
تكاليف صناعية لفترة الموازنة	٥٠٩,٣٥٠
التغير في الإنتاج تحت التشغيل	----
تكلفة الإنتاج التام للفترة الجارية	٥٠٩,٣٥٠

ويمكن التحقق من دقة القائمة السابقة باستخدام بطاقة تكلفة الوحدة وجدول الإنتاج:

تكاليف إنتاج المنتج أ = ٣,٥٥ د (تكلفة الوحدة) × ٤٥,٠٠٠ وحدة = ١٥٩٧٥٠

تكاليف إنتاج المنتج ب = ٩,٢ د (تكلفة الوحدة) × ٣٨,٠٠٠ وحدة = ٣٤٩,٦٠٠

تكاليف الإنتاج للفترة الجارية ٥٠٩,٣٥٠ د

موازنات المصروفات البيعية والإدارية:

يخصص لكل وحدة إدارية أو منطقة جغرافية موازنة مستقلة وعند تقديرها يجب مراعاة سلوك مصروفات هذه الإدارات وتقسيمها إلى ثابتة ومتغيرة لأن ذلك يسهل عملية التقدير ويعمل على زيادة فاعلية رقابة هذه المصروفات. ولوجود العديد من الإدارات الفرعية في المنشآت الكبيرة ضمن الوظائف البيعية والإدارية يجب أن تعد موازنة لكل واحدة منها للوفاء بمتطلبات محاسبة المسؤولية. وبعد إعداد هذه الموازنات الفرعية يتم تجميعها حسب خطوط السلطة والمسؤولية حتى نصل إلى موازنة لكل من وظيفة التسويق والوظيفة الإدارية وللتسهيل سنفترض أن مجموع تقديرات الموازنات الفرعية هي كما تظهر في الجدول (٦-١٠).

جدول (٦-١٠)

موازنة المصروفات البيعية والإدارية

المبلغ	البيـان
٢٣،٢٠٠	مرتبات إدارة المبيعات
٢٥،٠٠٠	مرتبات الإدارة العامة
٢،٢٠٠	قرطاسية ومطبوعات
٦،٤٠٠	بريد وبرق وهاتف
١٠،٠٠٠	مواصلات وسفر
١٤،٠٠٠	استهلاك معدات وأدوات
٨،٠٠٠	إيجار
١،٢٠٠	رسوم ورخص حكومية
٩٠،٠٠٠	إجمالي المصروفات

قائمة الدخل التقديرية *Budgeted Income Statement:*

يمكن إعداد هذه الموازنة لكل ربع وللسنة ككل ولكن للتبسيط سوف نعدها سنوياً، تأخذ هذه القائمة شكل قائمة الدخل التقليدية التي تعدها محاسبة التكاليف الفعلية والاختلاف الوحيد بينهما هو أن قائمة الدخل التقديرية تحتوي على أرقام تقديرية، ويعطي الجدول (٦-١١) هذه القائمة. ولتسهيل تفسير الأرقام الواردة في هذه القائمة فقد تم ذكر أرقام الجداول التي تم الحصول منها على هذه الأرقام فمثلاً إذا رجعنا إلى الجدول رقم (٦-٢) نجد أن يعطي قيمة المبيعات المتوقعة.

الشكل (٦-١١)

قائمة الدخل التقديرية عن السنة المنتهية في ٢٠-١/١٢/٣١

الإيرادات (جدول (٦-٢)		٦١٩,٥٠٠
يطرح : تكلفة البضاعة المباعة		
بضاعة تامة الصنع أول المدة (معلومة معطاة)	١٩٩٢٩	
بضاعة تامة الصنع خلال الفترة الجارية (جدول ٦-٩)	٥٠٩,٣٥٠	
البضاعة المتاحة للبيع	٥٢٩,٢٧٩	
بضاعة آخر المدة	٤٥,٣٥٠	
تكلفة البضاعة المباعة		٤٨٣,٩٢٩
مجمل الربح		١٣٥,٥٣١
يطرح: مصروفات بيعية وإدارية جدول (٦-١٠)	٩٠,٠٠٠	
ديون معدومة (جدول ٦-١٢)	٨,١٤٠	
فوائد (جدول ٦-١٤)	٢٥٨٠	
إجمالي المصروفات		١٠٠٧٢٠
صافي الربح		٣٤٨٥١

الموازنة النقدية *Cash Budget*

تهدف هذه الموازنة إلى تحديد قيمة المقبوضات النقدية والمدفوعات النقدية خلال فترة الموازنة وتحديد الفرق بينهما وهذا يسمح للإدارة باستثمار الأموال الفائضة عن الحاجة وتدبير الأموال قبل الاحتياج لها بوقت كاف، وهنا يجب أن نلاحظ أننا نهتم فقط بحركة النقدية لذلك يجب استبعاد أي مصروف غير نقدي تحتويه الموازنات السابقة كالاستهلاك والمصروفات والإيرادات المستحقة من المدفوعات النقدية.

تتوقف قيمة المقبوضات النقدية على نسبة المبيعات الأجله إلى إجمالي المبيعات وعلى سياسات الائتمان والتحصيل التي تتبناها المنشأة، وكذلك تتوقف المدفوعات إلى الدائنين على قدرة المنشأة وسمعتها أمامهم، ولبيان كيفية إعداد الموازنة النقدية افترض المعلومات الآتية بالإضافة إلى البيانات الأخرى الواردة في هذا الفصل:

١. تقوم المنشأة ببيع ٢٥% من مبيعاتها نقداً والباقي على الحساب وأنه يتوقع أن يتم تحصيل المبيعات الآجلة كالتالي:

٥٠% في الربع الذي يتم فيه البيع.

٣٠% في الربع التالي لربع البيع.

١٨% في الربع الثاني لربع البيع.

٢% ديون معدومة ويتم إعدامها في نهاية الربع الثاني لربع البيع.

٢. تقوم الشركة بدفع قيمة مشتريات المواد الخام على دفعتين الأولى في الربع الذي يتم فيه الشراء والنصف الثاني في الربع التالي أما المصروفات الأخرى فتدفع في شهر حدوثها.

٣. إن رصيد المدينين أول المدة يتكون من ٢٠,٠٠٠د عن مبيعات الربع الثالث من السنة السابقة ٥٠,٠٠٠د مبيعات الربع الرابع في السنة السابقة.

٤. يبلغ رصيد الدائنين أول المدة ٢٥,٠٠٠ دينار وهو يمثل ثمن المواد الخام في الربع الرابع من السنة السابقة.

موازنة المقبوضات النقدية *Cash Receipt Budget*:

يتم تحديد قيمة المقبوضات النقدية بالرجوع إلى موازنة المبيعات الواردة في جدول رقم (٦-٢) ولتحديد قيمة المبيعات وتطبيق التوقعات السابقة الخاصة بالمبيعات ، ويظهر هذا الجدول كما في الشكل (٦-١٢) .

جدول رقم (٦-١٢)

جدول المقبوضات النقدية عن السنة المنتهية في ٢٠٠١/١٢/٣١

	الربع				
	الأول	الثاني	الثالث	الرابع	الإجمالي
المبيعات (٦-٢)	١٢٢,٠٠٠	١٥٤,٠٠٠	١٨٩,٠٠٠	١٥٤,٥٠٠	
٢٥% مبيعات نقدية	٣٠٥٠٠	٣٨,٥٠٠	٤٧,٢٥٠	٣٨,٦٢٥	
مبيعات آجلة :					
٥٠% تحصل في ربع البيع	٤٥,٧٥٠	٥٧,٧٥٠	٧٠,٨٧٥	٥٧,٩٣٨	
٣٠% تحصل في الربع التالي	٣٠,٠٠٠	٢٧,٤٥٠	٣٤,٦٥٠	٤٣,٨٢٥	
١٨% تحصل في الربع الثاني	١٨,٠٠٠	١٨,٠٠٠	١٦,٤٧٠	٢٠,٧٩٠	
إجمالي المتحصلات النقدية	١٢٤,٢٥٠	١٤١,٧٠٠	١٦٩,٢٤٥	١٥٩,٨٧٨	٥٩٥,٠٧٣
٢% ديون معدومة	٢٠٠٠	٢,٠٠٠	١٨٣٠	٢,٣١٠	٨١٤٠

ولبيان طريقة إعداد جدول المقبوضات النقدية سوف نتتبع مبيعات الربع الأول وقدرها ١٢٢,٠٠٠د وهذه يتم تحصيلها كالتالي:

١- المبيعات النقدية = ١٢٢,٠٠٠ ×٢٥% = ٣٠٥٠٠ دينار.

٢- المبيعات الآجلة = ١٢٢,٠٠٠- ٣٠٥٠٠= ٩١٥٠٠، وهذه يتم تحصيلها كالتالي:

- ٤٥٧٥٠د (= ٩١٥٠٠×٥٠%) في الربع الأول.
- ٢٧٤٥٠ (= ٩١٥٠٠×٣٠%) في الربع التالي.
- ١٦٤٧٠د (=٩١٥٠٠×١٨%) في الربع الثالث.
- ١٨٣٠د (=٩١٥٠٠×٢%) ديون معدومة في الربع الثالث.

أما بالنسبة لرصيد المدينين عن الربع الثالث من السنة السابقة وقدره ٢٠,٠٠٠د فإنه يمثل ٢٠% من المبيعات الآجلة لذلك الربع لأنه في الربع الثالث من السنة السابقة تم تحصيل ٥٠% من المبيعات الآجلة وفي الربع الرابع من نفس السنة تم تحصيل ٣٠% وبالتالي بقي في نهاية السنة ٢٠% وهذا المبلغ يقسم بنسبة ١٨%:٢% لذلك فإن المبلغ المحصل نقداً في الربع الأول من السنة الجارية يساوي ١٨٠٠٠ دينار(٢٠,٠٠٠ ×٢٠/١٨) وأن الباقي وقدرة ٢٠٠٠دينار يعتبر ديوناً معدومة، وبالأسلوب نفسه نجد أن ٥٠% من المبيعات الآجله في الربع الرابع من السنة السابقة لم يتم تحصيلها ويتوقع تحصيلها في السنة الجارية بنسبة ٣٠%:١٨%:٢% في الربع الأول والربع الثاني والباقي يعتبر ديوناً معدومة على التوالي.

أما بالنسبة للمبيعات الآجلة في الربع الثالث من العام الجاري سيبقى منها ٢٠% رصيد بدون تحصيل يتوقع تحصيلها أو إعدامها في الربع الأول من العام القادم وهذا المبلغ يساوي ٢٨٣٥٠ (١٨٩,٠٠٠ ×٧٥%×٢٠%) وكذلك سيبقى ٥٠% من المبيعات الآجلة للربع الرابع من السنة الجارية بدون تحصيل وقيمتها ٥٧٩٣٨ (١٥٤,٥٠٠ ×٧٥%×٥٠%) ، لذلك فإن رصيد المدينين في آخر المدة يساوي (٢٨٣٥٠ + ٥٧٩٣٨) = ٨٦٢٨٨ وهذا سوف يظهر في الميزانية العمومية التقديرية.

موازنة المدفوعات النقدية:

يحتوي هذا الجدول على المبالغ التي يتوقع دفعها خلال فترة الموازنة ويضم الدفعات الخاصة بالمصروفات التشغيلية والرأسمالية الأرباح الموزعة على أصحاب المنشأة. ولإعداد هذه الموازنة يجب البدء بدراسة موازنات المصروفات التي تم إعدادها حتى الآن لتحديد المصروفات وتوقيت دفعها وعليه يتم إعداد هذه الموازنة كما في الشكل (٦-١٣).

في السطر الأول من جدول (٦-١٣) تظهر المشتريات الآجلة كما ظهرت في موازنة المشتريات ولأن ثمن هذه المشتريات يسدد بواقع ٥٠% في الربع الذي يتم فيه الشراء ويسدد الباقي في الربع التالي له لذلك كان المسدد في الربع الأول ٢٤٢٨٠ ونفس المبلغ يسدد في الربع الثاني، وكذلك تم تسديد ٢٥,٠٠٠دينار في الربع الأول عن رصيد الدائنين في أول المدة وتم الحصول على هذا الرقم من المعلومات المعطاة، وبالنسبة لمشتريات الربع الأخير يسدد نصفها ويبقى نصفها الآخر بدون تسديد وقد تم الحصول على المبلغ المعنون باسم الأجور المباشرة من موازنة الأجور المباشرة وأن هذه الأجور تسدد في الربع الذي تستحق به أما بالنسبة للمصروفات الصناعية والمصروفات البيعية والإدارية فقد تم الحصول عليهما من موازناتها بعد طرح الاستهلاك وقسمة الباقي على ٤ على افتراض أن هذه المصروفات تحدث بانتظام ويتم الحصول على ثمن الآلة من الموازنة الرأسمالية .

جدول رقم (٦-١٣)

موازنة المدفوعات النقدية

	الربـع				
	الأول	الثاني	الثالث	الرابع	الإجمالي
المشتريات (جدول ٦-٥)	٤٨٥٦٠	٥٣٧٧٠	٥٤٩٠٠	٥٦٧٧٠	٢١٤٠٠٠
المدفوعات في ربع الشراء	٢٤٢٨٠	٢٦٨٨٥	٢٧٤٥٠	٢٨٣٨٥	١٠٧,٠٠٠
المدفوعات في الربع الثاني	٢٥,٠٠٠	٢٤٢٨٠	٢٦٨٨٥	٢٧٤٥٠	٢٠٣٦١٥
الأجور المباشرة (٦-٦)	٢٠٣٠٠	٢٥٢٢٥	٢٧٦٧٥	٢٥٣٠٠	٩٨٥٠٠
مصروفات صناعية نقدية (٦-٧)	٤٧٣٣٧	٤٧٣٣٧	٤٧٣٣٨	٤٧٣٣٨	١٨٩٣٥٠
مصروفات بيعية وإدارية (٦-١٠)	١٩,٠٠٠	١٩٠٠	١٩,٠٠٠	١٩٠٠٠	٧٦,٠٠٠
اجمالي المصروفات التشغيلية	١٣٥٩١٧	١٤٢٧٢٧	١٤٣٤٨	١٤٧٤٧٣	٥٧٤,٤٦٥
مدفوعات أخرى:					
ثمن الآلة	١٥,٠٠٠				١٥,٠٠٠
ضريبة دخل عن السنة السابقة	٠٠٠	٠٠٠	٥,٠٠٠	٠٠٠	٥,٠٠٠
	١٥٠٩٢٧	١٤٢٧	١٥٣٣٤٨	١٤٧٤٧٣	٥٩٤٤٦٥

الموازنة النقدية *Cash Budget:*

بعد تحديد المقبوضات النقدية والمدفوعات النقدية يتم إعداد الموازنة النقدية وقد تحتوي هذه الموازنة على الموازنتين السابقتين ولكن للتبسيط تم إعدادهما في جداول مستقلة لذلك تم تمثيل تلك الموازنات في الموازنة النقدية بسطرين كما في الشكل (٦-١٤)، لإعداد هذه الموازنة افترضنا بأن رصيد النقدية في أول المدة هو ١٠,٠٠٠د وأن المنشأة ترغب في الاحتفاظ بهذا المبلغ كحد أنى وأنها تقترض بمكرر مبلغ ١٠٠٠دينار عند حدوث عجز في النقدية كما تسدد بمكرر مبلغ ١٠٠٠ دينار ويتم الاقتراض في بداية الربع الذي يظهر فيه العجز ويتم السداد في نهاية الربع الذي تتوفر فيه نقدية.

جدول رقم (٦-١٤)

الموازنة النقدية عن السنة المنتهية في ٣١/١٢/١-٢٠

	الربـــع				الإجمالي
	الأول	الثاني	الثالث	الرابع	
رصيد النقدية	١٠,٠٠٠	١٠٣٣٣	١٠٣٠٦	١٠٩٤٣	
المقبوضات النقدية	١٢٤,٢٥٠	١٤١,٧٠٠	١٦٩,٢٤٥	١٥٩,٨٧٨	٥٩٥,٠٧٣
إجمالي النقدية المتاحة	١٣٤,٢٥٠	١٥٢,٠٣٣	١٧٩,٥٥١	١٧٠,٨٢١	
المدفوعات النقدية	١٥٠,٩٧١	١٤٢,٧٢٧	١٥٣,٣٤٨	١٤٧,٤٧٣	٥٦٤٤٦٥
الحد الأدنى للنقدية	١٠,٠٠٠	١٠,٠٠٠	١٠,٠٠٠	١٠,٠٠٠	
النقدية المطلوبة	١٦٠,٩١٧	١٥٢,٧٢٧	١٦٣,٣٤٨	١٥٧,٨٧٨	
الزيادة (النقص) في النقدية	(٢٦,٦٦٧)	(٦٩٤)	١٦,٢٠٣	١٢,٩٤٢	
التمويل :					
الاقتراض	٢٧,٠٠٠	١,٠٠٠			٢٨,٠٠٠
السداد	...	....	(١٤,٠٠٠)	(١١,٠٠٠)	(٢٥,٠٠٠)
فوائد ١٢%	...	...	(١,٢٦٠)	(١,٣٢٠)	(٢,٥٨٠)
إجمالي أثر التمويل	٢٧,٠٠٠	١,٠٠٠	(١٥,٢٦٠)	(١٢,٣٢٠)	
رصيد النقدية	١٠,٣٣٣	١٠,٣٠٦	١٠,٩٤٣	١١,٠٢٨	

وأن فوائد الاقتراض ١٢% سنوياً، وتدفع عند السداد، بالنظر إلى هذه الميزانية نجد أنه قد حدث عجزاً في النقدية في الربع الأول مقداره ٢٦,٦٦٧ دينار لذلك تم اقتراض مبلغ ٢٧,٠٠٠ دينار لأنه يجب الاقتراض بمكرر مبلغ ١٠٠٠دينار. وفي الربع الثاني تم اقتراض ١٠٠٠ دينار وفي الربع الثالث كان فائض النقدية ١٦٢٠٣د، وهذا يمثل أقصى مبلغ يمكن سداده وباعتبار الفائدة على المبلغ المسدد يجب أن لا يزيد مجموعهما عن ١٦٢٠٣ د وبالتجربة والخطأ نجد أن المبلغ الذي يجب سداده هو ١٤,٠٠٠ دينار لأنه لو دفع مبلغ ١٥,٠٠٠ دينار سيكون رصيد النقدية أقل من ١٠,٠٠٠د، وهذا غير مسموح به، هذا وقد حسبت الفائدة على المبلغ المسدد عن فترة ٣ ارباع السنة كالتالي:

١٤,٠٠٠ × ٣ × ١٢%

-------- = ١٢٦٠ دينار

٤

ويحسب رصيد النقدية بطرح المدفوعات النقدية من إجمالي النقدية المتاحة وتعديل الرقم الناتج برقم إجمالي أثر التمويل.

الميزانية العمومية التقديرية *Budgeted Balance Sheet*

الميزانية العمومية التقديرية كما في ٢٠٠١/١٢/٣١

البيان	الملاحظة	١٩٠١/١٢/٣١	١٩٠٠/١٢/٣١
الأصول			
النقدية (الموازنة النقدية جدول (٦-١٤)	(١)	١١٠٢٨	١٠,٠٠٠
المدينون بالاجمالي في موازنة المقبوضات جدول (٦-١٢)	(٢)	٨٦,٢٨٧	٧٠,٠٠٠
مواد خام (موازنة المشتريات جدول (٦-٥)	(٣)	٢٥,٠٠٠	١٥,٠٠٠
إنتاج تام (جدول ٦-١)	(٤)	٤٥٣٥٠	١٩,٩٢٩
أصول ثابتة بالصافي ١١٥,٠٠٠- (١٧٥٠٠+١٤,٠٠٠٠)	(٥)	٨٣٥٠٠	١٠٠,٠٠٠
		٢٥١,١٦٥	٢١٤,٩٢٩
الخصوم وحقوق الملكية			
دائنون	(٦)	٢٨٣٨٥	٢٥,٠٠٠
ديون أخرى	(٧)	٤٥,٠٠٠	٥٠,٠٠٠
رأس المال	(٨)	١٣٩٩٢٩	١٣٩٩٢٩
أرباح السنة الجارية (جدول ٦-١١)	(٩)	٣٤٨٥١	
قروض بنكية (= ٢٨,٠٠٠ -٢٥,٠٠٠)	(١٠)	٣,٠٠٠	...
		٢٥١١٦٥	٢١٤٩٢٩

يتم إعداد هذه الموازنة باستخدام الميزانية العمومية أول المدة وتعديل أرصدتها نتيجة حركة الموازنات التشغيلية ولبيان مصدر الحصول على الأرقام الواردة في الموازنة التقديرية خصصت ملاحظة لكل رقم منها وهي كالتالي:

١. النقدية وقد تم الحصول عليها من جدول (٦-١٤).

٢. المدينون وتم الحصول عليهم من جدول (٦-١٢).

٣. مواد خام وتم الحصول عليها من جدول (٦-٥).

٤. إنتاج تام وتم الحصول عليها من جدول (٦-٩).

٥. الأصول الثابتة تم جمع مشتريات الأصول خلال العام مع رصيد أول المدة وطرح مخصص الاستهلاك.

٦. الدائنون تم الحصول عليها من جدول (٦-١٣).

٧. تم تخفيض المبلغ المدفوع للضريبة من أصل الدين وإدراج المبلغ في موازنة (٦-١٣).

٨. راس المال لم يحدث عليه تغيير.

٩. الأرباح وتم الحصول عليها من قائمة الدخل التقديرية جدول (٦-١١).

١٠. قروض بنكية وتم الحصول عليها من الموازنة النقدية جدول (٦-١٤).

<u>مثال محلول:</u>

كانت خطة إحدى الشركات لشهر آذار كالتالي:

المبيعات المتوقعة خلال الشهر ٥٠٠,٠٠٠ دينار وكل هذه المبيعات على الحساب ويتوقع تحصيلها على شهرين حيث يحصل منها ٦٠% في شهر البيع وهو شهر آذار، ٤٠% في الشهر الثاني وهو شهر نيسان. وكان رصيد المدينين أول المدة ١٥٠,٠٠٠ دينار وهو يمثل المبيعات الآجلة لشهر شباط.

ويبلغ مخزون البضاعة في أول المدة ٥٠,٠٠٠ دينار وتخطط الشركة زيادته بمبلغ ٢٠,٠٠٠دينار في نهاية شهر آذار .ويتم شراء هذه البضاعة من السوق

المحلية وتبلغ تكلفة الوحدة المشتراه ٧٠% من سعر بيعها. وتبلغ المصروفات التسويقية والإدارية المختلفة لشهر آذار ٥٠,٠٠٠ دينار ومن سياسة الشركة أنها تقوم بدفع تكلفة المشتريات والمصروفات الإدارية والتسويقية في شهر حدوثها.

ويبلغ مصروف الاستهلاك الشهر آذار ٣٠,٠٠٠ دينار.

المطلوب: ١. تحديد المقبوضات والمدفوعات النقدية عن شهر آذار.

٢. إعداد قائمة الدخل لشهر آذار.

موازنة المقبوضات النقدية عن شهر آذار

٣٠٠,٠٠٠	مقبوضات من مبيعات شهر آذار ٥٠٠,٠٠٠ × ٦٠%:
١٥٠,٠٠٠	مقبوضات من مبيعات شهر شباط
٤٥٠,٠٠٠	إجمالي المقبوضات النقدية

موازنة المشتريات

٣٥٠,٠٠٠	تكلفة البضاعة المباعة ٥٠٠,٠٠٠×٧٠%
٧٠,٠٠٠	زائد بضاعة تامة آخر المدة
(٥٠,٠٠٠)	ناقص بضاعة أول المدة
٣٧٠,٠٠٠	تكلفة المشتريات

موازنة المدفوعات النقدية:

٣٧٠,٠٠٠	- تكلفة المشتريات
٤٢٠,٠٠٠	- مصروفات تسويقية

قائمة الدخل

٥٠٠,٠٠٠	المبيعات
٣٥٠,٠٠٠	تكلفة المبيعات ٥٠٠,٠٠ × ٧٠%
١٥٠,٠٠٠	مجمل الربح
٥٠,٠٠٠	مصروفات إدارية
٣٠,٠٠٠	استهلاك
٧٠,٠٠٠	صافي الربح

الخاتمـــة

في هذا الفصل تم تغطية موضوع الموازنة التقديرية ودورها في عملية التخطيط وتبين أنها تمثل خطة العمل للفترة المقبلة، وتم إعداد الموازنة التقديرية لشركة صناعية لإيضاح كيف يمكن إعداد هذه الموازنة وتم التركيز على علاقة الموازنات التشغيلية والموازنات المالية وكيفية إعداد كل الجداول المالية. ولم يتعرض الفصل لاستخدام الموازنة في وظيفة الرقابة لأن ذلك يدخل ضمن تركيز مادة محاسبة التكاليف المعيارية.

وفي نهاية الفصل تم ربط الموازنات التشغيلية المختلفة مع الموازنات المالية وتم إعداد قائمة الدخل التقديرية والميزانية العمومية التقديرية وقائمة الموازنة النقدية التقديرية.

أسئلة وتمـــارين

السؤال الأول: عرف ما هي الموازنة التخطيطية؟

السؤال الثاني: ما هي مزايا استخدام الموازنات التخطيطية؟

السؤال الثالث: ما هو الفرق بين الميزانية والموازنة التخطيطية؟

السؤال الرابع: ما هي الموازنة الشاملة والمجموعات التي تتكون منها؟

السؤال الخامس: هل من الأفضل مقارنة التكلفة الفعلية للسنة الجارية مع البيانات الفعلية للسنة السابقة لها أو مع الموازنة ولماذا؟

السؤال السادس: كيف يمكن للمنشأة تقدير قيمة المبيعات وما هي العوامل التي يجب أخذها في الحسبان عند تقدير قيمة المبيعات؟

السؤال السابع: ما هي أهم واجبات لجنة الموازنة؟

السؤال الثامن: يقال أن الموازنة تحتوي على تنبؤات وغالباً لا تتحقق ومن ثم فإن الموازنة مضيعة للوقت ناقش كيف يمكن تحويل الموازنة إلى أداة إدارية فعالة.

السؤال التاسع: تعتبر محاسبة المسؤولية من التطورات الحديثة في المحاسبة بين الإطار العام لهذا النظام وما هو دور الموازنات التخطيطية في زيادة فاعلية النظام.

السؤال العاشر: يقال أن مبدأ المشاركة في إعداد الموازنة ضروري لنجاحها، ناقش هذا المفهوم وكيف يمكن أن يتم تطبيقه عند إعداد الموازنة العامة للدولة في الأردن.

السؤال الحادي عشر: أعدت إحدى الشركات تقديراً لمبيعاتها المقبلة ووجدت أنه بإمكانها بيع ٢٤٠,٠٠٠ وحدة سنوياً وبناء على خبرتها السابقة ترى الإدارة أن يكون مخزون بضاعة آخر المدة مساوياً لمبيعات ثلاثة شهور في السنة الجارية وكان مخزون البضاعة في بداية المدة ٥٠,٠٠٠ وحدة. وأن مبيعات الشركة تحدث بانتظام.

المطلوب: تحديد موازنة الإنتاج.

السؤال الثاني عشر: تقوم إحدى الشركات الصناعية بتصنيع منتج معين، وتتوقع أن تبلغ مبيعات هذا المنتج في العام القادم ٧٥,٠٠٠ وحدة، بالاعتماد على الخبرة الماضية للشركة تم تقدير تكاليف الوحدة خلال الفترة السابقة والجارية من المنتج على النحو التالي:

مواد مباشرة	٤ دينار
أجور مباشرة	٣ دنانير
تكاليف صناعية غير المباشرة	٣ دينار

- تقدر بضاعة آخر المدة بنسبة ٢٠% من مبيعات السنة الجارية وأن بضاعة أول المدة ١٠,٠٠٠ وحدة.

المطلوب:

١- تحديد تكلفة البضاعة المباعة.

٢- تحديد تكلفة الإنتاج التام.

السؤال الثالث عشر: تخطط شركة علاء الدين إعداد الموازنة النقدية لشهر آذار والآتي بعض المعلومات عن حسابات المدينين.

٢٠٠,٠٠٠	- المبيعات الآجلة المتوقعة لشهر آذار (٣)
١٥٠,٠٠٠	- المبيعات الآجلة الفعلية لشهر شباط (٤)

- المتحصلات المتوقعة في شهر آذار من المبيعات الآجلة لشهر آذار %٢٥

- المتحصلات المتوقعة في آذار عن مبيعات شهر شباط %٧٠

- متحصلات متوقعة في آذار عن مبيعات سابقة لشهر شباط ٢٥,٠٠٠د

- ديون معدومة متوقعة في شهر آذار عن المبيعات الآجلة ٥,٠٠٠د

- مخصص ديون معدومة في آذار عن المبيعات الآجلة في آذار ٤,٠٠٠

المطلوب: تحديد المقبوضات النقدية المتوقع الحصول عليها في شهر آذار

(مجمع محاسبين إداريين الأمريكيين)

السؤال الرابع عشر: تقوم إحدى الشركات بإنتاج إحدى المنتجات الصناعية من مادة خام معينة، وتتوقع أن تبلغ مبيعاتها في كل شهر من الأشهر الثلاثة الأولى من السنة ١٥٠,٠٠٠ وحدة شهرياً وكان مخزون الإنتاج التام أول المدة ٣٠,٠٠٠ وحدة ونظراً لارتفاع هذا المخزون ترغب الشركة أن يتناقص هذا المخزون بمقدار ٥٠٠٠ وحدة شهرياً وأن يصل مخزون الإنتاج التام في نهاية الشهر الثالث إلى ٢٠,٠٠٠وحدة وأن لا يزيد عن هذا المستوى.

تحتاج كل وحدة إنتاج إلى ٣ كغم من المواد الخام وكان مخزون المواد الخام أول المدة ٨٠,٠٠٠كغم، وترغب الشركة أن يصل مخزون آخر الفترة من المواد الخام إلى ٢٠% من احتياجات إنتاج الشهر التالي وان يبلغ المخزون في ٣/٣١ ٩٠,٠٠٠ كغم. وأن سعر الكيلو غرام من المواد الخام هو ٣ دنانير ، وأن الشركة تدفع تكلفة مشترياتها على شهرين بواقع ٤٠% في شهر الشراء و ٦٠% في الشهر التالي لشهر الشراء وأن رصيد الدائنين أول المدة ٧٥٠,٠٠٠ دينار.

المطلوب:

١- إعداد موازنة الإنتاج عن الفترة حتى ٣/٣١.

٢- إعداد موازنة مشتريات المواد الخام الشهرية، وموازنة المدفوعات الشهرية للمواد الخام.

السؤال الخامس عشر: توفرت المعلومات الآتية من سجلات إحدى الشركات:

	شهر ٢٠٠٢/١ (فعلي)	شهر ٢٠٠٢/٢ (تقديري)	شهر ٢٠٠٢/٣ (تقديري)
المبيعات النقدية	١٠٠,٠٠٠	١٢٠,٠٠٠	١٤٠,٠٠٠
إجمالي المبيعات الآجلة	٢٥٠,٠٠٠	٣٤٠,٠٠٠	٣٥٠,٠٠٠

وتقوم الشركة بعمل مخصص للديون المعدومة بنسبة ٥% من المبيعات الآجلة وتتوقع تحصيل المبلغ الباقي خلال فترة شهرين بواقع ٦٠% في شهر البيع و٤٠% في الشهر التالي لشهر البيع.

وتقدر تكلفة البضاعة المباعة بنسبة ٦٠% من قيمة المبيعات ويتم شراء كل البضاعة المتوقع بيعها في الشهر السابق لشهر البيع وتخطط الإدارة تكوين مخزون آخر المدة بنسبة ٣٠% من تكلفة مبيعات الشهر التالي، وأن مخزون أول المدة يبلغ ٦٥,٠٠٠ دينار . ويتم الشراء على الحساب ويتم سداد ثمن المشتريات على شهرين، حيث يتم دفع ٢٥% من تكلفة المشتريات في شهر الشراء ويتم دفع الباقي في الشهر التالي. ولم تتغير هذه التوقعات عن توقعات الأشهر السابقة.

المطلوب:

١- تحديد المقبوضات النقدية المتوقعة في شهري ٢٠٠٢/٢،٣.

٢- تحديد المدفوعات النقدية المتوقعة في شهر ٢٠٠٢/٢.

السؤال السادس عشر: ظهرت الأرصدة التالية في ٢٠٠٢/١/١ في سجلات إحدى الشركات التجارية ١٥٠٠٠ د نقدية، ٢٥,٠٠٠د، مخزون بضاعة بالتكلفة ، ٥٩٠٠٠د مدينون، ٢٧,٠٠٠ د دائنون، ٣٨٠٠ مخصص ديون مشكوك فيها وكان رصيد المدينين

يتكون من ٩٠٠٠د غير محصلة من مبيعات شهر ٢٠٠١/١١، ٥٠,٠٠٠د غير محصلة من مبيعات شهر ٢٠٠١/١٢.

وتتوقع الشركة أن تكون مبيعاتها خلال النصف الأول كالتالي (المبلغ بالألف)

الشهر	١	٢	٣	٤	٥	٦
المبيعات	٩٠	٩٥	١١٥	١١٠	٩٥	٩٠

وتحصل الشركة مبيعاتها كالتالي : ٥٠% في شهر البيع، ٤٠% في الشهر التالي، ٨% في الشهر الثاني والباقي يعدم في نهاية الشهر الثاني، يتوقع أن تبلغ تكلفة البضاعة المباعة ٧٠%من قيمة المبيعات، وتدفع الشركة تكلفة المشتريات على شهرين وبنسبة ٦٠% في شهر الشراء والباقي في الشهر الذي يليه، وتخطط الشركة أن يبلغ مخزون بضاعة آخر كل شهر ٧٠% من تكلفة مبيعات الشهر التالي له.

<u>المطلوب:</u>

١- إعداد جدول المقبوضات النقدية عن الفترة من شهر ١ وحتى نهاية شهر ٥.

٢- تحديد قيمة الديون المعدومة خلال الفترة.

٣- تحديد رصيد المدينين في ٥/٣٠ ومخصص الديون المشكوك فيها اللازم عمله.

٤- تحديد المدفوعات النقدية عن الفترة من شهر ١ وحتى نهاية شهر (٥).

السؤال السابع عشر: الآتي بعض المعلومات الخاصة بحسابات إحدى الشركات التجارية كما في ٢٠٠٤/١/١.

النقدية	١٠،٠٠٠
مدينون	٥٨،٧٠٠ منها ٧٥٠٠ من مبيعات شهر ١١، ٥١،٢٠٠ من مبيعات شهر ٢٠٠٣/١٢
بضاعة بالتكلفة	٣٥،٠٠٠
أصول ثابتة بالصافي	١٨٠،٠٠٠
دائنون	٣٢،٠٠٠

وتتوقع الشركة أن تبلغ مبيعاتها عن الخمسة شهور التالية كالتالي

شهر	القيمة بالدينار
كانون ثاني	٧٥،٠٠٠
شباط	٨٠،٠٠٠
آذار	٨٥،٠٠٠
نيسان	٩٠،٠٠٠
أيار	٦٠،٠٠٠

يتوقع أن تبلغ المبيعات النقدية ٢٠% من إجمالي المبيعات والباقي مبيعات آجله وأن يتم تحصيل هذه المبيعات كالتالي: ٢٠% في شهر البيع و ٧٠% بعد شهر من تاريخ البيع وتحصيل ٨% بعد شهرين من تاريخ البيع وأن يتم إعدام ٢% في نهاية الشهر الثاني من تاريخ البيع، تحقق الشركة نسبة مجمل ربح على مبيعاتها قدرها ٤٠% وتخطط أن يكون مخزون آخر الشهر مساوياً لنسبة ٧٠% من تكلفة مبيعات الشهر التالي، وتقوم الشركة بدفع ٥٠% من تكلفة المشتريات في شهر الشراء أما الباقي فتدفعه الشركة في الشهر التالي.

- تبلغ المصروفات التشغيلية النقدية الشهرية كالتالي : ٥٠٠٠ إيجار ، ٤٠٠٠ أجور ومرتبات و٢٠٠٠ مرافق ومصروفات أخرى، ورسوم.

- وتخطط الشركة شراء آلات ومعدات وستدفع من ثمنها مبلغ ٢٥,٠٠٠ دينار في شهر كانون ثاني وستدفع مبلغ ١٥,٠٠٠ في شهر آذار كما يتوقع أن يتم دفع ضريبة الدخل عن عام ٢٠٠٣ في شهر شباط ومبلغها ١٢٠٠٠ دينار,
- هناك رسوم ورخص سنوية مقدارها ١٠٠٠ د تدفع في شهر كانون ثاني.
- ترغب الشركة في الاحتفاظ برصيد نقدية شهرية مقداره ١٠,٠٠٠ دينار وأنه يمكنها الاقتراض والسداد بمكرر مبلغ ١٠٠٠ دينار وأن معدل الفائدة ١٢% سنوياً.

<u>المطلوب:</u>

إعداد الموازنات التي تراها تغطي الفترة حتى ٢٠٠٤/٤/٣٠.

السؤال الثامن عشر: الآتي أرصدة من سجلات شركة أحمد الصناعية كما هي متوفرة في ١/١.

نقدية	١٥,٠٠٠	مدينون	٣٠,٠٠٠
مواد خام بالتكلفة	٢٥,٠٠٠	دائنون	٢٧,٠٠٠

وكانت المبيعات المتوقعة خلال الستة أشهر التالية كما يلي:

كانون ثاني	١٠٠,٠٠٠	نيسان	١٠٠,٠٠٠
شباط	٩٠,٠٠٠	ايار	١١٠,٠٠٠
آذار	١٢٠,٠٠٠	حزيران	٨٠,٠٠٠

- وتقدر المبيعات الآجلة بنسبة ٦٠% من المبيعات المتوقعة، وتتوقع الشركة تحصيل ٥٠% من المبيعات الآجلة في شهر البيع ويتم تحصيل النصف الباقي من المبيعات بعد شهر من تاريخ البيع.
- تبلغ تكلفة المبيعات ٦٠% من قيمة المبيعات المتوقعة وتقوم الشركة بدفع نصف تكلفة المشتريات في شهر الشراء ودفع الباقي في الشهر التالي.

تخطط الإدارة أن تكون بضاعة آخر المدة في نهاية كل شهر ٦٠% من تكلفة البضاعة المبيعة في الشهر التالي.

المطلوب:

١- إعداد موازنة تكلفة البضاعة المباعة عن الربع المنتهي في ٣/٣١.

٢- تحديد المقبوضات والمدفوعات النقدية عن الربع المنتهي في ٣/٣١.

٣- تحديد أرصدة المدينين والدائنين في ٣/٣١ مع العلم بأن أرصدة أول المدة الظاهرة أعلاه ناتجة عن عمليات الشراء أو البيع في ١٢/٣١.

السؤال التاسع عشر: تقوم إحدى الشركات بإنتاج إحدى المنتجات باستخدام مادتي خام هما س ، (ص).

وتحتاج الوحدة إلى ٢ كغم من المادة س، ٤ كغم من المادة (ص) . ومن سياسة الشركة الاحتفاظ بوحدات تامة الصنع في آخر المدة بما يساوي ٣٠% من المبيعات المتوقعة في الشهر التالي وأن تحتفظ بمخزون من المواد الخام يكفي لمواجهة ٥٠% من احتياجات الإنتاج في الشهر التالي ، وكانت المبيعات المتوقعة للأشهر الستة الأولى من عام ٢٠٠٤ كالتالي:

شهر (١)	٢٥,٠٠٠ وحدة	شهر (٤)	٢٥,٠٠٠ وحدة
شهر (٢)	٢٦,٠٠٠ وحدة	شهر (٥)	٢٨,٠٠٠وحدة
شهر (٣)	٢٨,٠٠٠ وحدة	شهر (٦)	٢٧,٠٠٠ وحدة

وكان المخزون في ٢٠٠٤/١/١ كالتالي:

إنتاج تام	٤,٠٠٠ وحدة
مادة خام س	٤٠,٠٠٠ وحدة
مادة خام (ص)	٤٥,٠٠٠ وحدة

المطلوب:

١- إعداد موازنة الإنتاج للفترة من شهر ١ وحتى شهر ٤.

٢- إعداد موازنة كمية مشتريات المواد الخام.

السؤال العشرون: تقوم شركة صناعات علاء الدين بإنتاج صوبات الغاز ، وكانت بطاقة التكلفة المعيارية لإنتاج الصوبة كالتالي.

صاج سمك ١ملم (٠,٦ متر مربع بسعر ٨ دنانير للمتر)	= ٤,٨٠٠
مواسير غاز نحاسية (٠,٩٠ م بسعر ٢,٢٠ دينار)	=١,٩٨
منظم غاز (منظم بسعر ٣,٤ دينار)	= ٣,٤٠
شبك حراري (٠,٠٨متر مربع بسعر ١٦ دينار)	١,٢٨=

وكانت المبيعات المتوقعة من هذه الصوبة عام ٢٠٠٣ كالتالي:

الربع الأول	٨,٠٠٠ صوبة
الربع الثاني	٩,٠٠٠ صوبة
الربع الثالث	٦٠٠٠ صوبة
الربع الرابع	٧٠٠٠ صوبة

ومن سياسة الشركة أن تحتفظ بمخزون من هذه الصوبات بما يساوي ٥٠% من مبيعات الربع التالي، وأن تكون المواد الخام كافية لمواجهة ٧٠% من احتياجات إنتاج الربع التالي مع العلم بأن مخزون أول المدة من الصوبات يساوي ٣٠٠٠ صوبة وآخر المدة ٤٠٠٠ صوبة، أما مخزون المواد الخام أول المدة فقد كان يساوي ٧٠% من احتياجات الربع الأول أما مخزون آخر المدة فقد خطط على ان يساوي ٥٠% من احتياجات الربع الرابع.

المطلوب:

١- إعداد موازنة الإنتاج للشركة.

٢- إعداد موازنة المشتريات لكل مادة على حدة.

السؤال الواحد والعشرون: تقوم إحدى الشركات بإعداد الموازنة التخطيطية السنوية على أساس شهري وكان تقدير المبيعات في الأشهر الخمسة الأولى من عام ٢٠٠٣ كالتالي:

الشهر	١	٢	٣	٤	٥
وحدات المبيعات	٢٠	٢٤	٢٠	٢٨	٢٤

من سياسات الشركة أن تحتفظ بمخزون آخر المدة من الإنتاج التام بما يساوي ٢٥% من مبيعات الشهر التالي ومن المواد الخام بما يساوي ٣٠% من احتياجات إنتاج الشهر التالي وتحتاج وحدة المنتج التام إلى ٣ كغم من المواد الخام وأن سعر الكيلو غرام منها هو ٢ دينار.

وكانت أرصدة مخزون أول المدة تساوي ٥: وحدات إنتاج تام، ٢٠ كغم مواد خام.

المطلوب:

الإجابة على الأسئلة التالية:

١. أن كمية الإنتاج المخططة في شهر (١) تبلغ:

أ- ٢٦ وحدة   ب- ٢٤ وحدة

ج- ٢١ وحدة   د- ٢٧ وحدة

هـ- لا شيء مما ذكر

٢. كمية الإنتاج المخططة في شهر ٤ تبلغ:

أ- ٢٣ وحدة   ب- ٢٩ وحدة

ج- ٢١ وحدة   د- ٢٧ وحدة

هـ- لا شيء مما ذكر

٣. احتياجات الإنتاج من المواد الخام في شهر ٢ هي:

أ- ٦٦ كغم   ب- ٦٩ كغم

ج- ٨١ كغم   د- ٦٣ كغم

هـ- لا شيء مما ذكر

٤. تكلفة المشتريات في شهر ٣ هي:

أ- ١٤١ دينار   ب- ٧٠،٥ دينار

ج- ١٣٢ دينار   د- ١٢٦ دينار

هـ- لا شيء مما ذكر

السؤال الثاني والعشرون: تتوقع شركة أن تبلغ مبيعاتها الآجلة ٧٠% من إجمالي مبيعاتها وأن تحصل ٢٥% من مبيعاتها الآجلة في شهر البيع وأن تحصل النسبة الباقية وقدرها ٧٥% في الشهر التالي لشهر البيع وكانت مبيعاتها المتوقعة كالتالي:

شهر كانون ثاني ٢٠٠١: ٣٥،١٠٠ د   شهر شباط ٢٠٠١: ٣٣،٤٠٠ د

شهر آذار ٢٠٠١: ٣٧،٠٠٠ د   شهر نيسان ٢٠٠١: ٣٩،٠٠٠ د

رصيد المدينين أول المدة: ١٨٢٠٠ دينار.

وتبلغ تكلفة البضاعة المباعة ٦٠% من قيمة المبيعات وتبلغ المصروفات التشغيلية الأخرى ١٣٥٠٠ دينار شهرياً، وأن جميع هذه المصروفات تدفع في شهر حدوثها ولا يتوقع تغير المخزون خلال فترة الموازنة وكل شهر من شهورها وفي بداية المدة كان رصيد النقدية ١٩٢٦ دينار.

<u>المطلوب:</u>

الإجابة على الأسئلة الأربعة التالية:

١. فإن المبيعات النقدية في شهر شباط٢٠٠١ هي:

أ- ٢٨،٤٤٨د   ب-١١،١٠٠د

ج- ١٠٠٢٠د   د- لا شيء مما ذكر

٢. المبيعات الآجلة الخاصة في شهر آذار٢٠٠١ والمحصلة في شهر نيسان هي:

أ- ٦٨٢٥	ب-١٩٤٢٥

ج-١٧٥٣٥	د-١٨٤٢٧

هـ- لا شيء مما ذكر

٣. رصيد المدينين في آخر شهر نيسان٢٠٠١ هو:

أ- ١١٩,٤٢٥د	ب-٢٩,٢٥٠د

ج-٢٠,٤٧٥د	د- لا شيء مما ذكر

٤. رصيد النقدية في نهاية شهر شباط٢٠٠١ (شهر ٢) هو:

أ- ١٠,٩٢د	ب-١,١٠٠د

ج-٩,٤٤٠د	د- لا شيء مما ذكر

السؤال الثالث والعشرون: لقد زودتك لجنة الموازنة بجداول المقبوضات والمدفوعات عن الأشهر من ١ وحتى ٥ وهي كالتالي:

	١	٢	٣	٤	٥
المتحصلات النقدية	٣٧٠٨٠	٣٩٥٥٠	٣٤٠١٥	٢٦٦٠٠	٢٦١٦٥
المدفوعات النقدية	٤٥٠٨٠	٤٢٦٥٠	٢٥٨١٥	١٨٧٥٠	٢٣٢٨٠

وترغب الشركة في الاحتفاظ برصيد نقدي مقداره ٨٠٠٠ دينار على الأقل في نهاية كل شهر وأن رصيد النقدية في أول المدة هو ٣٤٢٠ دينار.

يمكن للشركة أن تقترض بمعدل فائدة ١٢% وأن يتم الاقتراض في بداية الشهر وعند توفر النقدية يتم السداد في نهاية الشهر. وفي العادة تقترض الشركة وتسدد بمكرر مبلغ ١٠٠٠ دينار.

المطلوب:

الإجابة على الأسئلة الأربعة التالية:

١. يبلغ رصيد النقدية في نهاية شهر ١ الآتي:

أ- ٨٥٨٠ د   ب- ٨,٠٠٠د

ج- ١٢٥٨٠د   د- ٨,٤٢٠د

هـ لا شيء مما ذكر

٢. المبلغ الذي يتم اقتراضه في شهر ٢ وهو:

أ- ٢٠٠٠د   ب- ٣٠٠٠د

ج- ٨٠٠٠د   د- لا شيء مما ذكر

٣. القرض وفوائده التي يتم سدادها في شهر ٣ (مبلغ الدين + الفوائد) هو:

أ- ٧٢٤٠د   ب- ٨٢٤٠د

ج- ٨١٦٠د   د. لا شيء مما ذكر

٤. قيمة القرض القائمة (غير المسددة) في ٣/٣١ هي:

أ. ٩٠٠٠ دينار   ب. ٨٠٠٠ دينار

ج. ٣٠٠٠ دينار   د. ١٠,٠٠٠ دينار

هـ لا شيء مما ذكر

السؤال الرابع والعشرون: المعلومات الآتية عن المبيعات التقديرية:

الربع الأول ١٠٠ دينار   الربع الثالث : ١٥٠ دينار

الربع الثاني : ١٢٠ دينار   الربع الرابع : ١٦٠ دينار

ويتم تحصيل المبيعات كالتالي :٢٥% في ربع البيع، ٥٠% في الربع التالي لربع البيع، ٢٣% في الربع

الذي يليه و ٢% يتم إعدامها في الربع الثاني بعد ربع

البيع وكان رصيد المدينين ٨٥ دينار منها ٢٥د من مبيعات الربع الثالث من السنة السابقة والباقي من مبيعات الربع الرابع في السنة السابقة.

<u>المطلوب:</u>

الإجابة على الأسئلة الأربعة التالية:

١. تبلغ المقبوضات النقدية في الربع الثالث من فترة الموازنة الآتي:

أ- ١٢٠ دينار   ب- ١٠٥ دينار

ج- ١٢٠،٥ دينار   د- ١٢٥،١ دينار

٢. المقبوضات النقدية في الربع الرابع من السنة.

أ- ١٤٢،٦   ب- ١٤٥،٨

ج- ١٣٩،٨   د- ١٤١،٦

٣. تبلغ إجمالي الديون في نهاية الربع الرابع الآتي:

أ. ١٨٥،٤ د   ب. ١٥٧،٥د

ج. ١٥٠د   د. لاشيء مما ذكر

٤. يبلغ مخصص الديون المشكوك فيها في نهاية الربع الرابع الآتي:

أ- ٦،٣ دينار   ب- ٦،٢ دينار

ج- ٦،٠ دينار   د- لاشيء مما ذكر

الفصل
السابع

الموازنة الرأسمالية

Capital Budgeting

أهداف الفصل:

بعد دراسة هذا الفصل يجب أن تكون قادراً على معرفة:

١. مفهوم التكلفة الأولية للاستثمار والتدفق النقدي.

٢. العلاقة بين التدفقات النقدية قبل الضرائب وبعد الضرائب.

٣. طرق تقييم المشروعات الرأسمالية:

أ- فترة الاسترداد.

ب- معدل الربح المحاسبي

جـ - القيمة الحالية

د- معدل العائد الداخلي

٤. أثر تكلفة الأموال على التدفقات النقدية

٥. طبيعة جداول خصم القيمة الحالية والدفعات المنتظمة

مقدمـــة:

يشير لفظ الموازنة الرأسمالية إلى القرارات الإدارية الخاصة بتحديد وتقييم وتخطيط الحصول على الأصول الرأسمالية وتمويلها ، وهذا يشمل موضوع شراء الآلات، والمعدات الرأسمالية ، وإقامة المباني، وإضافة خطوط إنتاج جديدة إلى الخطوط القائمة الحالية، واستبدال الأصول الرأسمالية المملوكة بأصول أخرى، وقرارات استئجار الأصول بدلاً من شرائها، وتمتاز الأصول الرأسمالية بأنها تعمر في المنشأة أكثر من سنة مالية وتحتاج إلى إنفاق مالي كبير ، وتؤثر على ربحية المنشأة لفترة طويلة، ولهذه الأسباب حظى موضوع الموازنات الرأسمالية باهتمام كبير من قبل المحاسبين والاقتصاديين والمهندسين.

يحتاج المشروع الرأسمالي إلى حدوث تدفق نقدي عند البدء فيه وهذه تعرف بالتكلفة الأولية للاستثمار Initial Investment. بعد الحصول على الاستثمارات تؤدي إلى حدوث تدفقات نقدية تشغيلية إلى الخارج Cash out Flow وإلى الداخل Cash in Flow . وحتى يكون المشروع الرأسمالي جذاباً يجب أن تكون تدفقاته النقدية الداخلية أكبر من تدفقاته النقدية الخارجة. فالمشروع الناجح هو من يستطيع توليد تدفقات نقدية تكفي لاسترداد تكلفة الاستثمار الأولى له، وتكلفة تشغيله، وتكلفة الأموال المستثمرة فيه، وإنتاج فائض معقول بعد ذلك.

أنواع قرارات الموازنات الرأسمالية:

تعرف قرارات الموازنات الرأسمالية بعدة أسماء منها دراسة الجدوى الاقتصادية، ومشروعات الإنفاق الرأسمالية، فهذه الأسماء تعتبر مترادفه من وجهة نظر هذا الكتاب وفي الحياة العملية هناك العديد من قرارات الموازنات الرأسمالية، وأهم هذه القرارات هي:

١. قرارات شراء الأصول الجديدة، وهنا يتم شراء أصول جديدة لم يسبق للمنشأة التعامل معها في الزمان أو المكان، كما هو الحال عند إنشاء منشأة جديدة أو إدخال منتج جديد.

٢. قرارات استبدال الأصول: وتتم في هذه الحالة المفاضلة بين أصل مملوك وأصل آخر جديد يتم عرضه على المنشأة ، ولاتخاذ هذا القرار تتم المقارنة بين هامش مساهمة الأصل القديم الذي تمتلكه المنشأة حالياً ومساهمة الأصل الجديد المقترح شرائه.

٣. قرارات التوسع: يهدف هذا القرار إلى إضافة طاقات إنتاجية للطاقات الموجودة حالياً ولذلك فهو يشبه قرارات شراء الوصول الجديدة.

٤. قرارات الاستئجار: ويتعلق هذا القرار بالمفاضلة بين شراء الأصل أو استئجاره.

على أية حال لا يعتبر هذا التقسيم للمشروعات الاستثمارية شاملاً ولا يشير إلى وجود اختلافات جوهرية في عملية اتخاذ قرارات الإنفاق الرأسمالية لأن كل هذه القرارات تتطلب المفاضلة بين التدفقات النقدية للمشروع بغض النظر عن تصنيفه.

خطوات قرار الموازنة الرأسمالية:

يمر قرار الموازنة الرأسمالية بخطوات عدة تبدأ من مرحلة التفكير في المشروع حتى البدء باستخدامه وأهمها الآتي:

١. تحديد أقسام المنشأة التي تحتاج إلى مشروعات رأسمالية.

٢. تقدير التدفقات النقدية الداخلة والخارجة المرتبطة بالمشروع.

٣. المقارنة بين المشروعات الرأسمالية المقترحة.

٤. إعداد الموازنة الرأسمالية حسب تقديرات المشروع .

٥. متابعة إنجاز المشروع وتصحيح أية انحرافات في عمليات إنشائه.

التدفق النقدي *Cash Flow*:

وتتكون التدفقات النقدية من الزيادة في التدفقات النقدية الداخلة والخارجة المرتبطة بالمشروع الاستثماري والسبب في اختيار التدفقات النقدية هو لأخذ اثر القيمة الزمنية للنقود في الحسبان، إذ أن الدينار الذي يتم استلامه اليوم أفضل من الدينار الذي سيتم استلامه بعد سنه من الآن لأنه يمكن استثماره في نهاية فترة الاستثمار يعود هو وأرباح استثماره.

ويقصد بالتدفق النقدي الفرق بين التدفقات النقدية الداخلة والتدفقات النقدية الخارجة. فالتدفقات النقدية الداخلة تمثل المبالغ المحصلة من المبيعات النقدية والمبيعات الآجلة، أما التدفقات النقدية الخارجة فهي تلك التي يتوقع دفعها إلى الموردين والعمال،والخدمات الأخرى والمرافق، وضريبة الدخل.

يختلف التدفق النقدي عن صافي الربح المحاسبي لأن الرقم الأخير يحتوي على بنود غير النقدية ، فحسب مفهوم الاستحقاق ويتم تحديد الربح بمقابلة الإيرادات والمصروفات التي تخص الفترة سواء تم قبض الإيرادات أو لم يتم أو تم دفع المصروفات أو لم يتم. وهذا الأمر يجعل رقم صافي الربح يتأثر ببعض الإيرادات أو المصروفات التي لا تشكل تدفقات نقدية داخلة أو خارجة مثل الإهلاك الذي هو عبارة عن قيد دفتري، ولتوضيح أثر ذلك سيتم الاعتماد على البيانات التالية.

مثال (٧-١)

افترض أن منشاة قررت شراء آلة جديدة بياناتها كالتالي:

١. تكلفتها ١٥٠,٠٠٠د ،

٢. وعمرها الإنتاجي ٥ سنوات .

٣. وتستهلك بطريقة القسط الثابت وعلى مدى خمس سنوات بدون اعتبار لقيمة النفاية .

٤. وتقدر التدفقات النقدية الداخلة بمبلغ ٧٠,٠٠٠د سنوياً، والتدفقات النقدية الخارجة بمبلغ ٣٠,٠٠٠د سنوياً.

٥. معدل ضريبة الدخل هو ٤٠%.

المطلوب:

تحديد التدفق النقدي في السنة الأولى لهذه الآلة.

الحل:

من البيانات السابقة يمكن تحديد الأرباح التقديرية والتدفق النقدي بعد الضريبة للسنة الأولى من عمر هذه الآلة كما في الجدول رقم (٧-١) .

جدول (٧-١)

حساب الأرباح والتدفقات النقدية بعد الضرائب في السنة الأولى للآلة

البيـان	الربح التقديري	التدفق النقدي
التدفقات النقدية الداخلة	٧٠,٠٠٠	٧٠,٠٠
التدفقات النقدية الخارجة	(٣٠,٠٠٠)	(٣٠,٠٠٠)
التدفق النقدي قبل الضريبة	٤٠,٠٠٠	٤٠,٠٠٠
يطرح : الاستهلاك	٣٠,٠٠٠	-
الربح قبل الضرائب	١٠,٠٠٠	
يطرح " ضريبة الدخل (١٠,٠٠٠×٠,٤)	(٤,٠٠٠)	(٤٠٠٠)
صافي الربح بعد الضرائب	٦,٠٠٠	
+ الاستهلاك	٣٠,٠٠٠+	
التدفق النقدي بعد الضرائب	٣٦,٠٠٠	٣٦,٠٠٠

من دراسة الجدول (٧-١) نجد أنه قد تم خصم الاستهلاك من التدفقات النقدية لأغراض تحديد الأرباح الخاضعة للضريبة ولكن تم إهماله في عمود التدفق النقدي لأنه نفقة غير نقدية. وهذا أدى إلى تخفيض قيمة الدخل الخاضع للضريبة ومن ثم تخفيض قيمة ضريبة الدخل. فبدون الاعتراف بالاستهلاك كنفقة من جانب قانون ضريبة الدخل، فإن على الشركة أن تدفع ضريبة مقدارها (٤٠,٠٠٠ × ٠,٤٠ =) ١٦٠٠٠ دينار بدلاً من ٤٠٠٠ ، ولهذا نقول أن الاستهلاك قد أدى إلى تحقيق وفر ضريبي مقداره (٣٠,٠٠٠×٤٠% =) ١٢٠٠٠ دينار ، فهذا الوفر يساوي الفرق بين صافي الربح بدون اعتبار الاستهلاك كنفقة تنزل من الإيرادات وصافي الربح بعد الضريبة.

ويمكن التوصل إلى نفس النتيجة بتحويل الإيرادات والمصروفات النقدية قبل الضريبة إلى بعد الضريبة بضرب مبلغها في نسبة مقدارها (١- معدل ضريبة الدخل). أما المصروفات غير النقدية مثل الاستهلاك وخسائر بيع الأصول فيتم تحويلها إلى بعد الضريبة بضربها بمعدل ضريبة الدخل فقط، وأن هذه المصروفات لم تتطلب حدوث تدفق نقدي وأنها تؤدي إلى حدوث وفر نقدي لأن ذلك يعني تخفيضاً في مقدار الضرائب وباستخدام بيانات المثال السابق تحسب التدفقات النقدية بعد الضريبة للآلة في السنة الأولى كالتالي:

٤٢,٠٠٠	التدفقات النقدية الداخلة بعد الضرائب (=٧٠,٠٠٠ ×(١-٤٠%))
(١٨,٠٠٠)	التدفقات النقدية الخارجة بعد الضرائب (=٣٠,٠٠٠×(١-٤٠%))
١٢,٠٠٠	الوفر الضريبي للاستهلاك (=٣٠,٠٠٠د×٤٠%)
٣٦,٠٠٠	التدفق النقدي

عند حساب التدفقات النقدية لكل سنة من سنوات حياة المشروع الاستثماري يجب أن تتم مقارنة التدفقات النقدية المتوقعة بعد الحصول على المشروع

الاستثماري مع التدفقات النقدية قبل ذلك،لأن هذه التدفقات النقدية لن تحدث إلا إذا تم تنفيذ المشروع الاستثماري.

وبعد الانتهاء من عمل تقدير التدفقات النقدية ومراعاة المخاطرة نفترض أن التدفقات النقدية تحدث في نهاية السنة.على الرغم من أننا نعلم أنها فعلياً تحدث على مدار العام، ويمكن تلخيص التدفقات النقدية الخاصة بالمشروع الواردة في المثال السابق في الجدول (٧-٢) كالتالي:

جدول (٧-٢)

التدفقات النقدية للمشروع الاستثماري

التدفق النقدي	السنة
(١٥٠,٠٠٠) دينار	٠
٣٦,٠٠٠ دينار	١
٣٦,٠٠٠ دينار	٢
٣٦,٠٠٠ دينار	٣
٣٦,٠٠٠ دينار	٤
٣٦,٠٠٠ دينار	٥

ويمكن توضيح ذلك بيانياً كالتالي:

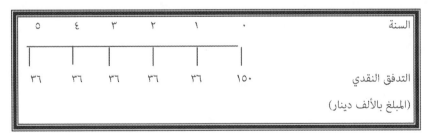

شكل (٧-١) التدفقات النقدية للمشروعات الاستثمارية

التكلفة الأولية للاستثمار:

تتكون التكلفة الأولى للاستثمار من جميع النفقات التي تتحملها المنشأة حتى يصبح المشروع جاهزاً للاستخدام، ويمكن تصنيف هذه النفقات في مجموعتين هما:

- تكاليف شراء الأصول الثابتة:
- تكاليف رأس المال العامل اللازم لتشغيل المشروع .

وهنا يجب أن نلاحظ أن الأصول الثابتة قابلة للإهلاك فيما عدا الأراضي أما رأس المال العامل فهو غير قابل للإهلاك، ويفترض أنه يتم تكوين رأس المال العامل في بداية حياة المشروع ويتم استرداد قيمته في نهاية حياة المشروع.

طرق تقييم المشروعات الاستثمارية:

يوجد في الحياة العملية عدة طرق للمفاضلة بين المشروعات الاستثمارية منها من يهمل القيمة الزمنية للنقود مثل طريقة معدل العائد المحاسبي وطريقة فترة الاسترداد ومنها من يعترف بالقيمة الزمنية للنقود مثل طريقة صافي القيمة الحالية وطريقة معدل العائد الداخلي، وسيتم دراسة هذه الطرق على التوالي.

أولاً: فترة الاسترداد *Payback Period*

تقيس فترة الاسترداد مدى الفترة الزمنية اللازمة لاسترداد التكلفة الأولية للاستثمار، وهذه تساوي عدد السنوات التي يصبح فيها مجموع التدفقات النقدية الداخلة مساوياً لتكلفة الاستثمار الأولية.

مثال :

البيانات التالية تخص المشروعات أ، ب، ج.

جدول (٧-٣)

حساب فترة الاسترداد

المشروع الاستثماري	التكلفة الأولية سنة (صفر)	سنة التدفق النقدي ١	٢	٣	فترة الاسترداد
أ	٢٠,٠٠٠	٢٠,٠٠٠	٢٠,٠٠٠	-	١
ب	٢٠,٠٠٠	٥,٠٠٠	١٧,٠٠٠	٣٧٥٢	١,٨٨
ج	٢٠,٠٠٠	٨٦١٥	٨٦١٥	٨٦١٥	٢,٣٢

ولتحديد فترة الاسترداد ويجب أن نميز بين حالتين هما: حالة التدفقات المنتظمة وحالة التدفقات غير المنتظمة.

أولاً: التدفقات المنتظمة Systematic Cash Flow:

توصف التدفقات النقدية بأنها منتظمة إذا كانت التدفقات السنوية متساوية كما هو في حالة المشروعين أ،ج. فالمشروع أ يعطي كل سنة تدفقاً نقدياً مقداره ٢٠,٠٠٠د. أما المشروع ج فإنه يعطي كل سنة تدفقاً نقدياً مقداره ٨٦١٥ دينار. وهنا يتم تحديد فترة الاسترداد باستخدام المعادلة الآتية:

$$\text{فترة الاسترداد} = \frac{\text{تكلفة الاستثمار}}{\text{التدفق النقدي السنوي}} \quad \ldots\ldots\ldots\ldots\ (١)$$

وباستخدام هذه المعادلة تكون فترة الاسترداد للمشروع أ ، ج كالتالي:

$$\text{فترة الاسترداد للمشروع (أ)} = \frac{٢٠,٠٠٠}{٢٠,٠٠٠} = ١\ \text{سنة}$$

$$\text{فترة الاسترداد للمشروع ج} = \frac{٢٠,٠٠٠}{٨٦١٥} = ٢,٣٢\ \text{سنة}$$

ثانياً: التدفقات غير المنتظمة :

تحدث هذه الحالة عندما تختلف التدفقات النقدية من سنة لأخرى كما في حالة المشروع (ب) , وهنا يتم تحديد فترة الاسترداد أيضاً بتحديد عدد السنين التي يكون فيها مجموع التدفقات النقدية السنوية مساوية لتكلفة الاستثمار الأولية. ففي حالة المشروع المشروع (ب) فإنه يسترد مبلغ ٥٠٠٠ دينار في سنته الأولى، ومن ثم يتبقى بعد ذلك مبلغ ١٥,٠٠٠ د غير مسترد حتى نهاية السنة الأولى وفي السنة الثانية يعطي هذا المشروع مبلغ ١٧,٠٠٠د وهذا المبلغ أكبر من المبلغ المسترد، وبقسمة مبلغ ١٥٠٠٠د على ١٧,٠٠٠د يتحدد كسر السنة اللازم لاسترداد ما تبقى من تكلفة الاستثمار بعد نهاية السنة الأولى، وبهذا تكون فترة الاسترداد للمشروع ب هي ١,٨٨ سنة. وقد يتم تحديد ذلك في الجدول رقم (٧-٤) .

جدول رقم (٧-٤)

فترة الاسترداد

السنة	الرصيد في أول السنة	التدفق السنوي	الرصيد في نهاية السنة
٠	(٢٠,٠٠٠)	٠	(٢٠,٠٠٠)
١	(٢٠,٠٠٠)	٥٠٠٠	(١٥,٠٠٠)
٢	(١٥,٠٠٠)	١٧٠٠٠	٢,٠٠٠

من دراسة الجدول (٧-٤) نجد أن رصيد التدفق النقدي للمشروع ب في نهاية السنة الثانية كان موجباً، وبهذا يكون قد استرد تكلفته بأقل من سنتين.

عند استخدام طريقة فترة الاسترداد للمفاضلة بين المشروعات فإن المشروع الذي يسترد تكلفته بوقت أقصر هو الأفضل. وبمقارنة نتائج تحليل المشروعات أ،ب، جـ الواردة في الجدول (٧-٣) نجد أن المشروع (أ) هو أفضل هذه المشروعات الاستثمارية لأن فترة استرداده هي أقصر الفترات.

يعاب على طريقة فترة الاسترداد إهمالها للقيمة الزمنية للنقود. فهي لا تميز بين التدفقات النقدية حسب فترة الحصول عليها، ولا تأخذ التدفقات النقدية التي ينتجها المشروع بعد فترة الاسترداد في الحسبان. وللتغلب على العيب الأخير يمكن الأخذ في الحسبان قيمة التخلص bailout Factor وهذه تساوي الثمن النقدي الذي يمكن الحصول عليه عند بيع الأصل في نهاية كل سنة من سنوات حياته الإنتاجية. ولإيضاح ذلك افترض أنه يمكن بيع المشروع (ج) في نهاية السنة الأولى بمبلغ ١٠,٠٠٠دينار، وبيعه بمبلغ ٦٠٠٠دينار في نهاية السنة الثانية ولكن يتوقع أن تكون قيمته البيعية صفراً في نهاية عمره الإنتاجي، وعليه تكون التدفقات النقدية السنوية المقدرة وقيمة التخلص لهذا المشروع كما في الجدول (٧-٥).

جدول (٧-٥)

جدول قيمة التخلص للمشروع (ج)

السنة	التدفق النقدي السنوي	التدفقات النقدية التشغيلية	قيمة التخلص في نهاية السنة	مجموع التدفقات وقيمة التخلص	الرصيد غير المسترد
٠	(٢٠,٠٠٠)	٠	٠	٠	(٢٠,٠٠٠)
١	٨٦١٥	٨٦١٥	١٠,٠٠٠	١٨,٦١٥	(١٣٨٥)
٢	٨٦١٥	١٧٢٣٠	٦,٠٠٠	٢٣٢٣٠	٣٢٣٠
٣	٨٦١٥	٢٥٨٤٥	صفر	٢٥,٨٤٥	٥٨٤٥

وبدراسة الجدول (٧-٥) نجد أن التدفقات النقدية التشغيلية في نهاية السنة الثانية تساوي ١٧٢٣٠ دينار، وفي نهاية هذه السنة يمكن التخلص من المشروع ببيعه بمبلغ ٦,٠٠٠دينار، لذلك يكون مجموع التدفقات النقدية التشغيلية وغير التشغيلية للمشروع في نهاية السنة الثانية ٢٣٢٣٠دينار، وبالتالي يكون قد تم استرداد تكلفة المشروع بفترة اقل من سنتين. وهنا يجب أن يتم تشغيل المشروع لفترة سنتين حتى يتحقق هذا الأمر ولا بد من بيع المشروع في نهاية السنة الثانية.

وعلى الرغم من عدم واقعية افتراض بيع المشروع إلا أن اعتبار قيمة التخلص يشير إلى قدرة المنشأة على استرداد تكلفة الاستثمار بتشغيل الأصل أو بيعه إذا قررت ذلك.

وعلى الرغم من الانتقادات الموجهة إلى طريقة فترة الاسترداد فإنه لازال يتم استخدامها في الحياة العملية، لأنها تعتبر مؤشراً على درجة خطورة المشروع، فالمشروع الذي تتجمع تدفقاته في المستقبل القريب أقل مخاطرة من المشروع الذي تجمع تدفقاته في المستقبل البعيد لأن المشروع ذو فترة الاسترداد الأقصر يسمح للمنشأة استثمار أموالها المستردة من المشروع في مجالات استثمار أخرى إذا اكتشفت مجالات استثمار أفضل، أضف إلى ذلك إن البعض أدعى أن هذه الطريقة تناسب طريقة تفكير الإدارة. ففي حالة ربط مكافأة الإدارة بالأرباح فإنه يمكن إثبات أن الإدارة تفضل المشروعات التي تتحقق فوائدها في وقت أقصر لأنها تساعدها على تعظيم حصتها من الأرباح بعد فترة الاسترداد.

ثانياً: طريقة معدل العائد المحاسبي: *Accounting Rate of Return*

يعرف معدل العائد المحاسبي على أنه صافي الربح مقسوماً على تكلفة الأصول الرأسمالية. ويفيد هذا المعدل في معرفة اثر المشروعات الاستثمارية الجديدة على معدل العائد (الربح) المحاسبي للمنشأة والمعروف باسم معدل العائد على الأصول، ولتحديد هذا المعدل يجب تحويل التدفق النقدي إلى ربح محاسبي وذلك بطرح الاستهلاك السنوي من التدفق النقدي السنوي في حالة التدفقات النقدية المنتظمة وإذا كانت التدفقات النقدية غير منتظمة فإنه يمكن استخدام متوسط هذه التدفقات بدلاً من حسابه لكل سنه على حدة. وعلى الجانب الآخر يتم قياس تكلفة الأصول أما باستخدام التكلفة الأولية أو باستخدام متوسط التكلفة ، وهذه تساوي تكلفة المشروع أول المدة زائد تكلفته آخر المدة مقسوماً على ٢. ولتوضيح طريقة حسابه سيتم استخدام المعلومات الآتية:

مثال (٧-٢)

توفرت البيانات الآتية عن إحدى المشروعات الاستثمارية:

التكلفة الأولية للاستثمار	٢٠,٠٠٠ دينار
التدفق النقدي السنوي	٨٦١٥ دينار
العمر الإنتاجي للأصول	٣ سنوات
طريقة الإهلاك	القسط الثابت
نفاية الأصل	٢٠٠٠ دينار وتأخذ في الحسبان عند تحديد الإهلاك

المطلوب :

حساب معدل العائد المحاسبي للمشروع .

الحل

$$\text{الاهلاك السنوي} = \frac{٢٠,٠٠٠-٢٠٠٠}{٣} = ٦٠٠٠ \text{ دينار}$$

$$\text{معدل العائد المحاسبي} = \frac{\text{التدفق النقدي - الإهلاك}}{\text{تكلفة الاستثمار}}$$

ولحساب هذا المعدل يطرح الإهلاك من التدفق النقدي ويقسم الناتج على التكلفة الأولية للاستثمار أو على متوسط تكلفة الاستثمار وتكون نتائج ذلك كالتالي:

$$\text{معدل العائد المحاسبي على التكلفة الأولية} = \frac{٨٦١٥-٦٠٠٠}{٢٠,٠٠٠} = ١٣,٠٧\%$$

$$\text{معدل العائد المحاسبي على متوسط التكلفة} = \frac{٢٦١٥}{\frac{٢٠,٠٠٠+٢٠٠٠}{٢}} = ٢٣,٧\ \%$$

تمتاز هذه الطريقة ببساطتها وسهولة حسابها، وتفيد في معرفة اثر المشروع الاستثماري الجديد على معدل العائد على أصول المنشأة، لأن هذا المعدل هو عبارة

عن المتوسط المرجح لمعدل أرباح الأصول القائمة قبل الاستثمار الجديد، ومعدل أرباح الاستثمار الجديد. فمثلاً إذا كان معدل العائد على أصول الشركة قبل المشروع الجديد هو ١٨% ومجموع أصولها ٥ مليون ، وإن معدل أرباح المشروع الجديد هي ١٤% وتكلفته ٢,٥مليون دينار عندها يكون معدل العائد على أصول المنشأة بعد المشروع الجديد هو ١٦,٧% = (١٤% ×٢,٥ +١٨% ×٥) ÷ (٥+٢,٥) لذلك يؤدي المشروع الجديد إلى تخفيض معدل العائد على الأصول إلى ١٦,٧% بعد أن كان ١٨% وقد تؤدي هذه النتيجة إلى قيام الإدارة برفض المشروع الجديد حتى إذا كان المشروع يحقق مكاسب اكبر من تكلفة الأموال المستثمرة، وبالإضافة إلى هذا العيب، فإن هذه الطريقة تهمل ايضاً القيمة الزمنية للنقود.

طريقة صافي القيمة الحالية *Net Present Value*:

تعتبر هذه الطريقة من الطرق المتطورة التي تستخدم في تقييم المشروعات الاستثمارية لأنها تراعي القيمة الزمنية للنقود، فالدينار اليوم أكبر قيمة من الدينار الذي يقبض بعد سنة أو عدة سنوات لأن الدينار اليوم يمكن استثماره ويعود في نهاية فترة الاستثمار هو وفوائده.

مثلاً: إذا كان لديك ١٠٠ دينار وكان يمكنك استثمارها في حساب توفير يعطي ١٠% سنوياً ، فإن مبلغ المائة دينار إذا أودع في حساب التوفير لمدة سنة سيحقق فوائد مقدارها ١٠ دنانير (١٠٠×١٠%) وبالتالي يصبح المبلغ الإجمالي الموجود في حساب التوفير ١١٠ دنانير . وعلى الجانب المقابل، إذا وعدنا باستلام مبلغ مقداره ١١٠ دنانير بعد سنه من الآن، فإن قيمة هذا المبلغ الآن تعرف باسم القيمة الحالية وهذه تساوي المبلغ الذي سيتم استلامه في المستقبل مضروباً في معامل خصم معين.

ويتوقف معامل الخصم على عاملين هما طول الفترة الزمنية التي تفصل بين استلام المبلغ والوقت الحالي وهذه تقاس بالسنوات في حالة المشروعات الرأسمالية، ومعدل الخصم والذي يسمى بتكلفة رأس المال أو سعر القطع, ويمكن كتابة القيمة الحالية لأي مبلغ حسب المعادلة الآتية:

$$\text{ق ح} = \frac{\text{نق أ}}{(\text{١+ف})^{\text{أ}}} \qquad \text{(٢)}$$

حيث أن:

ق ح = القيمة الحالية.

نق أ = التدفق النقدي في السنة أ.

ف = تكلفة الأموال.

∴ويمكن إعادة كتابة المعادلة السابقة كالتالي:

$$\text{ق ح} = \text{نق أ} \times \frac{\text{١}}{(\text{١ + ف})^{\text{أ}}} \qquad \text{(٣)}$$

ويعرف اللفظ الأخير من المعادلة (٣) باسم معامل الخصم. ولحسن الحظ يتوفر في كتب المحاسبة الإدارية جداول تعرف باسم جداول القيمة الحالية لتحديد قيمة هذا المعامل تشير سطورة إلى السنوات وتشير أعمدته إلى معدل الخصم أو القطع. ولتوضيح ذلك افترض أن التكلفة الرأسمالية لمشروع معين هي ١٣,٠٠٠ دينار وعمره سنتين و يعطي خلالها تدفقاً نقدياً واحداً مقداره ١٦٥٠٠ دينار في نهاية السنة الثانية وأن تكلفة رأس المال ١٠%.

المطلوب:

تحديد القيمة الحالية للتدفقات النقدية الداخلة.

الحل:

القيمة الحالية = التدفق النقدي × معامل خصم القيمة الحالية

$$= ١٦٥٠٠ \times \frac{١}{(١+٠,١٠)^{٢}}$$

لمعرفة معدل الخصم نذهب إلى جدول القيمة الحالية في الملحق (١) في هذا الكتاب، ونظراً لأن سعر الخصم ١٠% وعمر المشروع هو سنتين. لذلك يكون معامل الخصم هو الرقم الواقع عند تقاطع العمود المعنون بـ ١٠% والسطر الثاني يكون معامل الخصم هو ٠,٨٢٦ .

لذلك تكون القيم الحالية لهذه التدفق النقدي هي:

١٦,٥٠٠ × ٠,٨٢٦= ١٣٦٢٩ دينار.

وبطرح تكلفة الاستثمار من القيمة الحالية للتدفق النقدي نتوصل إلى صافي القيمة الحالية للمشروع وهذه تساوي (١٣٦٢٩-١٣,٠٠٠=) ٦٢٩ دينار، ونظراً لأن صافي القيمة الحالية للمشروع موجبة لذلك يعتبر المشروع مربحاً اقتصادياً.

وبدراسة الأرقام السابقة يمكن التوصل إلى الحقائق الآتية:

١. أن صافي القيمة الحالية للمشروع موجبة وبالتالي يمكن التوصية بقبول المشروع.

٢. أن التدفق النقدي الذي تم استلامه في نهاية السنة الثانية قد غطى البنود الآتية:

١٣,٠٠٠	التكلفة الأولية للاستثمار
٢,٨٧١	تكلفة رأس المال = ١٦٥٠٠ - ١٣٦٢٩
٦٢٩	صافي القيمة الحالية وهي أرباح المشروع
١٦٥٠٠	الإجمالي / التدفق النقدي

تكلفة الأموال:

يعرف معدل الخصم، بتكلفة راس المال أو تكلفة الأموال، ولقد حظي هذا الأمر باهتمام كبير في الإدارة المالية، ولتحديده تم اقتراح عدة طرق في الإدارة المالية ومنها طريقة المتوسط المرجح التي اقترحها العالمان موديجلياني وميلر، وبموجب هذه الطريقة يجب دراسة تكلفة مصادر التمويل التي استخدمت في تمويل أصول المشروع، وهذه تتكون في العادة عبارة عن القروض وأموال حقوق الملكية. وتختلف تكلفة هذه المصادر لاختلاف درجة المخاطرة التي يتعرض لها أصحابها، وبعد تحديد تكلفة هذه المصادر ومقدار الأموال المستخدمة منها يتم حساب المتوسط المرجح لتكلفة الأموال بضرب تكلفة الأموال في نسبتها في إجمالي التمويل، ولتوضيح ذلك افترض أنه تم تمويل إحدى المشروعات الاستثمارية كالتالي:

جدول (٦-٧)

مصادر تمويل المشروع الرأسمالي

التكلفة بعد الضريبة	القيمة	مصادر التمويل
١٢%	١٠٠,٠٠٠	دين طويل الأجل
١٥%	٢٠٠,٠٠٠	اسهم ممتازة
١٨%	٣٠٠,٠٠٠	اسهم عامة

وعليه فإن المتوسط المرجح لتكلفة الأموال هو:

$$١٦\% = \frac{١٢\% \times ١٠٠,٠٠٠ + ١٥\% \times ٢٠٠,٠٠٠ + ١٨\% \times ٣٠٠,٠٠٠}{٦٠٠,٠٠٠}$$

مما سبق نجد أن تكلفة الأموال تتكون من تكلفة جميع مصادر التمويل التي استخدمت في تمويل المشروع الاستثماري وليس من تكلفة الاقتراض.

وعلى الجانب الآخر، قامت نظرية التمويل الحديثة بتقديم نموذج تقييم جديد يعرف باسم نموذج تقييم الأصول الرأسمالية Capital Assets Pricing Model وهو حسب المعادلة الآتية:

$ER_j = R_F + B_j (R_M - R_F)$

حيث أن ER_j هو معدل سعر القطع وهو معدل أرباح الأصل J وأن R_F هو معدل العائد الخالي من المخاطرة، وأن R_m هو معدل العائد على أسعار اسهم السوق المالية وأن B_j وهي سعر وحدة المخاطرة وعلى الرقم من المجهودات الكبيرة التي بذلت لتحديد معدل سعر القطع فقد وجد أن منشآت الأعمال تحدد هذا المعدل على أساس الخبرة الشخصية (الرجبي، ١٩٩٨).

صافي القيمة الحالية *Net Present Value*

تعرف صافي القيمة الحالية على أنها الفرق بين القيمة الحالية للتدفقات النقدية وتكلفة المشروع الأولية ويتم التعبير عنها باستخدام المعادلة التالية:

$$\text{ص ق ح} = \sum_{\text{أ}=1}^{\text{ن}} \frac{\text{نق}_{1}}{(1+\text{ف})^{\text{أ}}} - \text{ث} \quad ......(٥)$$

حيث أن :

ص ق ح = صافي القيمة الحالية.

$\sum_{\text{أ}=1}^{\text{ن}}$ = مجموع القيمة الحالية للتدفقات من المفردة أ=١ وحتى المفردة أ= ن

$\frac{\text{نق}1}{(1+\text{ف})^{\text{أ}}}$ القيمة الحالية للتدفق النقدي في سنة أ.

ن: آخر سنة في حياة المشروع.

ف: تكلفة رأس المال.

ت: التكلفة الأولية للاستثمار.

يعرف الكسر ١/(١+ف)أ في المعادلة رقم (٥) بمعامل خصم القيمة الحالية لسنة (أ) ويتم الحصول عليه من الملحق أ، وتكون ص ق ح موجبة إذا كانت القيمة الحالية للتدفقات النقدية اكبر من تكلفة الاستثمار والعكس صحيح.

ولتوضيح حساب صافي القيمة الحالية، سيتم استخدام البيانات الواردة في الجدول (٧-٣) والخاصة بالمشروعين ب،ج،مع افتراض أن تكلفة راس المال هي١٠%.

أولاً: صافي القيمة الحالية للمشروع (ب):

جدول (٧-٧)

صافي القيمة الحالية للمشروع ب

السنة	التدفق النقدي	معامل الخصم	القيمة الحالية
٠	(٢٠,٠٠٠)	١,٠٠٠	(٢٠,٠٠٠)
١	٥٠٠	٠,٩٠١	٤٥٤٦
٢	١٧,٠٠٠	٠,٨٢٦٤	١٤٠٤٩
٣	٣٧٥٢	٠,٧٥١٣	٢٨١٩
صافي القيمة الحالية			١٤١٤

لقد تم الحصول على معاملات الخصم من الملحق رقم (أ) ولتحديد القيمة الحالية ثم ضرب معامل خصم القيمة الحالية في التدفق النقدي، وبجمع القيمة الحالية للتدفقات النقدية الداخلة، وطرح تكلفة الاستثمار نتوصل إلى صافي القيمة الحالية للمشروع. ولأنها قيمة موجبة يكون المشروع مقبولاً.

ثانياً: صافي القيمة الحالية للمشروع (ج):

جدول (٧-٨)

صافي القيمة الحالية للمشروع جـ

السنة	التدفق النقدي	معامل الخصم	القيمة الحالية
٠	(٢٠,٠٠٠)	١,٠٠٠	(٢٠,٠٠٠)
١	٨٦١٥	٠,٩٠٩١	٧٨٣٢
٢	٨٦١٥	٠,٨٢٦٤	٧١١٩
٣	٨٦١٥	٠,٧٥١٣	٦٤٧٢
صافي القيمة الحالية			١٤٢٣

لقد تم تحديد القيمة الحالية لكل تدفق سنوي بضربه في معامل خصم القيمة الحالية الذي يتم استخراجه من جدول القيمة الحالية. وبجمع القيمة الحالية للتدفقات النقدية وطرح تكلفة الاستثمار منها نتوصل إلى صافي القيمة الحالية.

وبهذا نجد أن للمشروعين ب،ج صافي قيمة حالية موجبة لذلك يتم قبولهما إذا توفرت الأموال اللازمة للاستثمار.

أما إذا لم تتوفر الأموال الكافية أو أن هذه المشروعات هي مشروعات بديلة بحيث إذا تم قبول إحداها يجب رفض المشروع الآخر فإنه في هذه الحالات يجب أن يتم اختيار المشروع (ج) لأنه يعطي صافي قيمة حالية أعلى من صافي القيمة الحالية للمشروع (ب). لاحظ هنا أن تكلفة استثمار المشروعين متساوية ولذلك قمنا بالمفاضلة بين المشروعين باستخدام طريقة صافي القيمة الحالية. أما إذا كانت قيمهما مختلفة فلا بد من مراعاة ذلك قبل التوصل إلى رأي نهائي بخصوصهما.

التدفقات النقدية المنتظمة:

عندما يعطي المشروع تدفقات نقدية متساوية من فترة لأخرى يمكن تبسيط العمل باستخدام جدول الدفعات السنوية الملحق رقم (٢) بدلاً من المحلق رقم (١). فكل رقم في الجدول رقم (٢) يمثل القيمة الحالية لمبلغ ١ دينار، يقبض في نهاية كل سنة على مدار عدة سنوات وبمعدل فائدة معين. فمثلاً: إذا كانت الدفعة السنوية منتظمة لثلاث سنوات وتكلفة راس المال ١٠% عندها نذهب إلى جدول الدفعات السنوية ملحق رقم (٢) وعند تقاطع السطر الثالث والعمود ١٠% نجد أن معامل الخصم يبلغ ٢,٤٨٦٨، وعليه ستكون صافي القيمة الحالية المشروع (ج) الوارد أعلاه لأنه يعطي تدفقات منتظمة هي:

صافي القيمة الحالية = الدفعة السنوية × معامل خصم الدفعة السنوية - تكلفة الاستثمار

∴ صافي القيمة الحالية = ٨٦١٥ ×٢,٤٨٦٨ - ٢٠,٠٠٠

= ١٤٢٤ دينار.

وهي نفس الرقم الذي تم التوصل إليه سابقاً في الجدول (٧-٨).

دليل القيمة الحالية:

يعتبر صافي القيمة الحالية مؤشراً مناسباً لمقارنة المشروعات البديلة عندما تتساوى تكلفتها الأولية ولكن إذا اختلفت هذه التكلفة تصبح صافي القيمة الحالية أداة بحاجة إلى تطوير، فمثلاً إذا كانت صافي القيمة الحالية للمشروع (أ) هي ٥٠٠ دينار وصافي القيمة الحالية للمشروع (ب) ٦٠٠ دينار فعند تساوي تكلفة الاستثمار للمشروعين يكون المشروع (ب) افضل من المشروع (أ) . ولكن إذا علمنا أن تكلفة المشروع (ب) هي ضعف تكلفة المشروع (أ) عندها يكون المشروع (أ) هو الأفضل. ولتجنب هذه المشكلة يتم حساب دليل القيم الحالية Present Value Index وهو يساوي:

القيمة الحالية للتدفقات النقدية

دليل القيمة الحالية = --------------------- .... (٦)

التكلفة الأولية للاستثمار

ومن المنطقي أن تزيد قيمة دليل القيمة الحالية عن واحد صحيح للمشروع المقبول من ناحية اقتصادية، وهذا يتحقق عندما تكون صافي القيمة الحالية موجبة. فعند الفاضلة بين المشروعات يتم اختيار المشروع الذي يكون دليل قيمته الحالية.

معدل العائد الداخلي: *Internal Rate Return*

يعرف معدل العائد الداخلي على أنه سعر الخصم الذي يجعل القيمة الحالية للتدفقات النقدية مساوية لتكلفة الاستثمار وهنا تكون صافي القيمة الحالية للمشروع صفراً وباستخدام الرموز الواردة في المعادلة رقم (٥) يتم التعبير عن هذا الوضع باستخدام المعادلة التالية:

نق١

مجـ -------- - ث = صفر .... (٧)

أ=١ (١+ ف)أ

ن

وبدراسة هذه المعادلة نجد أن المجهول الوحيد بها هو ف (سعر القطع) لأننا نعرف قيمة التدفقات النقدية وسنوات حياة المشروع. ولتحديد قيمة (ف) نواجه بأحد احتمالين هما: أن تكون التدفقات النقدية منتظمة ، أو أن تكون غير منتظمة وهذه الحالات سيتم مناقشتها على التوالي:

أولاً: التدفقات النقدية المنتظمة:

عند تساوي التدفقات النقدية من سنة لأخرى يمكن إعادة كتابة المعادلة (٧) كالتالي:

تكلفة الاستثمار

معامل خصم الدفعة السنوية = -------------- ....(٤)

التدفق النقدي السنوي

وبتطبيق هذه المعادلة على البيانات الخاصة بالمشروع (ج) نجد أن معامل خصمه يساوي:

$$\frac{٢٠,٠٠٠}{٨٦١٥} = ٢,٣٢١٥$$

ولأن عمر المشروع هو ثلاث سنوات فإنه يتم إيجاد قيمة معامل الخصم من جدول الدفعات السنوية وذلك بقراءة معاملات الخصم الموجودة في السطر الثالث في جدول الدفعات السنوية ونبحث فيه عن مبلغ مقداره ٢,٣٢١٥ ونجده عند تقاطع السطر الثالث وعمود ١٤% وبالتالي يكون معدل العائد الداخلي للمشروع ج هو ١٤%، ولمعرفة ما إذا كان المشروع مقبولاً من ناحية اقتصادية أم لا تتم مقارنة معدل العائد الداخلي مع تكلفة الأموال، فإذا زاد عنها يعتبر المشروع مقبولاً أما إذا قل عنها فإنه يعتبر غير مقبول.

ثانياً: التدفقات النقدية غير المنتظمة:

في حالة عدم تساوي التدفقات النقدية أو عندما تتساوى هذه التدفقات مع وجود قيمة لنفاية المشروع يجب أن يتم تحديد معدل العائد الداخلي عن طريق التجربة والخطأ. وللبدء في التجربة يتم استخدام أي معدل قطع لتحديد صافي القيمة الحالية للمشروع، فإذا وجد أنها موجبة عندها يجب رفع معدل القطع، أما إذا كانت سالبة فإنه يجب تخفيض هذا المعدل، ويتم تكرار المحاولة حتى يتم تحديد المعدل الذي يحقق الشرط المطلوب وهو تساوي القيمة الحالية للتدفقات مع تكلفة الاستثمار.

وفي حالات معينة قد نصل عند استخدام معدل خصم معين إلى وجود صافي قيمة حالية موجبة، وعند استخدام معدل أعلى منه نصل إلى صافي قيمة حالية سالبة، وفي هذه الحالة حتى يتم الوصول إلى رقم معدل العائد الداخلي يمكن استخدام المعادلة التالية:

$$ف_1 + \frac{\text{ص ق ح عند ف١}}{\text{ص ق ح عند ف١ - ص ق ح عند ف٢}} \times (ف_2 - ف_1) \quad .... (٩)$$

ولتوضيح حساب معدل العائد الداخلي سيتم استخدام بيانات المشروع (ب) الواردة في الجدول (٧-٣).

جدول (٧-٩)

حساب معدل العائد الداخلي

السنة	التدفق النقدي	معدل الخصم عند ١٢%	القيمة الحالية	معدل الخصم عند ١٤%	القيمة الحالية
٠	(٢٠,٠٠٠)	١,٠٠	(٢٠,٠٠٠)	١,٠٠٠	(٢٠,٠٠٠)
١	٥٠٠٠	٠,٨٩٢٩	٤٤٦٤	٠,٨٧٧٢	٤٣٨٦
٢	١٧,٠٠٠	٠,٧٩٧٢	١٣٥٥٢	٠,٧٦٩٥	١٣٠٨١
٣	٣٧٥٢	٠,٧١١٨	٢٦٧١	٠,٦٧٥٠	٢٥٣٣
			٦٨٧		صفر

عند تحديد معدل العائد الداخلي تم البدء باستخدام معدل خصم ١٢% وعنده تبين أن صافي القيمة الحالية للمشروع موجة ولذلك قمنا باستخدم معدل أعلى من ١٢% لذلك يتم استخدام معدل ١٤% وعنده تبين لنا أن صافي القيمة الحالية صفراً ولذلك فأن معدل العائد الداخلي للمشروع (ب) هو ١٤%.

والآن افترض أنه تم البدء بمعدل ١٣% وعنده ستكون صافي القيمة الحالية هي : (٢٠,٠٠٠) + ٥٠٠٠ × ٠,٨٨٥ + ١٧,٠٠٠ × ٠,٧٨٣ + ٣٧٥٢ × ٠,٦٩٣ =) ٣٣٦ دينار وبعدها قمنا باستخدام معدل ١٥% وعنده ستكون صافي القيمة الحالية هي:

(٢٠,٠٠٠) +٥٠٠٠ ×٠,٨٦٩ +١٧٠٠٠ ×٠,٧٥٦ +٣٧٥٢×٠,٦٥٧

= (٣٨٠)

إذن لدينا الآن قيمة حالية موجبة عند ١٣% وقيمة صافي حالية سالبة عند ١٥%. هنا يمكن استخدام المعادلة رقم (٩) لتحديد معدل العائد الداخلي بصورة تقريبية كالتالي:

٣٣٦

١٣% + ----------- × (١٥% -١٣%) = ١٣,٩٣%

٣٣٦ - (-٣٨٠)

إذن معدل العائد الداخلي = ١٣,٩٣%

ومن خصائص معدل العائد الداخلي أنه يفترض إعادة استثمار التدفقات بمعدل يساوي معدل العائد الداخلي، فمثلاً، عندما يحقق المشروع معدل عائد داخلي مقداره ١٥%، فإن تدفقات النقدية يتم إعادة استثمارها بهذا المعدل إلى ما لا نهاية، وهذا يؤدي إلى التحيز تجاه المشروعات الأقصر عمراً إذا كان معدل عائدها الداخلي أعلى من المشروعات الأكبر حجماً، إضافة إلى ذلك فإنه يمكن حساب عدة معدلات عائد داخلي للمشروع إذا كانت إحدى تدفقاته النقدية سالبة. وعلى الرغم من هذه الانتقادات، يميل الكثير من المديرين إلى استخدامه كأداة للمقارنة بين المشروعات، حيث يبدأون بتحديد معدل العائد المقبول لديهم ثم يقومون باستبعاد أي مشروع لا يؤدي إلى تحقيق عائد أعلى من المعدل الذي تم تحديده. وبعد هذه المرحلة تتم دراسة المشروعات التي تخطت المعدل المستهدف للمفاضلة بينها.

ومن المزايا الرئيسية لهذه الطريقة أنها تأخذ في الحسبان القيمة الزمنية للنقود حيث أن تكلفة الأموال مساوية لمعدل العائد الداخلي.

معكوس فترة الاسترداد *The Pay Back Reciprocal*

يستخدم معكوس فترة الاسترداد لتقدير معدل العائد الداخلي ويتحدد بقسمة واحد صحيح على فترة الاسترداد ، فمثلاً إذا كانت فترة الاسترداد لإحدى المشروعات هي ٥ سنوات فإن معكوس فترة الاسترداد يساوي ٢٠% (١/٥).

ولكي يكون هذا التقدير لمعدل العائد الداخلي مقبولاً، يشترط أن يكون طول فترة التدفقات النقدية للمشروع ضعف فترة الاسترداد على الأقل، ولذلك حتى يتم استخدم معكوس فترة الاسترداد للمشروع السابق في تقدير معدل عائده الداخلي يجب أن تكون فترة التدفقات النقدية لهذا المشروع ١٠ سنوات على الأقل وإلا فسيكون المعدل المقدر أعلى من معدل العائد الفعلي الذي يتم حسابه عن طريق خصم التدفقات النقدية، أو عن طريق التجربة والخطأ.

الخاتمــة

في هذا الفصل قمنا بدراسة موضوع الموازنات الرأسمالية ووجدنا أنها تمثل العملية الإدارية المتعلقة بتمويل الأصول طويلة الأجل والحصول عليها. والمفاضلة بينها لاختبار أفضلها ولاتخاذ هذه القرارات يتم استخدام التدفقات النقدية للمشروعات بدلاً من الأرباح لان الرقم الأخير يتضمن قيود تسويات جردية ليس لها تأثير على النقدية. وقد تعرضنا إلى دراسة الطرق المختلفة المستخدمة في تقييم المشروعات الرأسمالية وهي طريقة فترة الاسترداد، وطريقة معدل الربح المحاسبي، وطريقة صافي القيمة الحالية، وطريقة معدل العائد الداخلي، ووجدنا أن لكل طريقة منها مزايا وعيوباً وكان عيب الطريقتين الأولى والثانية هو إهمالهما للقيمة الزمنية للنقود، ومع ذلك فإنه يتم استخدامها في الحياة العملية إلى الآن. وبالنسبة لطريقتي القيمة الحالية ومعدل العائد الداخلي فقد تم تطبيقهما على التدفقات النقدية المنتظمة وغير المنتظمة وتم عرض بعض التحسينات عليهما. وفي الفصل التالي ستتم مناقشة مشاكل استخدامهما في الواقع العملي حيث سيتم التعرض لأثر الاستهلاك والضرائب والمفاضلة بين المشروعات المتنافسة.

أسئلة وتمارين

السؤال الأول: ما هو الاختلاف بين التدفق النقدي وصافي الربح المحاسبي.

السؤال الثاني: ما هو المقصود بتكلفة الاستثمار وما هي مكوناتها.

السؤال الثالث: حدد أنواع القرارات الاستثمارية.

السؤال الرابع: ما هي أهم مزايا وعيوب طريقة فترة الاسترداد.

السؤال الخامس: ما هي أهم مزايا وعيوب طريقة معدل الربح المحاسبي.

السؤال السادس: ما هو معيار قبول المشروعات الرأسمالية عند استخدام كل من طريقة صافي القيمة الحالية وطريقة معدل العائد الداخلي.

السؤال السابع: عرف المقصود بدليل القيمة الحالية وعند استخدامه في تقييم المشروعات الرأسمالية فما هي صفة دليل القيمة الحالية للمشروع المقبول.

السؤال الثامن: حدد الطرق التي يمكن استخدامها في تحديد تكلفة رأس مال. وهل توافق على أن تكون تكلفة رأس المال مساوية لتكلفة الاقتراض.

السؤال التاسع: حدد السمات الرئيسة لطريقة معدل العائد الداخلي.

السؤال العاشر: اشترت إحدى الشركات آلة بمبلغ ٢٠٠,٠٠٠دينار وعمرها الإنتاجي ٦سنوات وتستهلك بطريقة مجموع أرقام السنين وبدون اعتبار لقيمة النفاية، ويتوقع أن تعطي هذه الآلة تدفقاً نقدياً منتظماً بعد الضريبة مقداره ٦٠,٠٠٠ دينار في السنة، وتكلفة رأس المال ١٠%.

<u>المطلوب:</u>

١. حساب فترة الاسترداد لهذه الآلة.

٢. حساب صافي القيمة الحالية للآلة.

السؤال الحادي عشر: اشترت شركة آلة بمبلغ (س) وعمرها الإنتاجي ٣ سنوات، وتحقق معدل عائد داخلي مقداره ١٠% وكان التدفق النقدي للآلة كالتالي:

السنة الأولى : ٥٠,٠٠٠ دينار

السنة الثانية : ٤٠,٠٠٠ دينار

السنة الثالثة: ٣٠,٠٠٠ دينار

المطلوب:

١. تحديد تكلفة هذه الآلة.

٢. حساب فترة الاسترداد لهذه الآلة.

السؤال الثاني عشر: اشترت شركة آلة بمبلغ ١٥٠,٠٠٠ دينار وعمرها الإنتاجي ٤ سنوات وتقدر تدفقاتها النقدية السنوية خلال حياتها الإنتاجية كالتالي:

السنة الأولى   ٦٠,٠٠٠

السنة الثانية   ٥٥,٠٠٠

السنة الثالثة   ٤٢,٠٠٠

السنة الرابعة   ٣٠,٠٠٠

المطلوب:

تحديد صافي القيمة الحالية للآلة إذا كانت تكلفة رأس المال ٨%.

السؤال الثالث عشر: تدرس إحدى الشركات مشروعاً استثمارياً تكلفته الأولية ٢٠٠,٠٠٠ دينار ويتوقع أن تبلغ تدفقاته النقدية ٥٠,٠٠٠ دينار في السنة ولمدة ٥ سنوات ويتوقع أن تبلغ قيمة نفايته في نهاية السنة الأولى ٢٠٠,٠٠٠ دينار وأن تتناقص قيمة هذه النفاية بمبلغ ٤٠,٠٠٠دينار سنوياً بعد السنة الأولى إلى أن تصبح صفراً في نهاية عمره الإنتاجي.

المطلوب:

١. حساب فترة الاسترداد بدون اعتبار لقيمة التخلص.

٢. حساب فترة الاسترداد مع اعتبار قيمة النفاية.

السؤال الرابع عشر: تفكر إحدى شركات البناء في شراء جرافة ورافعة بمبلغ ١٠٠,٠٠٠ د ويتوقع أن تكون حياتهما الاقتصادية ٨ سنوات وأن تكون قيمة النفاية لهما في نهاية عمرهما الإنتاجي ١٥,٠٠٠ دينار ويتوقع أن تبلغ التدفقات النقدية لهما ٤٠,٠٠٠ دينار في السنتين الأولى والثانية وأن تنخفض هذه التدفقات إلى ٣٠,٠٠٠ دينار في كل سنه من السنوات الباقية من عمرهما الإنتاجي.

المطلوب:

١. حساب فترة الاسترداد لهذا المشروع.

٢. حساب معدل العائد المحاسبي على متوسط الاستثمار في نهاية السنة الأولى.

السؤال الخامس عشر: اشترت شركة آلة بمبلغ ٤٠,٠٠٠ دينار في ٢٠٠١/١/١ ونظراً للتطور الصناعي عرض على الشركة يوم ٢٠٠١/١/٥ آلة جديدة بمبلغ ٦٠,٠٠٠ دينار ومن ضمن العرض أن تقوم الشركة الصانعة بشراء الآلة القديمة بمبلغ ١٢,٠٠٠ دينار إذا اشترت الشركة الآلة الجديدة. وتقدر تكاليف التشغيل النقدية للآلة القديمة بمبلغ ٣٠,٠٠٠دينار سنوياً. أما الآلة الجديدة فإن تكاليفها التشغيلية تقدر بمبلغ ٢٠,٠٠٠ دينار فقط وتقدر تكلفة راس المال بنسبة ١٠%.

المطلوب :

حساب صافي القيمة الحالية للآلتين إذا كان العمر الإنتاجي لهما ٤ سنوات.

السؤال السادس عشر: تبلغ تكلفة الأصول الثابتة في مشروع استثماري ٥٠,٠٠٠ دينار ويتم استهلاكها بطريقة القسط الثابت على مدار ٥ سنوات بعد طرح قيمة

النفاية والبالغة ٥٠٠٠ د. ويتوقع أن يعطي هذا المشروع تدفقاً نقدياً قبل الضرائب مقداره ١٢،٠٠٠ دينار في السنة وأن معدل ضريبة الدخل ٤٠% ومعدل تكلفة رأس المال هي ١٢%.

المطلوب:

١. تحديد التدفق النقدي السنوي للمشروع بعد الضرائب.

٢. تحديد قيمة صافي القيمة الحالية للمشروع.

٣. تحديد فترة الاسترداد.

٤. تحديد معدل العائد المحاسبي على متوسط الاستثمار في السنة الأولى.

السؤال السابع عشر: تبلغ التكلفة لمشروع استثماري ٣٤٣٣٠ دينار وعمره الإنتاجي ٥ سنوات ويتوقع أن تبلغ تدفقاته النقدية ١٠،٠٠٠ دينار سنوياً وتكلفة رأس المال ١٢%.

المطلوب:

١. تحيد فترة الاسترداد.

٢. حساب معدل العائد المحاسبي على الاستثمار الأولي ومتوسط تكلفة الاستثمار.

٣. حساب معدل العائد الداخلي.

٤. حساب صافي القيمة الحالية للمشروع.

السؤال الثامن عشر: تقوم إحدى الشركات بدراسة مشروع استثماري. ويتوقع أن تبلغ تكلفة الآلات اللازمة ٥٠،٠٠٠ دينار ومصروفات تركيبها وتشغيلها وإجراء بعض التعديلات عليها ١٠،٠٠٠ دينار يتم استهلاك هذه الأصول بطريقة مجموع أرقام السنين وعلى مدار عمرها الإنتاجي الذي يبلغ ٥ سنوات. لكن يتوقع بيع

أصول هذا المشروع في نهاية السنة الثالثة بمبلغ ٢٠,٠٠٠دينار. ويتوقع أن يحتاج تشغيل هذه الآلات إلى

زيادة في رأس المال العامل مقدارها ٥٠٠٠ د، ويتوقع أن يؤدي هذا المشروع إلى توفير مبلغ ٢٠,٠٠٠ دينار

سنوياً.

<u>المطلوب:</u>

١. تحديد إجمالي تكلفة الاستثمار

٢. تحديد صافي القيمة الحالية للمشروع إذا كان سعر القطع١٢%.

الفصل الثامن

الموازنة الرأسمالية: أمور عملية

أهداف الفصل :

بعد دراسة هذا الفصل يجب أن تكون قادرا على معرفة :

١. أثر الضرائب على التدفقات النقدية .

٢. أثر الاستهلاك على التدفقات النقدية .

٣. المقارنة بين المشروعات الجديدة والمشروعات القديمة .

٤. المقارنة بين طريقة صافي القيمة الحالية وطريقة معدل العائد الداخلي .

٥. عيوب استخدام طريقة معدل العائد الداخلي عند المفاضلة بين المشروعات .

٦. المقارنة بين المشروعات الرأسمالية عند اختلاف تكلفة الاستثمار.

٧. المقارنة بين المشروعات الرأسمالية عند اختلاف عمرها الإنتاجي.

مقدمــــة :

في الفصل السابق تم دراسة موضوع الموازنات الرأسمالية وركزنا به على طرق تقييم المشروعات الرأسمالية في حالة عدم وجود ضريبة دخل وهذا الأمر جعلنا لا نعتبر قيمة الاستهلاك عند حساب التدفقات النقدية وفي هذا الفصل سوف تسقط تلك الافتراضات ونساير الحالة العامة وهي أن كل دول العالم تفرض ضرائب دخل على مواطنيها. سوف يؤثر على النتائج النهائية لتقييم المشروعات الرأسمالية.

ضرائب الدخل:

تعد ضريبة الدخل من الأدوات المالية التي تستخدمها الدولة للتأثير على النشاط الاقتصادي ودعمه وتوفير الحصيلة المالية لمواجهة الإنفاق العام، لذلك يتم فرض ضريبة على الأرباح التي تحققها الشركات. وفي الأردن يتم فرض الضريبة على أرباح المشروعات وكذلك قامت الدولة بإصدار قانون تشجيع الاستثمار يعفي شركات معينة من ضريبة الدخل، وكان آخر تعديل له عام ١٩٩٥، ويعطى هذا القانون، بموافقة لجنة وزارية ومصادقة مجلس الوزراء بعض المشروعات الرأسمالية الجديدة التي تتوافر فيها شروطا معينة إعفاءاً من ضريبة الدخل لفترات تتراوح من ٥ سنوات إلى ١١ سنة، كما يعفي الأصول الثابتة المستوردة من الرسوم الجمركية أيضاً، وللحصول على الإعفاءات الواردة في هذا القانون يجب استخدام الأيدي العاملة الأردنية، والمواد الخام الأردنية، وتشجيع وتنمية الصادرات، وتوفير العملات الصعبة، وإقامة المشروع لأول مرة في المملكة . فعند حصول المشروع على الإعفاءات السابقة يجب إعداد التدفقات النقدية الخاصة بفترة الإعفاء بدون الأخذ في الحسبان ضريبة الدخل، ثم تحديد التدفقات النقدية بعد الضرائب للفترة التي تعقب فترة الإعفاء. ولتوضيح طريقة تحويل التدفقات النقدية من قبل الضرائب إلى بعد الضرائب سيتم الاعتماد على البيانات الآتية :

مثال (١) :

تدرس إحدى الشركات مشروع إنفاق رأسمالي تكلفته ١٠٠,٠٠٠ دينار وعمره الاقتصادي ٤ سنوات ، ويتوقع أن يعطي تدفقات نقدية سنوية مقداره ٤٠,٠٠٠ دينار قبل الضريبة ، وأن ضريبة الدخل ٤٠% . ويتم استهلاكه باستخدام طريقة القسط الثابت ولا تستطيع الشركة الحصول على إعفاءات قانون تشجيع الاستثمار لهذا المشروع.

المطلوب :

تحديد التدفق النقدي السنوي بعد الضرائب لهذا المشروع .

الحل :

نظراً لأن التدفقات النقدية والاستهلاك الخاص بهذا المشروع متساوي من سنه لأخرى لذلك سنكتفي بمعالجة التدفق النقدي لسنة واحدة ويمكن تحديد التدفق النقدي السنوي بعد الضرائب كالآتي :-

التدفق النقدي السنوي قبل الضرائب	٤٠,٠٠٠
ناقص الاستهلاك السنوي (٤/١٠٠,٠٠)	(٢٥,٠٠٠)
التدفق النقدي بعد الاستهلاك وقبل الضريبة	١٥,٠٠٠
ناقص ضريبة الدخل ١٥,٠٠٠ × ٤٠%	(٦,٠٠٠)
صافي الربح بعد الضريبة	٩,٠٠٠
+ الاستهلاك	٢٥,٠٠٠
التدفق النقدي بعد الضريبة	٣٤,٠٠٠

ولقد تم إضافة الاستهلاك إلى صافي الربح بعد الضريبة لأنه نفقة غير نقدية وتم خصمها من الإيرادات قبل تحديد التدفق النقدي بعد الاستهلاك.

ويمكن التوصل إلى نفس الرقم السابق للتدفق بتحويل التدفقات النقدية الداخلة والخارجة كل على حده من تدفق نقدي قبل الضريبة إلى تدفق نقدي بعد الضريبة

وذلك بضرب التدفق النقدي في متمم معدل ضريبة الدخل وضرب المصروف غير النقدي مثل الاستهلاك في معدل ضريبة الدخل. وبتطبيق ذلك على المعلومات الواردة أعلاه تكون التدفقات النقدية للمشروع بعد الضريبة كالتالي:-

٢٤,٠٠٠	الإيرادات النقدية = ٤٠,٠٠٠ × (١- معدل ضريبة الدخل)
١٠,٠٠٠	الوفر الضريبي للاستهلاك = (٢٥,٠٠٠ × ٤٠%)
٣٤,٠٠٠	التدفق النقدي للداخل

بدراسة ما تم أعلاه نجد أن الإيرادات قد قسمت بين المنشأة وضريبة الدخل فحصلت المنشأة على ٦٠% منها وحصلت دائرة ضريبة الدخل على ٤٠% منها وبالمثل تتحمل دائرة ضريبة الدخل ٤٠% من قيمة المصروفات غير النقدية وهنا يمثلها الاستهلاك وهذا يعتبر تدفقاً نقدياً للمنشأة. وبجمع حصة دائرة ضريبة الدخل من الإيرادات وحصتها من المصروفات نتوصل إلى رقم الضريبة الذي يتم فرضه على رقم صافي الربح وهنا أدى الاستهلاك إلى توفير مبلغ ١٠,٠٠٠ دينار من قيمة ضريبة الدخل لأن الاستهلاك يعتبر من وجهة نظر قانون الضريبة مصروفاً يجب تنزيله من الإيرادات قبل تحديد الربح الخاضع للضريبة. وهذا المبلغ يعرف بالوفر الضريبي للاستهلاك. ويتحدد بضرب الاستهلاك في معدل ضريبة الدخل.

أثر طرق الاستهلاك المختلفة:

عرضت كتب المحاسبة عدة طرق لاستهلاك الأصول منها طريقة القسط الثابت وطرق الاستهلاك المتناقضة. تقوم طريقة القسط الثابت بتحميل كل سنة من سنوات حياة المشروع بمبلغ ثابت عن الاستهلاك. لذلك تكون الوفورات الضريبة السنوية للاستهلاك متساوية من سنة لأخرى.

وتقوم طرق الاستهلاك المتناقضة بتحميل السنوات الأولى من حياة المشروع بمصروفات استهلاك أكبر من السنوات الأخيرة. وهذا يؤدي إلى أن تكون الوفورات الضريبة للاستهلاك في السنوات الأولى من حياة المشروع أكبر من الوفورات الضريبة في السنوات الأخيرة من حياة المشروع. ولما كانت أقساط الاستهلاك المتناقصة في السنوات الأولى من حياة المشروع أكبر من أقساط الاستهلاك الثابتة أذن تكون الوفورات الضريبية في السنوات الأولى من حياة المشروع في حالة استخدام طرق الاستهلاك المتناقصة أكبر من مثيلاتها في حالة استخدام طريقة القسط الثابت. ونظراً لأن الوفورات الضريبية تعتبر تدفقاً نقدياً إلى الداخل Cash in flow لذلك تزداد القيمة الحالية للتدفقات النقدية للمشروع عند استخدام طرق الاستهلاك المتناقضة بالمقارنة مع استخدام طريقة الاستهلاك الثابت. ولهذا استخدمت طرق الاستهلاك المتناقضة كإحدى آليات تشجيع الاستثمار في كثير من الدول.

ففي الولايات المتحدة يتم تقسيم الأصول الثابتة إلى ثلاث مجموعات، استهلاك بعضها على مدى ثلاث سنوات، ومجموعة أخرى ويتم استهلاكها على مدى خمسة سنوات والأخيرة ويتم استهلاكها على مدى ثمانية سنوات. وهذا بطبيعة الحال يؤدي إلى تقصير عمر الأصول الثابتة ومن ثم رفع نسبة الاستهلاك. وفي بريطانيا يسمح باستخدام أسلوب الاستهلاك المتسارع. أما في الأردن فلا تسمح دائرة ضريبة الدخل باستخدام أي طريقة استهلاك عدا طريقة قسط الاستهلاك الثابت.

ولتوضيح أثر قيمة طرق الاستهلاك على القيمة الحالية ستتم المقارنة بين القيمة الحالية لوفر استهلاك المشروع الوارد في المثال رقم (١) أولاً عند استخدام طريقة مجموع أرقام السنين ثم عند استخدام طريقة القسط الثابت.

أولاً: طريقة أرقام السنين:

بموجب هذه الطريقة يكون الاستهلاك السنوي للأصول الرأسمالية كالتالي:

$$\text{السنة الأولى } ١٠٠,٠٠٠ \times \frac{٤}{١٠} = ٤٠,٠٠٠ \text{ دينار}$$

$$\text{السنة الثانية } ١٠٠,٠٠٠ \times \frac{٣}{١٠} = ٣٠,٠٠٠ \text{ دينار}$$

$$\text{السنة الثالثة } ١٠٠,٠٠٠ \times \frac{٢}{١٠} = ٢٠,٠٠٠ \text{ دينار}$$

$$\text{السنة الرابعة } ١٠٠,٠٠٠ \times \frac{١}{١٠} = ١٠,٠٠٠ \text{ دينار}$$

لقد تم حساب مقام نسبة الاستهلاك بجمع أرقام سنين حياة المشروع وهي (٤+ ٣+ ٢+ ١). ويمكن تحديد هذا المجموع بالمعادلة الآتية:

$$\frac{\text{ن (ن+١)}}{٢}$$

وبعد حساب الاستهلاك يتم حساب الوفر الضريبي للاستهلاك وذلك بضرب الاستهلاك بمعدل ضريبة الدخل، ثم بعد ذلك يتم ضرب مبلغ الوفر في معامل خصم القيمة الحالية لتحديد القيمة الحالية للوفر الضريبي للاستهلاك ويحتوي الجدول (٨-١) على العمليات الحسابية:

جدول (٨-١)

الوفر الضريبي للاستهلاك حسب طريقة مجموع أرقام السنين

السنة	الاستهلاك السنوي	الوفر الضريبي عند معدل ٤٠%	معامل الخصم عند ١٠%	القيمة الحالية لوفر الاستهلاك
١	٤٠,٠٠٠	١٦,٠٠٠	٠,٩٠٩	١٤٥٤٤
٢	٣٠,٠٠٠	١٢,٠٠٠	٨٢٦،	٩٩١٢
٣	٢٠,٠٠٠	٨,٠٠٠	٧٥١،	٦٠٠٨
٤	١٠,٠٠٠	٤,٠٠٠	٦٨٣،	٢٧٣٢
القيمة الحالية للوفر الضريبي للاستهلاك				٣٣١٩٦

ثانياً: طريقة القسط الثابت:

يحدد القسط الثابت بقسمة تكلفة المشروع على ٤ سنوات. وهذا المبلغ يحقق وفراً ضريبياً مقداره ١٠,٠٠٠ دينار (= ٢٥,٠٠٠ د والاستهلاك ×٤٠% معدل الضريبة) سنوياً ولمدة أربع سنوات. وأن القيمة الحالية لهذا الوفر تساوي:

الوفر السنوي × معامل خصم الدفعة السنوية ولمدة أربعة سنوات.

= ١٠,٠٠٠ × ٣,١٧

= ٣١,٧٠٠ دينار

وبمقارنة القيمة الحالية للوفر الضريبي للاستهلاك نجد أنها عند استخدام طريقة مجموع أرقام السنين كان أكبر من حالة استخدام طريقة القسط الثابت بمبلغ ١٤٩٦ دينار (=٣٣,١٩٦ - ٣١٧٠٠).

القيمة الحالية للمشروع:

لحساب القيمة الحالية للمشروع الوارد في المثال السابق يجب الأخذ في الحسبان التدفق النقدي السنوي التشغيلي قبل الضرائب ومقداره ٤٠,٠٠٠ دينار

وتحويله إلى تدفق نقـدي بعـد الضريـبة وذلـك بضربـه في (١-معـدل ضريبـة الـدخل) لـذا فإنـه يسـاوي (٤٠,٠٠٠ × (١-٠,٤٠ =) ٢٤,٠٠٠ دينار. وبعد ذلك تحـدد القيمـة الحاليـة لهـذا المبلـغ بضربـه في معامـل خصم الدفعة السنوية لمدة ٤ سنوات وبمعدل ١٠% وهي تساوي :

القيمة الحالية للتدفق النقدي بعد الضريبة = ٢٤,٠٠٠ × ٣,١٧ = ٧٦٠٨٠ دينار

وتكون القيمة الحالية للتدفقات النقدية التشغيلية للمشروع هي نفسها بغض النظر عن طريقة الاستهلاك المستخدمة. لذلك فإن صافي القيمة الحالية للمشروع حسب طرق الاستهلاك تساوي:-

أ- حالة الاستهلاك المتسارع:

صافي القيمة الحالية = صافي التدفقات النقدية للداخل - تكلفة الاستثمار

= ٧٦,٠٨٠ + ٣٣,١٩٦ = ١٠٠,٠٠٠

= ٩٢٧٦ دينار

ب- حالة قسط الاستهلاك الثابت:

صافي القيمة الحالية = ٧٦٠٨٠ + ٣١٧٠٠ - ١٠٠,٠٠٠

= ٧٧٨٠ دينار

وبمقارنة صافي القيمة الحاليـة للمشروع عنـد اسـتخدام طريقـة مجمـوع أرقـام السـنين وطريقـة القسط الثابت نجد أن صافي القيمة الحالية للمشروع عند استخدام طريقة مجموع أرقام السنين أكبر مـن طريقـة القسـط الثابـت بمبلـغ ١٤٩٦دينـار. ولـذلك يمكـن القـول أنـه لتشـجيع الاسـتثمار يجـب السـماح للمشروعات استخدام طرق الاستهلاك المتسارعة.

استبدال الأصول Replacement of Asset:

يعتبر قرار استبدال الأصول الرأسمالية من القرارات الرأسمالية الهامة وبه تتم دراسة احتمال بيع الأصل الذي تمتلكه المنشأة وشراء أصل جديد بدلاً منه ودفع فارق المبادلة. وهذا يتطلب دراسة التدفقات النقدية للأصل القديم والأصل الجديد وحساب صافي القيمة الحالية لكل منهما.

ففي حالة شراء أصل جديد سوف تتحمل المنشأة تكاليف شراء هذا الأصل وفي المقابل يمكنها بيع الأصل القديم وتحقيق تدفقاً نقدياً داخلياً منه. وإذا ترتب على عملية المبادلة أو البيع خسارة فإنه يتم الاعتراف بها كمصروف من قبل قانون ضريبة الدخل، وبالتالي تؤدي إلى تحقيق وفر ضريبي. ونظراً لأن المنشأة تحقق وفراً ضريبياً عند حدوث خسائر مبادلة وثمن بيع الأصل القديم عند شراء الأصل الجديد لذلك يجب أن يعالجا ضمن التدفقات النقدية للأصل الجديد. ولدراسة قرار استبدال الأصول سوف نعتمد على البيانات التالية:

مثال (٢):

تمتلك إحدى الشركات آلة تم شراؤها في ٢٠٠٠/١/٢ بمبلغ ٣٠,٠٠٠ دينار وعمرها الإنتاجي ٨ سنوات ويتم استهلاكها باستخدام طريقة القسط الثابت بدون اعتبار لقيمة النفاية. وعرض على هذه الشركة في ٢٠٠٣/١/٢ آلة أكثر تطوراً بمبلغ ٤٥,٠٠٠ دينار وعمرها ٥ سنوات ويمكن للآلتين إنتاج ٢٥,٠٠٠ وحدة في السنة وأن سعر بيع الوحدة هو ٢,٢٥ دينار. ولكن تستطيع الآلة الجديدة توفير مبلغ ٠,٥٥ دينار من تكاليف إنتاج الوحدة ويسمح باستهلاكها بطريقة مجموع أرقام السنين دون اعتبار لقيمة النفاية وأن معدل ضريبة الدخل ٤٠% وإذا تم شراء الآلة الجديدة يمكن بيع الآلة القديمة بمبلغ ٨٠٠٠ دينار وأن الوفر الضريبي لخسارة الآلة القديمة يتحقق في نهاية سنة بيعها. وان تكلفة راس المال ١٠%

<u>المطلوب:</u>

هل تنصح باستبدال الآلة القديمة.

<u>الحل:</u>

لأغراض المفاضلة في هذه الحالة لا تعتبر الإيرادات ضمن البنود الملائمة لأنها لا تختلف سواء تم الإنتاج بواسطة الآلة الجديدة أو الآلة القديمة لأنه افترضنا أن كمية الإنتاج والأسعار لا يختلفان بغض النظر عن الآلة المستخدمة، أما البنود التي تختلف من بديل لآخر فإنها تؤثر على قرار المبادلة. وللوصول إلى نتيجة المفاضلة سيتم دراسة بدائل القرار وهي بديل الاحتفاظ بالآلة القديمة وبديل بيع الآلة القديمة وشراء آلة جديدة كل على انفراد.

أولاً: قرار الاحتفاظ بالآلة القديمة

إذا قررت المنشأة الإبقاء على الآلة القديمة عندها سوف لا تدفع شيئاً لشرائها وكذلك تعتبر التكلفة التاريخية لهذه الآلة تكلفة غارقة وبالتالي فهي غير ملائمة. وقد يرى البعض اعتبار أن تكلفتها ٨٠٠٠ دينار لأن هذا المبلغ يمثل تكلفة الفرصة المترتبة على عدم بيعها. ولكن هذا المبلغ لن يتحقق إلا إذا تم شراء الآلة الجديدة لذلك من الأفضل معالجته ضمن تدفقات الآلة الجديدة.

الوفر الضريبي لاستهلاك الآلة القديمة:

يتم استهلاك الآلة القديمة بطريقة القسط الثابت وأن استهلاكها السنوي = ٣٠,٠٠٠ ÷ ٨ = ٣٧٥٠ دينار.

القيمة الحالية لوفر الاستهلاك = ٣٧٥٠ × ٤٠% × ٣,٧٩١ = ٥٦٨٥,٥ دينار.

لقد تم ضرب قيمة الوفر في معامل خصم الدفعة السنوية ولمدة ٥ سنوات لأن الباقي من عمر هذه الآلة هو ٥ سنوات.

إذن تكون صافي القيمة الحالية لهذه الآلة = ٥٦٨٥,٥ دينار فقط.

ثانياً: قرار شراء الآلة الجديدة:

يترتب على شراء الآلة الجديدة الأمور الآتية:-

١. دفع ثمن الآلة الجديدة ومقداره ٤٥,٠٠٠ دينار ويتحقق عند النقطة صفر (بداية حياة المشروع).

٢. بيع الآلة القديمة بمبلغ ٨٠٠٠ دينار وهذا المبلغ يتحقق عند النقطة صفر.

٣. تحقيق وفورات ضريبة نتيجة بيع الآلة القديمة بخسارة. ويتم تحديد قيمة الوفر كالتالي:

أ- الخسارة = التكلفة التاريخية للآلة – مجمع الاهلاك – ثمن بيع الآلة

= ٣٠,٠٠٠ – ٣٧٥٠ × ٣ - ٨٠٠٠

= ١٠٧٥٠ دينار

ب- الوفر الضريبي لخسارة الآلة = ١٠٧٥٠ × ٤٠% = ٤٣٠٠

ويتحقق هذا الوفر في نهاية السنة الأولى من حياة المشروع.

٤. الوفر السنوي في تكاليف الإنتاج = ٠,٥٥ × ٢٥,٠٠٠ × ٦٠% = ٨٢٥٠

ولقد تم ضرب الوفر السنوي في (١- معدل ضريبة الدخل) لأن الوفر يؤدي إلى زيادة الضريبة وهذا المبلغ يتحقق سنوياً.

٥. الوفر الضريبي لاستهلاك الآلة الجديدة يتم حسابه في الجدول (٨-٢) التالي:

جدول (٨-٣)

الاستهلاك حسب طريقة مجموع أرقام السنين

القيمة الحالية	معامل الخصم	الوفر الضريبي	الاستهلاك	السنة
٥٤٥٤	٩٠٩،	٦٠٠٠	$$\dfrac{٥×٤٥,٠٠٠}{١٥} = ١٥٠٠٠$$	١
٣٩٦٥	٨٢٦،	٤٨٠٠	$$\dfrac{٤×٤٥,٠٠٠}{١٥} = ١٢٠٠٠$$	٢
٢٧٠٤	٧٥١،	٣٦٠٠	$$\dfrac{٣×٤٥,٠٠٠}{١٥} = ٩٠٠٠$$	٣
١٦٣٩	٦٨٣،	٢٤٠٠	$$\dfrac{٢×٤٥,٠٠٠}{١٥} = ٦٠٠٠$$	٤
٧٤٥	٦٢١،	١٢٠٠	$$\dfrac{١×٤٥,٠٠٠}{١٥} = ٣٠٠٠$$	٥
١٤٥٠٧			القيمة الحالية للوفر الضريبي للاستهلاك	

والآن يمكن تحديد صافي القيمة الحالية للآلة الجديدة كما في الجدول رقم (٨-٣). ومن دراسة الجدول نجد الآتي:

١. أن ثمن شراء الآلة الجديدة وثمن بيع الآلة القديمة قد حدثا سنة صفر لذلك كان معامل خصمها ١ صحيح.

٢. لقد تم خصم قيمة الوفر الناتج عن خسارة الآلة في معامل خصم السنة الأولى ومقداره ٩٠٩ د. لأن هذا الوفر يتحقق في نهاية السنة الأولى.

٣. لقد تم تحويل الوفر في تكاليف التشغيل إلى بعد الضريبة وذلك بضربه في متمم ضريبة الدخل، ولأن هذا المبلغ يتحقق سنوياً تم ضربه في معامل خصم الدفعة السنوية لمدة ٥ سنوات ومقداره ٣,٧٩١.

٤. لقد تم أخذ رقم الوفر الضريبي للاستهلاك من جدول (٨-٢).

جدول (٨-٣)

دراسة قرار استبدال الآلة

	التدفق النقدي بعد الضريبة	الفترة	معامل الخصم عند ١٠%	القيمة الحالية
ثمن شراء الآلة	٤٥,٠٠٠	٠	١	(٤٥,٠٠٠)
ثمن بيع الآلة القديمة	٨,٠٠٠	٠	١	٨,٠٠٠
وفر خسارة الآلة القديمة	١٠٧٥٠×٤٠%	١	٩٠٩،	٣٩٠٩
الوفر في تكاليف التشغيل	٢٥,٠٠٠×٦٠%×٥٥,	١-٥	٣,٧٩١	٣١٢٧٦
وفر استهلاك الآلة الجديدة				١٤٥٠٧
صافي القيمة الحالية				١٢٦٩٢

وبمقارنة صافي القيمة الحالية للآلة الجديدة ومقدارها ١٢,٦٩٢ دينار والقيمة الحالية للآلة القديمة ومقدارها ٥٦٨٥,٦ دينار لذلك نوصي الشركة باستبدال الآلة القديمة وشراء الآلة الجديدة.

معالجة الخردة :

لم يتم التعرض في الأمثلة السابقة لمعالجة نفاية الأصول الثابتة التي تتحقق في نهاية عمر الأصل. فعند وجودها نواجه بأحد احتمالين: الأول وهو أن يكون قد تم اعتبارها عند حساب استهلاك الأصل عندها فإن ثمن بيع النفاية يعتبر استرداداً لتكلفة رأسمالية سبق دفعها، وفي هذه الحالة لا تخضع للضريبة لأن الضريبة تفرض على الأرباح فقط. وهنا يتم تحديد القيمة الحالية للخردة بضرب قيمتها مع معامل خصم القيمة الحالية وإضافته الناتج إلى القيمة الحالية للتدفقات النقدية الأخرى.

والاحتمال الثاني هو أن تقوم المنشأة باستهلاك تكلفة الأصل بالكامل أي بدون خصم أو اعتبار لقيمة النفاية وفي هذه الحالة تعتبر قيمة النفاية ربحاً. ولذلك يجب تحويلها إلى تدفق نقدي بعد الضريبة. فمثلاً إذا قدرت قيمة نفاية الأصول الثابتة بمبلغ ٢٠٠٠ دينار ولم يتم أخذها في الحسبان عند حساب الاستهلاك وأن معدل ضريبة الدخل ٤٠% وأن عمر الأصل خمس سنوات، فإن ثمن بيع النفاية يعتبر ربحاً، وهذا يخضع للضريبة لذلك فإن القيمة الحالية لهذه النفاية تساوي :

القيمة الحالية = قيمة النفاية × (١-معدل ضريبة الدخل) × معامل خصم القيمة الحالية للسنة الخامسة

= ٢٠٠٠ × (١-٤٠%) × ٠,٦٢١

= ٧٤٥ دينار

ويجب إضافة هذا المبلغ إلى القيمة الحالية للتدفقات النقدية الأخرى.

المفاضلة بين المشروعات الرأسمالية:

لقد تم التعرض في الفصل السابق للطرق المختلفة المستخدمة في تقييم المشروعات الرأسمالية وكانت قاعدة القرارات هي قبول المشروع إذا كانت صافي قيمته الحالية موجبة أو أن معدل عائدة الداخلي أعلى من تكلفة الأموال المستثمرة. وفي الحياة العملية تقوم الإدارة بالمفاضلة بين عدة بدائل عند توفر إمكانية الحصول على أكثر من نوع من الأصول كما في حالات شراء السيارات والطائرات والآلات. وإذا استقر رأي الإدارة على بديل معين تصبح جميع البدائل الأخرى غير مرغوب فيها وتسمى هذه باسم البدائل المانعة Matually Execlusive. والمشكلة التي تواجهنا هي أن طريقة القيمة الحالية وطريقة معدل العائد الداخلي قد لا يعطيان المشروعات المتنافسة نفس الترتيب إذا كانت هذه المشروعات مختلفة عن بعضها البعض من حيث تكلفة الاستثمار وفترة الحياة الاقتصادية. ويمكن رؤية هذه الظاهرة عند تقييم مشروعات مثل تلك الواردة في الجدول رقم (٨-٤).

جدول (٨-٤)

المقارنة بين المشروعات أ،ب،جـ

ترتيب حسب القيمة الحالية	الترتيب حسب معدل العائد	صافي القيمة الحالية	معدل العائد الداخلي	التدفق النقدي السنوي	تكلفة الاستثمار	الحياة الاقتصادية	المشروع
٣	٢	٢٤٨	%١٤	١٥٠٠	٣٤٨٣	٣	أ
٢	٣	٢٣٢	%١٢	٢٥٠٠	٧٥٩٣	٤	ب
١	١	١٣٤٢	%١٦	٢٠٠٠	٧٣٦٨	٥	جـ

فبدراسة الجدول رقم (٨-٤) نجد أن ترتيب المشروع أ جاء رقم ٢ عند استخدام طريقة معدل العائد الداخلي، ولكن كان ترتيبه الأخير عند استخدام طريقة صافي القيمة الحالية. وسبب اختلاف الترتيب هو إن طريقة معدل العائد الداخلي تفترض أن التدفقات النقدية الخاصة بالمشروع الأقصر ـ عمراً يتم إعادة استثمارها بعد انتهاء حياته الإنتاجية بنفس معدل العائد الداخلي الذي كان يعطيه، أما طريقة صافي القيمة الحالية فتفترض بأنه يعاد استثمار هذه التدفقات بتكلفة الأموال فقط وعندما تكون القيمة الحالية موجبة تكون تكلفة الأموال أقل من معدل العائد على الاستثمار وهذا يؤدي إلى التحيز لصالح المشروعات الأطول عمراً عند استخدام هذه الطريقة.

مقارنة المشروعات عند اختلاف تكلفة الاستثمار:

تكون طريقة صافي القيمة الحالية عند تساوي العمر الاقتصادي للمشروعات واختلاف تكلفة الاستثمار أداة مفاضلة مضللة ولمعالجة ذلك يتم استخدام دليل القيمة الحالية وبالتالي تصبح المقارنة سليمة. أما عند استخدام طريقة معدل العائد الداخلي فإنه يتم ترتيب المشروعات بطريقة مختلفة عن طريقة صافي القيمة الحالية وقد تؤدي إلى حرمان المنشأة من بعض الفرص الاستثمارية المتاحة، ولتوضيح ذلك سيتم الاعتماد على بيانات المشروعين أ، ب والواردة في الجدول رقم (٨-٥) من

دراسة هذا الجدول يتبين لنا أن المشروع ب أفضل من المشروع أ لأنه أعطى معدل عائد داخلي على الاستثمار مقداره ٤٠% بينما كان معدل العائد الداخلي للمشروع أ ٢٨% فقط، أما عند استخدام طريقة صافي القيمة الحالية نجد أن المشروع أ أفضل من المشروع ب لأنه أعطى صافي قيمه الحالية أعلى من صافي القيمة الحالية للمشروع ب.

جدول رقم (٨-٥)

المقارنة بين المشروعين أ، ب

المشروع	تكلفة الاستثمار	التدفق النقدي لعشر سنوات	العائد الداخلي	صافي القيمة الحالية عند ١٠%
أ	٢٥٠,٠٠٠	٧٥,٠٠٠	%٢٨	١٧٣٥٠٠
ب	٥٠,٠٠٠	٢٠,٠٠٠	%٤٠	٦٣,٠٠٠
جـ	٢٠٠,٠٠٠	٥٥,٠٠٠	%٢٤	١١٠,٧٥٠

والآن افترض أنه يوجد لدينا مشروعا آخر هو جـ ويمثل الفرق بين التدفق النقدي للمشروعين أ، ب وبدراسة التدفق النقدي للمشروع جـ الافتراضي نجد أنه يعطي معدل عائد داخلي مقداره ٢٤% وأن صافي قيمته الحالية مقدارها ١١٠,٧٥٠. وفي هذه الحالة يمكن القول أنه إذا زاد معدل العائد الداخلي للمشروع جـ عن تكلفة الأموال فإن المشروع جـ يعتبر مقبولاً. ونتيجة لذلك فإن المشروع أ الذي عملت المنشأة على الاستثمار فيه مبلغاً يزيد عن المشروع ب بمقدار تكلفة المشروع جـ يصبح ذو جدوى اقتصادية. لأنه يعطي للمنشأة نفس قيمة الفوائد التي يقدمها المشروع ب والمشروع جـ معاً. وبالتالي إذا استخدمت طريقة معدل العائد الداخلي بالأسلوب الذي اتبعناه فإنها تعطي نتائج سليمة. وعلى أية حال، تعتبر هذه الطريقة سهلة في حالة المقارنة بين مشروعين ولكن إذا زاد العدد عن ذلك تصبح عملية المقارنة مرهقة ويزيد من صعوبتها وجود تدفقات نقدية سالبة، لأن ذلك يؤدي إلى وجود أكثر من معدل عائد داخلي، وفي هذه الحالات يفضل

اللجوء إلى صافي القيمة الحالية لإجراء عمليات المفاضلة. ويمكن مقارنة كفاءة طريقتي صافي القيمة الحالية ومعدل العائد الداخلي كما في الشكل (٨-١).

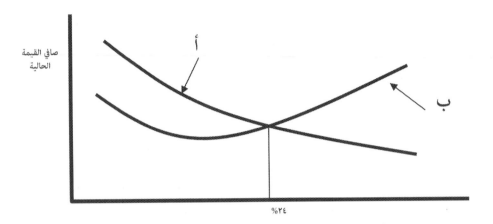

صافي القيمة الحالية
أ
%٢٤
معدل الخصم

شكل (٨-١) : دراسة كفاءة معدل العائد الداخلي

المقارنة بين طريقتي معدل العائد الداخلي وطريقة صافي القيمة الحالية

وبدراسة الرسم البياني نجد أن طريقة صافي القيمة الحالية تعتبر المشروع أ أفضل من المشروع ب على الرغم من أن طريقة معدل العائد تعتبر العكس إلى أن تصبح تكلفة الأموال ٢٤% وهو معدل التوازن، وبعد ذلك يصبح الترتيب للمشروعين واحداً سواء تم استخدام طريقة معدل العائد الداخلي أو طريقة صافي القيمة الحالية وهو لصالح المشروع ب. يتم حساب معدل التوازن باستخدام الفرق بين التدفقات النقدية الخاصة بالمشروعين محل المقارنة، وفي مثالنا السابق تم حساب معدل التوازن باستخدام بيانات المشروع جـ لأنه يمثل الفرق بين المشروعين أ، ب.

اختلاف سنوات حياة المشروع:

ذكرنا أن الافتراضات التي يقوم عليها معدل العائد الداخلي تتحيز لصالح المشروعات ذات العمر الاقتصادي الأقصر. ولتوضيح ذلك افترض أنه يوجد لدينا مشروعين هما س، ص وأن تدفقاتها النقدية كما في الجدول رقم (٦-٨). باستخدام طريقة معدل العائد الداخلي نجد أن المشروع س أفضل من المشروع

جدول رقم (٦-٨)

المقارنة بين المشروعين س،ص

المشروع	تكلفة الاستثمار	التدفق النقدي			معدل العائد الداخلي	صافي القيمة الحالية ١٢%
		سنة ١	سنة ٢	سنة ٣		
س	١٥٠٠٠	١٨٠٠٠			١٨	١٠٧١
ص	١٥٠٠٠	١٥٠٠٠	٦٨٠٠	٦٨٠٠	١٦	١٣٣٢

ص ولكن باستخدام طريقة صافي القيمة الحالية نجد أن المشروع ص أفضل من المشروع س. وحل هذا التناقض سنفترض أن التدفقات النقدية الخاصة بالمشروع س يعاد استثمارها في نهاية السنة الأولى ونهاية السنة الثانية، ففي نهاية السنة الأولى يحقق المشروع تدفقاً نقدياً مقداره ١٨,٠٠٠ يستثمر منها ١٥,٠٠٠ دينار، في بداية السنة الثانية ويبقى منها ٣٠٠٠ دينار، وفي نهاية السنة الثانية يكون التدفق النقدي ١٨٠٠٠ دينار يستثمر منها ١٥,٠٠٠ ديناراً والباقي ومقداره ٣٠٠٠ يمثل التدفق النقدي لتلك السنة، وفي نهاية السنة الثالثة لا تتم إعادة الاستثمار وبهذا تكون التدفقات النقدية الخاصة بالمشروع س كالتالي:

السنة	٠	١	٢	٣
التدفق النقدي	(١٥,٠٠٠)	٣٠٠٠	٣٠٠٠	١٨,٠٠٠

ولأن تكلفة الأموال لهذا المشروع هي ١٢% كما في جدول (٦-٨) تكون صافي القيمة الحالية للمشروع س هي ٢٨٨٣ ديناراً (=١٧٨٨٢ د – ١٥,٠٠٠ د)

وبالتالي يصبح المشروع س أفضل من المشروع ص لأن صافي قيمته الحالية أكبر من صافي القيمة الحالية للمشروع ص وهي ١٣٣٢ دينار.

يتم تحديد مرات إعادة الاستثمار بضرب حياة المشروعين معاً أو بتحديد العامل المشترك الأكبر لعمري المشروعين. وبالتالي فإن تكرار عملية إعادة الاستثمار بالصورة السابقة لكل مشروع تصبح عملية مرهقة في بعض الحالات فمثلاً إذا كان عمر المشروع الأول ٧ سنوات وعمر المشروع الثاني ١٠ سنوات. فإن إعادة الاستثمار للمشروع الأول ستكون ٧ مرات وإعادة الاستثمار للمشروع الثاني ستكون ٥ مرات لأن العامل المشترك الأعظم لهما ٣٥ . وللتغلب على هذه المشكلة يمكن استخدام طريقة الدفعة السنوية اللازم استثمارها في المشروع حتى يعطي تدفقه النقدي. ولبيان ذلك افترض أنه تتوفر لديك البيانات الواردة في الجدول رقم (٨-٧) عن المشروعين س،ص.

جدول (٨-٧)

المقارنة بين المشروعين جـ د

المشروع	العمر الاقتصادي	التكلفة الأولية	التدفق النقدي	العائد الداخلي	القيمة الحالية عند ١٢%
جـ	٧	٢٢,١١٠	٥٠٠٠	١٤%	٧٠٩
د	١٠	٣٢,٥٥٧	٦٠٠٠	١٤%	١٣٤٢

بدراسة الجدول رقم (٨-٧) نجد أن المشروع د أفضل من المشروع جـ لأن صافي قيمته الحالية أعلى من المشروع د ولكن لأن سنوات حياة هذه المشروعات مختلفة، فإن المقارنة السابقة تعتبر مضلله. وحتى يمكن تجنب ذلك نقوم بحساب الدفعة السنوية عند معدل تكلفة رأس المال الخاصة بهذين المشروعين وهذه يتم حسابها كالتالي:

القيمة الحالية = الدفعة السنوية ضرب معامل خصم الدفعة السنوية.

والقيمة الحالية في هذه المعادلة هي تكلفة الاستثمار وأن معامل خصم الدفعة السنوية معروف لأننا نعرف عمر المشروع وتكلفة رأس ماله ويتم استخراجه من جدول الدفعات السنوية ومن ثم فإن المجهول الوحيد في هذه المعادلة هو قيمة الدفعة السنوية ويتم حسابها بقسم القيمة الحالية على معامل خصم الدفعة السنوية. وفي ضوء البيانات الواردة في جدول (٨-٧) ذلك تكون الدفعة السنوية للمشروعين ج، د كالتالي:

الدفعة السنوية = القيمة الحالية / معامل خصم الدفعة

الدفعة السنوية للمشروع جـ = ٢٢١١٠٠ / ٤,٥٦٣٨ = ٤٨٤٥

الدفعة السنوية للمشروع د = ٣٢٥٥٧ / ٥,٦٥٠٢ = ٥٧٦٢

وبهذا تتحول تكلفة الاستثمار إلى دفعة نقدية سنوية وتمثل تكلفة الاستثمار السنوية اللازمة لتحقيق التدفق النقدي السنوي. وبعد حساب الدفعات السنوية تتم المفاضلة بين المشروعات جـ د على أساس الفرق بين الدفعات السنوية والتدفقات النقدية السنوية وهي كما في الجدول (٨-٨) التالي:

جدول (٨-٨)

حساب الدفعة السنوية

المشروع	التدفق النقدي السنوي	الدفعة السنوية	صافي التدفق النقدي السنوي
جـ	٥٠٠٠	٤٨٤٥	١٥٥
د	٦٠٠٠	٥٧٦٠	٢٤٠

ولأن المشروع د يحقق فروقات بين الدفعات والتدفقات أكبر من المشروع جـ إذن فإنه يكون أفضل من المشروع جـ وهنا تم الوصول إلى نفس النتيجة التي تم التوصل إليها من دراسة الجدول (٨-٧) ولكن هناك حالات قد يتم التوصل بها إلى حدوث فروقات في النتائج النهائية.

الخاتمــة

في هذا الفصل تعرضنا لأثر طرق الاستهلاك على التدفقات النقدية وتبين لنا أن الاستهلاك يؤدي إلى حدوث وفورات ضريبية، وأن هذه الوفورات تؤدي إلى زيادة في القيمة الحالية للتدفقات النقدية. وكذلك تم التعرض إلى قرارات مبادلة الأصول وتم إيضاح أنه يجب طرح القيمة البيعية للأصول القديمة من تكلفة الاستثمار في الأصول الجديدة وكذلك يجب أخذ خسائر المبادلة في الحسبان عند خضوع المشروع لضريبة الدخل.

وكذلك تمت دراسة حالة المشروعات المتبادلة المانعة ووجدنا أن معدل العائد الداخلي قد يؤدي إلى قرارات مضلله إلا إذا تم التركيز على فروقات التدفقات النقدية للمشروعات بدلاً من التركيز على تدفقات كل مشروع على حدة. وكذلك تمت دراسة حالة المشروعات التي تختلف عن بعضها من حيث الحياة الاقتصادية وتبين أنه حتى تتم المقارنة بصورة سليمة فإنه من الضروري افتراض إعادة الاستثمار أو استخدام طريقة الدفعة السنوية للاستثمار.

أسئلة وتمارين

السؤال الأول: لماذا لا يعتبر الاستهلاك ضمن التدفقات النقدية في حالة عدم وجود ضرائب .

السؤال الثاني : ما هو المقصود بالوفر الضريبي للاستهلاك.

السؤال الثالث: كيف يمكن استخدام الاستهلاك كأداة لتشجيع الاستثمار.

السؤال الرابع: ما هو المقصود بقرار استبدال الأصول وما هي التدفقات النقدية المرتبطة به.

السؤال الخامس: ما هي أهم عيوب معدل العائد الداخلي عند تقييم المشروعات المتبادلة المانعة.

السؤال السادس: ما هي عيوب معدل العائد على الاستثمار عند تقييم المشروعات المختلفة الحجم.

السؤال السابع: إذا أخذت الخردة في الحسبان عند حساب مصروف الاستهلاك. هل تعتبر قيمتها المتوقعة في نهاية عمر المشروع ربحاً أو استرداداً للتكلفة.

السؤال الثامن: عند عدم تساوي الحياة الاقتصادية للمشروعات المتنافسة وكانت جميعها تحقق معدل عائد داخلي أعلى من تكلفة الأموال. فأي طرق تقييم الاستثمار تفضل استخدامها لتحديد البديل الأفضل منها عند توفر الأموال اللازمة للبدء في مشروع واحد فقط.

السؤال التاسع: ما هي الحالة التي يمكن للمشروع تحقيق أكثر من معدل عائد داخلي.

السؤال العاشر: حدد أهم سمات قانون تشجيع الاستثمار الأردني.

السؤال الحادي عشر: المطلوب حساب معدل العائد الداخلي للمشروع التالي:-

السنة	التدفق النقدي
٠	(١٢٠٢٥)
١	٥٠٠٠
٢	٦٥٠٠
٣	٤٥٠٠

السؤال الثاني عشر : إذا كان معدل ضريبة الدخل في السؤال السابق هو ٤٠% وأن الأصل يستهلك بطريقة القسط الثابت.

والمطلوب:

أ- تحديد التدفق النقدي لكل سنة من سنوات حياة الأصل.

ب- تحديد معدل العائد الداخلي.

السؤال الثالث عشر : عرض على شركة آلة تكلفتها الأولية ٤٥,٠٠٠ دينار يمكنها أن تعطي تدفقاً نقدياً قبل الضرائب مقداره ١٠,٠٠٠ دينار ولمدة ٥ سنوات وأن معدل ضريبة الدخل هو ٤٠% وتكلفة رأس المال هي ١٠%.

المطلوب:

١. تحديد صافي القيمة الحالية للوفر الضريبي للاستهلاك باستخدام:

أ- طريقة القسط الثابت.

ب- طريقة مجموع أرقام السنين.

السؤال الرابع عشر: تخطط شركة إلى إنتاج منتج جديد وأن سعر بيع الوحدة منه ٧٥ دينار والتكلفة المتغيرة لإنتاج الوحدة هي ٣٠ دينار والتكاليف الثابتة النقدية ٢٥,٠٠٠ دينار سنوياً. ولتنفيذ ذلك تحتاج الشركة إلى آلة تكلفتها ٦٠٠,٠٠٠

وتستهلك بطريقة القسط الثابت. وتحتاج الشركة أيضاً إلى مخزون إنتاج تام آخر المدة يكفي لمواجهة مبيعات شهرين، ويتوقع أن يتم تحصيل قيمة المبيعات بعد شهرين من تاريخ البيع، وأن الطلب المتوقع على هذا المنتج هو ١٠,٠٠٠ وحدة سنوياً، وتكلفة رأس المال المستثمر في المشروع هي ١٢% وأن ضريبة الدخل ٤٠%، وعمر المشروع الاقتصادي ١٠ سنوات.

المطلوب:

تحديد القيمة الحالية للمشروع الاستثماري وتحديد قيمة رأس المال العامل المستثمر في المشروع.

السؤال الخامس عشر: تفكر شركة في شراء آلة جديدة تكلفتها ٨٠,٠٠٠ دينار لتحل محل آلتها القديمة، ويتم استهلاك الآلة الجديدة بطريقة مجموع أرقام السنين وبدون اعتبار لقيمة النفاية، وتكاليف تشغيلها النقدية السنوية ٤٠,٠٠٠ دينار، وتحتاج إلى زيادة في رأس المال العامل مقدارها ٦٠,٠٠٠ دينار. أما الآلة القديمة فعمرها الآن ٢ سنة وبقي منه ٥ سنوات، وتستهلك بطريقة القسط الثابت، وتكلفتها الدفترية ٦٠,٠٠٠ دينار وتكاليف تشغيلها النقدية السنوية ٥٤,٠٠٠ دينار ويمكن بيعها الآن إذا تم شراء الآلة الجديدة بمبلغ ٢٥,٠٠٠ دينار، وإذا تم الاحتفاظ بها حتى نهاية عمرها الإنتاجي يمكن بيعها حينذاك بمبلغ ٥٠٠٠ دينار، وكذلك يمكن بيع الآلة الجديدة في نهاية عمرها الإنتاجي والمقدر بخمس سنوات بمبلغ ٧٠٠٠ دينار، ومعدل الضريبة الحدية للشركة ٤٠% وأن تكلفة رأس المال ١٠% سنوياً.

المطلوب:

١. تحديد صافي القيمة الحالية لكل آلة على حدة.

٢. إجراء التحليل التفاضلي للآلتين معاً.

السؤال السادس عشر: تبلغ التكلفة المتغيرة النقدية لإنتاج إحدى المنتجات ٧،٥ دينار وأن الطلب السنوي على هذا المنتج هو ١٥،٠٠٠ وحدة سنوياً وأن سعر بيع الوحدة ٩ دنانير، ويمكن استخدام الآلة الحالية في الإنتاج ولمدة ٧ سنوات وتبلغ صافي تكلفتها الدفترية ٧٠،٠٠٠ وتستهلك بطريقة القسط الثابت بدون اعتبار للنفاية. عرض على الشركة آلة جديدة تكلفتها ٢٠٠،٠٠٠ دينار زائد الآلة القديمة وعمر هذه الآلة أيضاً ٧ سنوات وتستطيع تخفيض تكلفة إنتاج الوحدة إلى ٦ دنانير ويقدر ثمن بيع الآلة القديمة في السوق بمبلغ ٦٠،٠٠٠ دينار. ويمكن استهلاك الآلة الجديدة بطريقة مجموع أرقام السنين وبدون اعتبار للنفاية ويتوقع أن يتم بيع كل من الآلتين في نهاية عمرهما الإنتاجي بمبلغ ٣،٠٠٠ دينار. تكلفة رأس المال ١١% ومعدل ضريبة الدخل ٣٥%.

<u>المطلوب:</u>

هل تنصح بشراء الآلة الجديدة.

السؤال السابع عشر: الآتي معلومات عن المشروعين س، ص

المشروع	التكلفة	التدفق النقدي		معدل العائد الداخلي
		١	٢	
س	(١٠،٠٠٠)	٥٦٠٨	٥٦٠٨	٨%
ص	(١٠،٠٠٠)	٠٠٠	١١٦٦٤	٨%

<u>المطلوب:</u>

أي من المشروعين أفضل إذا كانت تكلفة رأس المال ٧%.

السؤال الثامن عشر: يفكر أحد الفنادق في تركيب برنامج حاسوب لحصر مكالمات النزلاء المحلية والأجنبية تكلفته ٤٥٠٠ دينار وعمره الاقتصادي ٥ سنوات ولا توجد له في نهاية عمره الإنتاجي قيمة خردة. ويؤدي استخدام الجهاز إلى زيادة

الإيرادات النقدية السنوية للفندق بمبلغ ١٥٠٠ دينار. ومعدل الضريبة ٣٠% ويتم استهلاك البرنامج بطريقة مجموع أرقام السنين وبدون نفاية.

المطلوب:

تحديد معدل العائد الداخلي لقرار شراء البرنامج.

السؤال التاسع عشر: تسعى إحدى الشركات الأردنية إلى تسويق إحدى منتجاتها في سوق عربي ويتوقع أن يكون لهذا المنتج عمر اقتصادي مقداره ٥ سنوات ولتحقيق ذلك يجب شراء ثلاجات تبريد عمرها الإنتاجي ٨ سنوات وتكلفتها ١٢٠،٠٠٠ وتتوقع الشركة أن يتم بيع وحدة المنتج بسعر ١٠ دنانير وأن التكلفة النقدية لإنتاج الوحدة هي ٨ دنانير ويتوقع أن يتم بيع ٢٢٥٠٠ وحدة سنوياً في السوق الجديدة، وحسب سياسة الشركة يتم استهلاك الثلاجات على مدار فترة ٨ سنوات أي بمعدل ١٢،٥% سنوياً. ويمكن بيع هذه الثلاجات في نهاية السنة الخامسة بمبلغ ٣٠،٠٠٠ د نقداً ويتم تحقيق المزايا الضريبية في نهاية السنة السادسة وأن معدل ضريبة الدخل هو ٣٥% وأن تكلفة رأس المال ١٤%.

المطلوب:

١. تحديد صافي القيمة الحالية للمشروع.

٢. إذا احتاج المشروع إلى ٤٠،٠٠٠ دينار رأس مال عامل يدفع في بداية حياة المشروع ويسترد في نهايته حياة المشروع. هل توافق على المشروع ولماذا.

السؤال العشرون: اشترت إحدى الشركات آلة في ٢٠٠٠/١/١ وفي ٢٠٠٤/١/١ عرض على هذه الشركة آلة جديدة طاقتها الإنتاجية أكبر من الطاقة الإنتاجية للآلة القديمة ويمكنها تخفيض بعض تكاليف التشغيل والآتي خصائص هذه الآلات:

الآلة الجديدة	الآلة القديمة	
١٤٠,٠٠٠	٩٠,٠٠٠	التكلفة الأولية
٦	١٠	العمر الإنتاجي عند الشراء بالسنة
الثابت	الثابت	طرق الاستهلاك
٢٠,٠٠٠	صفر	النفاية لأغراض الاستهلاك
١٥,٠٠٠	١٠,٠٠٠	القيمة البيعية للنفاية
١٤٠,٠٠٠	٤٠,٠٠٠	القيمة البيعية في ٢٠٠٤/١/١

تقوم الآلة القديمة بإنتاج ١٠٠,٠٠٠ وحدة سنوياً ويبلغ هامش مساهمة الوحدة منها ١,٢٥ دينار أما الآلة الجديدة فيمكنها إنتاج ١٢٠,٠٠٠ وحدة سنوياً وهامش مساهمة الوحدة من إنتاجها ١,٤ دينار ويتوقع أن يتم بيع كل الوحدات المنتجة بنفس السعر وأن يستمر الطلب على المنتج حتى نهاية عمر الآلات. ويتوقع أن يستمر معدل ضريبة الدخل عند مستوى ٤٠% وأن تكلفة رأس المال ١٢% وأن خسارة بيع الآلة تتحقق في نهاية السنة الأولى.

المطلوب:

هل تنصح بشراء الآلة الجديدة.

السؤال الحادي والعشرون: وجدت إحدى الشركات أن إحدى الآتها قد تقادمت بعد أن اشترتها بثلاث سنوات بمبلغ ١٥٠,٠٠٠ دينار وكان عمرها الإنتاجي المتوقع عند الشراء ٦ سنوات. تستهلك هذه الآلة بطريقة القسط الثابت وبدون اعتبار لقيمة النفاية ويمكن بيعها الآن لإحدى الورش الفنية بمبلغ ٥٠,٠٠٠ دينار.

عرضت شركة موزعة للآلات المتطورة على الشركة آلة جديدة بمبلغ ١٩٠,٠٠٠ دينار نقداً وأن تأخذ الآلة القديمة والتي تقدر قيمتها السوقية بمبلغ ٦٠,٠٠٠ دينار. تستهلك الآلة الجديدة بطريقة القسط الثابت وعلى مدار ٥ سنوات. ومعدل ضريبة الدخل ٣٠% وتكلفة رأس المال هي ١٠%.

المطلوب:

١. تحديد صافي القيمة الحالية للآلة الجديدة.

٢. هل تفضل استخدام طريقة القيمة الحالية أم معدل العائد الداخلي عند اتخاذ قرار الشراء ولماذا.

السؤال الثاني والعشرون: تفكر شركة في شراء آلة بمبلغ ٧٥٠٠ دينار وتستطيع هذه الآلة تحقيق وفورات في تكاليف التشغيل النقدية السنوية بمقدار ١٥٠٠ دينار مقارنة مع تكاليف تشغيل الآلة القديمة. يمكن عند شراء الآلة الجديدة بيع الآلة القديمة بمبلغ ٥٠٠ دينار مع العلم بأن هذه الآلة مستهلكة بالكامل وبدون اعتبار للنفاية. وتسمح الدولة لهذا النوع من الآلات بالاستهلاك بمعدل ٤٠% في السنة الأولى ٣٥% في السنة الثانية و ٢٥% في السنة الثالثة وبدون اعتبار لقيمة النفاية. على أية حالة يتوقع بيع هذه الآلة في نهاية عمرها الإنتاجي والبالغ ٥ سنوات بمبلغ ١٠٠٠ دينار. معدل الضريبة ٤٠% وتكلفة رأس المال بالنسبة للشركة ١٤%.

المطلوب:

١. هل توافق على شراء الآلة الجديدة مع إجراء التحليلات اللازمة باستخدام طريقة القيمة الحالية.

٢. تحديد معدل العائد الداخلي لهذه الآلة.

السؤال الثالث والعشرون: تفكر إحدى الشركات استبدال احدى آلآتها والتي تبلغ صافي قيمتها الدفترية لأغراض الضريبة صفر. ولكن يمكن استخدامها لمدة خمس سنوات من تاريخ ٢٠٠٢/١/١ وفي هذا التاريخ يمكن بيعها بمبلغ ١٢٠,٠٠٠ دينار وإذا استمر استخدامها لغاية نهاية عمرها الإنتاجي سوف لن يكون لها قيمة نفاية.عرض على الشركة شراء آلة جديدة تكلفتها ٧٥٠,٠٠٠ نقداً يمكنها تحقيق تخفيض في تكاليف التشغيل السنوية النقدية بمبلغ٢٥٠,٠٠٠ دينار وتستهلك

بطريقة مجموع أرقام السنين، وعمرها الإنتاجي أيضاً ٥ سنوات تبدأ من ٢٠٠٢/١/١ ومعدل ضريبة الدخل ٤٠% وتكلفة رأس المال ١٠%.

معاملات خصم القيمة الحالية:

السنة	١	٢	٣	٤	٥	المجموع
المعامل	٩٠٩،	٠,٨٢٦	٧٥١،	٦٨٣،	٠,٦٢١	٣,٧٩

المطلوب:

١. هل توافق على شراء الآلة الجديدة أم لا مع بيان العمليات الحسابية التي اعتمدت عليها.

٢. افترض أن ضريبة الدخل تساوي صفر، المطلوب تحديد:

أ- فترة الاسترداد.

ب- معدل العائد المحاسبي على الاستثمار الأولي.

جـ- معدل العائد الداخلي مقرباً لأقرب نسبة مئوية.

السؤال الرابع والعشرون: يوجد لدى شركة آلة وأن صافي قيمتها الدفترية لأغراض الضريبة تساوي صفراً ويمكن بيع هذه الآلة في ٢٠٠٢/١/١ بمبلغ ٦٨٠٠ دينار. وعرض على الشركة في نفس هذا التاريخ شراء آلة جديدة بمبلغ ٤٥,٠٠٠ دينار ويمكنها أن تؤدي إلى زيادة الربح المحاسبي قبل الضريبة بمبلغ ١٢٥٠٠ دينار عمر هذه الآلة ٥ سنوات وتستهلك بطريقة القسط الثابت بدون احتساب لقيمة الخردة والتي تقدر بمبلغ ٢٠٠٠ دينار، إذا تم شراء الآلة الجديدة فإنه يلزم زيادة رأس المال العامل بمبلغ ١٣,٠٠٠ دينار وسوف يسترد هذا المبلغ بالكامل في نهاية عمر الآلة. ويبلغ معدل ضريبة الدخل ٤٠%، وأن تكلفة رأس المال هي ١٠%، ومعاملات الخصم كما هي في السؤال السابق.

المطلوب :

(١) هل تنصحي بشراء الآلة الجديدة ولماذا.

(٢) إذا تم اعتبار قيمة النفاية عند حساب الاستهلاك فما هو أثر ذلك على النتيجة السابقة.

السؤال الخامس والعشرون: ترغب أحد المصانع في توسيع طاقتها الإنتاجية وتدرس احتمال شراء الآلة تكلفتها ٢٠٠,٠٠٠ دينار وعمرها الإنتاجي المتوقع ١٠ سنوات وتقبل دائرة ضريبة الدخل استهلاكها بنسبة ٢٠% سنوياً على الرغم من أن عمرها الإنتاجي ١٠ سنوات.

ويتوقع أن تكون قيمة نفايتها في نهاية عمرها الإنتاجي ٢٠,٠٠٠ دينار. ويتطلب الاستثمار في هـذه الآلـة توفير رأس مال عامل مقداره ٥٠,٠٠٠ دينار يسترد بالكامل في نهاية عمر المشروع.

وسوف يؤدي امتلاك هـذه الآلـة إلى زيـادة الإيـرادات بمبلغ ١٨٠,٠٠٠ دينـار سنويـاً وزيـادة مصروفـات التشغيل السنوية أيضاً بمبلغ ١٣٠,٠٠٠ دينار. تبلغ تكلفة رأس المال ١٢%، كما تبلـغ الضـريبة ٤٠%، وعـلى الشركة أن تدفع ضريبة دخل على قيمة النفاية في نهاية عمر المشروع.

المطلوب:

١. ما هو صافي القيمة الحالية لهذا المشروع الرأسمالي التوسعي.

٢. هل تنصح الشركة بشراء الآلة إذا كان عمرها الإنتاجي المتوقع هو ٥ سنوات فقط.

٣. تحديد صافي القيمة الحالية لرأس المال العامل إذا كان عمر الآلـة ٧ سـنوات. ويسترد المبلغ في نهاية هذه الفترة.

٤. تحديد صافي القيمة الحالية للنفاية إذا تم استهلاك الأصل بالكامل وكان عمره الاقتصادي ٧ سنوات.

السؤال السادس والعشرون: اشترت إحدى الشركات آلة في ٢٠٠٢/١/١ بمبلغ ١٦٠,٠٠٠ دينار وعمرها الإنتاجي ١٠ سنوات والقيمة التقديرية لخردتها ٢٠,٠٠٠ دينار تؤخذ عند حساب الاستهلاك والذي يتم باستخدام طريقة القسط الثابت.

وفي ٢٠٠٧/١/١ عرض على الشركة شراء آلة بمبلغ ٢٢٥,٠٠٠ دينار وعمرها الاقتصادي ٥ سنوات ولا يتوقع أن تكون لها قيمة نفاية في نهاية عمرها الاقتصادي. وتستهلك هذه الآلة بطريقة القسط الثابت. تستطيع الآلة الجديدة تخفيض تكاليف الإنتاج بمبلغ ٦٥,٠٠٠ دينار سنوياً بالمقارنة مع الآلة القديمة. وبالإضافة إلى ذلك، تستطيع الآلة القديمة إنتاج ٨٠,٠٠٠ وحدة سنوياً وأن سعر بيع الوحدة من إنتاجها ٢ دينار بينما تستطيع الآلة الجديدة إنتاج ١٠٠,٠٠٠ وحدة في السنة وأن سعر بيع الوحدة من إنتاجها ٢٫٢٥ دينار. ويمكن بيع كل كمية الإنتاج في السوق المحلية.

وإذا تم شراء الآلة الجديدة يمكن بيع الآلة القديمة بمبلغ ٥٠,٠٠٠ دينار، وتكلفة رأس المال ١٤%، وضريبة الدخل ٣٠%.

<u>المطلوب:</u>

(١)   ما هو صافي القيمة الحالية للآلة القديمة؟

(٢)   ما هو صافي القيمة الحالية للآلة الجديدة؟

الفصل التاسع

اللامركزية وأسعار التحويل

أهداف الفصل :

بعد دراسة هذا الفصل يجب أن تكون قادراً على:

١. معرفة طبيعة أسعار التحويل

٢. بيان مزايا وعيوب أنواع أسعار التحويل واثرها على الأداء

٣. إلغاء الأرصدة المتقابلة الناتجة عن أسعار التحويل

٤. معرفة كيفية تحديد معايير أسعار التحويل.

٥. معرفة مزايا وعيوب أسعار التحويل على أساس السوق.

٦. معرفة مزايا وعيوب أسعار التحويل على أساس التكلفة.

٧. معرفة طرق تجنب مشاكل الصراع المترتبة على أسعار التحويل.

مقدمــة:

شهدت منشآت الأعمال تطوراً كبيراً حتى وزاد حجمها وطريقة تنظيم أعمالها، وأدى ذلك إلى ظهور تعقيدات إدارية كبيرة. وللتغلب على ذلك تم اقتراح تقسيم المنشأة إلى عدة وحدات إدارية يخصص لكل منها مسؤوليات وسلطات محددة، وهذا يتطلب استقلالية للأقسام عن بعضها ومنحها السلطات اللازمة لتنفيذ أهدافها. حتى تحقق المنشأة لأهدافها يجب على جميع الوحدات الإدارية أن تتعاون مع بعضها حتى تحقق تعظيم أرباح المنشأة. وحتى تحقق ذلك، يتوقع أن يتم تحويل السلع والخدمات من قسم لآخر، وهذا يؤدي إلى خلق مشكلة تحديد أسعار هذه التحويلات وتعرف هذه الأسعار باسم أسعار التحويل Transfer Price. فهذا السعر يعتبر إيراداً للقسم المحول (القسم البائع) وتكاليف للقسم المحّول إليه (القسم المشتري).

قد حصل سعر التحويل على اهتمام كبير في المحاسبة الإدارية لأنه قد يؤدي إلى آثار سلبية على المنشأة إذا أدى إلى خلق روح عدم التعاون والتنافر بين الأقسام فمثلاً إذا شعر القسم المحول إليه بأن أسعار الغير أفضل من سعر التحويل، وأن لديه الحرية في اتخاذ قرار شراء البضاعة من الموردين الخارجيين عندها سوف يتجه إلى الغير لشراء احتياجاته، وهنا إذا كان لدى القسم المحول طاقة عاطلة فإن الشراء من الغير سوف يؤدي إلى زيادة الطاقة العاطلة لدى أقسام الشركة وهذا ينعكس سلباً على أرباح المنشأة.

تعريف أسعار التحويل:

يعرف سعر التحويل على أنه سعر السلع والخدمات التي تحول من قسم أو وحدة إدارية إلى قسم آخر أو وحدة إدارية أخرى ضمن المنشأة الواحدة. ويعرفه هورنجرن على أنه السعر الذي يحمله قسم أو وحدة إدارية من وحدات المنشأة على قسم آخر أو وحدة إدارية أخرى في المنشأة مقابل السلع والخدمات التي يقدمها له

أو لها، وبهذا يكون سعر التحويل عبارة عن إيراد لقسم ومصروف لقسم آخر ضمن المنشأة الواحدة.

أهمية أسعار التحويل:

عند زيادة حجم المنشأة وتعدد عملياتها ومنتجاتها وتباعد مواقعها الجغرافية تضطر الإدارة إلى متابعة أنشطة وحداتها الإدارية (أقسامها) المختلفة. وبدون تحديد أسعار تحويل لتحديد تكلفة السلع المحولة من قسم لآخر يحدث هدر في استخدام الموارد الاقتصادية. فبتحديد أسعار التحويل يعرف القسم المحول إليه أن السلع والخدمات التي يستهلكها من إنتاج أقسام أخرى ليست مجانية وأن عليه أن يستغلها بطريقة كفؤة. إضافة إلى ذلك تفيد أسعار التحويل في الأمور الآتية:

١. حفز الأقسام على حسن استغلال الموارد التي تصل إليها من أقسام أخرى. فعندما يتحمل القسم تكاليف لهذه الموارد وأن أدائه يقاس بمدى أرباحه فإنه يسعى إلى حسن استغلالها.

٢. عند تحديد أسعار التحويل بالاتفاق بين رؤساء الأقسام وموافقة الإدارة يزداد مستوى الرضاء الوظيفي بين رؤساء الأقسام مقارنة بحالة فرض هذه الأسعار من قبل الإدارة.

٣. يمكن للإدارة استخدام أسعار التحويل في تنفيذ بعض السياسات الإدارية مثل استرجاع رأس المال المستثمر في مناطق لا تتمتع بالاستقرار السياسي أو تجميع الأرباح في المناطق التي تكون فيها معدلات الضرائب منخفضة.

٤. يساعد تحديد أسعار التحويل في زيادة دقة أرقام تكلفة المخزون الموجودة في الأقسام المختلفة في المنشأة.

٥. يمكن استخدام أسعار التحويل كأساس لحفز الأقسام نحو تحقيق أهدافها وهذا ينعكس إيجاباً على الهدف الكلي للمنشأة.

المحاسبة على أسعار التحويل:

يعتبر سعر التحويل إيراداً للقسم المحول وتكاليفاً للقسم المحّول إليه، لذلك يجب إثبات أسعار التحويل في الدفاتر المحاسبية.ولتوضيح ذلك، افترض أن القسم أ قام بتحويل بضاعة إلى القسم ب بمبلغ ٥٠٠ دينار وأن تكلفتها ٤٠٠ دينار.

فإن القسم أ يسجلها في دفاتره بموجب قيود اليومية التالية:

المطلوب:

تسجيل هذه العملية في الدفاتر

٥٠٠		من حـ/ المدينين - قسم ب
	٥٠٠	إلى حـ/ المبيعات

٤٠٠		من حـ/ تكلفة البضاعة المباعة
	٤٠٠	إلى حـ/ مخزون البضاعة

ويقوم القسم ب بتسجيل هذه العملية في دفاتره بقيد اليومية التالي:

٥٠٠		من حـ/ المشتريات - قسم أ
	٥٠٠	إلى حـ/ الدائنين - قسم أ

ينشأ عن هذه القيود حسابات متقابلة من وجهة نظر المنشأة ككل أحداها في دفاتر القسم أ الذي قام بالتحويل والأخر في دفاتر القسم ب القسم المحول إليه، وهذا يؤدي إلى تضخيم الأصول، والخصوم، الإيرادات، والمصروفات من وجهة نظر المنشأة، لذلك يجب إلغاء اثر الأرصدة القائمة عنها في نهاية السنة المالية قبل إعداد التقارير المالية الختامية للمنشأة. ولبيان طريقة عمل ذلك افترض أن العملية السابقة هي العملية الوحيدة بين القسمين والقائمة في نهاية السنة المالية لأنه لم يتم بيع هذه البضاعة. فقبل إعداد القوائم المالية لهذه المنشأة يجب عمل قيود التسويات الجردية الآتية:

٥٠٠		حـ/ المدينين - قسم ب
	٥٠٠	حـ/ المدينين - قسم أ

إلغاء الديون المتقابلة في دفاتر كل من القسمين أ،ب.

٥٠٠		حـ/ المبيعات
	٤٠٠	حـ/ تكلفة المبيعات (المشتريات)
	١٠٠	حـ/ مجمل أرباح غير محققة

إلغاء اثر عملية البيع من دفاتر الشركة أ

١٠٠		حـ/ مجمل أرباح غير محققة
	١٠٠	حـ/ مخزون البضاعة - قسم ب

تعديل تكلفة مخزن البضاعة من ٥٠٠ دينار إلى ٤٠٠ دينار.

وبهذه القيود يتم إلغاء أثر العملية السابقة من دفاتر الشركة وبالتالي تظهر القوائم المالية خالية من العمليات المتكررة.

طرق تحديد أسعار التحويل:

يمكن استخدام عدة طرق لتحديد اسعار تحويل السلع والخدمات بين أقسام المنشاة، منها من يستند على أسعار السوق ومنها من يستند على أرقام التكلفة. وقبل التعرض لهذه الطرق يجب الإشارة إلى المعايير التالية(١):

أ- معيار الاستقلال الذاتي: وهذا المعيار يتطلب وجود استقلالية لمديري الوحدات الإدارية في تحديد أسعار التحويل.

ب- الجهد الإداري: وهذا المعيار يتطلب أن يحدد السعر بحيث يعمل على حفز الأفراد نحو تحقيق أهداف المنشأة.

(١) تشارلز ت. هورنجرن، محاسبة التكاليف، مدخل إداري، ترجمة أحمد حجاج، درا المريخ، الرياض، ١٩٨٦.

جـ- اتساق الأهداف: ويتطلب هذا المعيار أن يشارك القسم في تحقيق أهداف المنشأة.

بدراسة هذه المعايير قد نجد تعارضاً بينها من ناحية عملية. فاتساق الأهداف والاستقلال الذاتي قد يتعارضان لأن الأول يتطلب من القسم التنازل عن بعض مكاسبه عند التعامل مع الآخرين إذا كان ذلك يضر بمصالح المنشأة، وكذلك قد نجد تعارضاً بين معيار الجهد الإداري واتساق الأهداف، لأن الضغط على مدير القسم ليساير أهداف المنشأة يجعله يتنازل في الوقت نفسه عن أهدافه الخاصة، وهذا يؤثر على جهده الإداري، على أية حال ، يجب المواءمة بقدر الإمكان بين هذه المعايير المتعارضة عند حل مشاكل أسعار التحويل.

أسعار السوق:

يشير سعر السوق إلى سعر تبادل السلع والخدمات بين الأطراف المستقلة الموجودة في السوق. وعلى البائعين والمشترين استخدامه عند توفر السوق التامة ولذلك فإن القسم المحول والقسم المحول إليه عليهما استخدامه لأنه لا توجد لأي منهما القدرة على تعديله. لأن السعر يتحدد على أساس العرض والطلب على السلعة، فهنا لا توجد إمكانية لأن يستغل أي قسم الآخر إذ يمكن للقسم الذي يشعر بالغبن اللجوء إلى السوق. ولذلك يقال أن سعر السوق إذا أمكن تحديده بموضوعية فإنه يمثل سعر التحويل الأمثل، وأنه باستخدامه يستطيع كل قسم إظهار الأرباح التي تتناسب مع جهده الإداري وأن يراعي مبدأ الاستقلالية.

يتم استخدام سعر السوق في المنشآت التي يتمتع بها رؤساء الأقسام المحولة والمحول إليها بحرية اتخاذ القرارات، لأن ذلك يشجعهم على التصرف بشؤون اقسامهم وكأنهم منشآت مستقلة، وان الحفاظ على حريتهم يدفعهم إلى السعي وراء تحقيق أكبر قدر ممكن من الأرباح وهذا يؤدي إلى تعظيم أرباح المنشأة.

وإذا شعر القسم المحول إليه أن سعر التحويل مرتفع فإنه يعمل على الشراء من السوق بدلاً من الشراء من القسم المحول.

ومن مزايا استخدام سعر السوق أنه يعتبر مقياساً موضوعياً لقياس أداء الأقسام ويعمل على حفز الأقسام الداخلية على التعامل معاً ويؤدي إلى توفير بعض مصروفات البيع والتوزيع. ومن محدداته أنه قد لا يتوافر في جميع الأحوال ولجميع الأصناف وخاصة الوسيطة، وقد لا تكون عملية تحديده هي الطريق المناسب للتسعير الداخلي عندما يكون الطلب الخارجي غير طبيعي. ففي مثل هذه الحالة قد يرتفع السعر أو ينخفض بصورة غير عادية، وقد يكون ذلك بقصد الإضرار بمصالح المنشأة.

وعلى أية حال، عندما تتوافر أسعار السوق ويتم التحويل الداخلي بين الأقسام، فإن هذه الأقسام تحقق وفرات في مصروفات النقل والتوزيع، وتضمن جودة المنتجات، والالتزام بجداول التوريد، وتقليل مصروفات الديون المعدومة ومصروفات التحصيل. ولأن هذه المزايا لن تتحقق إلا إذا تم التحويل الداخلي بين الأقسام لذلك يجب قسمتها بين القسم المحول والقسم المحول إليه بصورة أو بأخرى، وعليه فإن من مصلحة الإدارة العليا في حالة توفر أسعار السوق أن تشجيع عمليات التحويل الداخلي، ويجب على الإدارة وضع سياسات لضبط علاقة أقسام المنشأة حتى يتم تحقيق الوفورات السابقة.

السوق غير التامة:

يسود هذا الوضع عندما يستطيع قسم أو منشأة أن تؤثر على الأسعار السائدة في السوق وهنا يمكن تخفيض الأسعار لزيادة إيراداته. وهذا يعني أن السعر السائد عند مستوى حجم معين لا يعتبر مناسباً لحجم أكبر أو أقل منه. فزيادة الإيرادات في هذه السوق تتطلب تخفيض الأسعار وأن سعر البيع الجديد سوف يطبق على كل الإنتاج المباع. ولتوضيح ذلك افترض أن سعر البيع الحالي هو٢ دينار وأن حجم

المبيعات ٥٠٠٠ وحدة، عندها يكون إجمالي الإيراد ١٠٬٠٠٠ د. وإذا تم تخفيض السعر إلى ١٬٥ وارتفع حجم المبيعات إلى ٨٬٠٠٠ وحدة عندها يكون إجمالي الإيراد ١٢٬٠٠٠. وبهذا نجد أن السعر الجديد المنخفض قد طبق على جميع الوحدات المباعة. لذلك فإنه في هذه الحالة قد لا يكون سعر السوق هو الأداة المناسبة لتحديد أسعار التحويل ومن ثم اللجوء إلى عمليات التفاوض بين الأقسام لتحديد السعر الذي يحقق مصالحهم.

القاعدة العامة لسعر التحويل:

لكي يتم تحقيق تعظيم أرباح المنشأة هناك قاعدة عامة يمكن تطبيقها في جميع أنوع أشكال السوق وتنص على أن:

سعر التحويل = التكلفة النقدية + تكلفة الفرصة المضاعة

وتشمل التكلفة النقدية على كل التكاليف النقدية المتغيرة زائداً التكاليف النقدية الثابتة التي تعزى لعملية التحويل. ولبيان كيفية تطبيق هذه القاعدة سيتم الاعتماد على البيانات التالية:

مثال١:

توافرت إليك البيانات الآتية:

	القسم المحول إليه		القسم المحول
سعر البيع للأطراف الخارجية	٢٣		١٠
التكلفة المتغيرة	١٢		٦
عدد الوحدات المباعة في السوق	٥٬٠٠٠		٢٠٬٠٠٠
عدد الوحدات المحولة داخلياً	٠٠٠		٥٬٠٠٠

ولتحديد سعر التحويل يجب أن نفرق بين حالتين هما: حالة توفر الطاقة العاطلة لدى القسم المحول وحالة عدم توفرها. ففي هذه الحالات تكون قاعدة تحديد أسعار التحويل كالتالي:

	تكلفة نقدية مدفوعة	+	تكلفة فرصة مضاعة	=	سعر التحويل
وجود طاقة عاطلة	٦د	+	صفر	=	٦د
عدم وجود طاقة عاطلة	٦د	+	٤د	=	١٠د

من دراسة هذه البيانات نرى أن سعر التحويل في حالة وجود طاقة عاطلة هو ٦ دنانير فقط. وإذا جرى هذا التحويل فإن القسم المحول سوف لا يحقق أية أرباح لأن سعر التحويل يساوي التكاليف التي تحملها هذا القسم من أجل إنتاج الكمية المحولة. ومن ثم فإن هذا القسم سوف يكون بنفس الموقف الاقتصادي سواء تم التحويل أو لم يتم. وعلى الجانب الآخر قد يكون من مصلحة الشركة أن يتم هذا التحويل حيث أن وجهة نظر الشركة لا تميز بين الأرباح التي يحققها قسم أو آخر. ولتوضيح ذلك افترض أن القسم المحول إليه لديه طلب لبيع كمية من إنتاجه بسعر ٢٠ ديناراً للوحدة. فهنا إذا تم التحويل من القسم المحول بسعر مقداره ٦ دنانير عندها تكون تكلفة القسم المحول إليه ١٨د = (٦د + ١٢د). وبالتالي يحقق القسم المحول إليه ربحاً مقداره ٢ دينار عن كل وحدة يبيعها وفي الوقت نفسه يكون من مصلحة الشركة قبول طلب المشتري لأنها سوف تحقق ٢ دينار عن كل وحدة مباعة. والمشكلة الرئيسة هنا هي أن الأرباح سوف تتجمع في القسم المحول إليه، وبالتالي سوف يحرم القسم المحول من تحقيق أية أرباح وأكثر من ذلك فإنه سوف يتحمل خسارة تساوي تكلفته الثابتة، أما إذا تم التحويل بسعر ١٠ دنانير للوحدة عندها سوف يرفض القسم المحول إليه الطلب المقدم من العميل لأن تكاليف الإنتاج تصبح (١٠+١٢=)٢٢ ديناراً وأن السعر الذي عرضه العميل هو ٢٠ دينار عن كل وحدة مباعة.

إذا تم التحويل باستخدام سعر البيع ولم تكن هناك طاقة عاطلة فإنه يتم حساب هامش المساهمة الإجمالي لكل قسم وللمنشأة ككل كالتالي:

	القسم المحول	القسم المحول إليه
سعر البيع	١٠	٢٣
يطرح التكلفة المتغيرة:		
الخاصة بالقسم	٦	١٢
تكلفة محولة	٠٠٠	١٠
إجمالي التكلفة المتغيرة	٦	٢٢
هامش المساهمة	٤	١
ضرب عدد الوحدات	٢٥,٠٠٠	٥٠٠٠
إجمالي هامش المساهمة	١٠٠,٠٠٠	٥٠٠٠

وبعد تحديد هامش مساهمة كل قسم يتم طرح تكلفته الثابتة للتوصل إلى ربحه التشغيلي. وإذا كانت المنشأة تتكون من هذين القسمين فقط فإن هامش مساهمتها يساوي ١٥٥,٠٠٠ دينار. ويمكن حسابه كالتالي:

إيرادات القسم المحول (١٠×٢٥,٠٠٠ وحدة)		٢٥٠,٠٠٠
إيرادات القسم المحول إليه (٢٣×٥٠٠٠ وحدة)		١١٥,٠٠٠
إجمالي الإيرادات		٣٦٥,٠٠٠
يطرح التكاليف المتغيرة:		
القسم المحول (٢٥,٠٠٠ ×٦)	١٥٠,٠٠٠	
القسم المحول إليه ٥٠٠٠ ×١٢	٦٠,٠٠٠	٢١٠,٠٠٠
الإجمالي		١٥٥,٠٠٠

فمن وجهة نظر المنشأة إذا تم التحويل وبأي سعر فإن هامش مساهمتها سيكون ١٥٥,٠٠٠ دينار وأن الشيء الوحيد الذي يحدث هو أن تختلف هوامش مساهمة أقسامها.

والآن افترض أن الطلب على منتج القسم المحول قد ارتفع مما أدى إلى رفع سعره في السوق إلى ١٢ ديناراً، هنا تصبح تكلفة الإنتاج في القسم المحول إليه ١٢ د تكاليف محولة زائد و١٢ دينار تكاليف خاصة وإذا بقي سعر بيع إنتاجه في السوق ٢٣ دينار، عندها فإن من مصلحة القسم المحول إليه أن يقوم بالشراء من السوق إذا كان بإمكانه الحصول على سعر أقل من ١٢ دينار وفي حال تعذر ذلك فإن على إدارة الشركة أن تدرس إمكانيات تصويب أوضاع القسم المحول إليه لأنه يؤدي ضياع أرباح الشركة.

وهنا كان لدى القسم المحول إمكانية تصريف إنتاجه في السوق بسعر ١٢ دينار وأن القسم المحول إليه يشتري بأقل من ١١ دينار فإنه يجب السماح له بالشراء لأن ذلك يعمل على تحقيق مصلحة الشركة.

توزيع هامش المساهمة:

من المشاكل التي تواجهه استخدام أسعار السوق هي أن هذه الأسعار غير متوفرة لكثير من المنتجات الوسيطة التي يتم تحويلها بين الأقسام. ويزيد من حدة هذه المشكلة ارتفاع الاعتماد المتبادل بين الأقسام. وهذا يؤدي إلى خلق الصراع بين رؤساء هذه الأقسام. ومن الحلول المطروحة أن يتم تنظيم الأقسام المتصارعة تحت سلطة شخص واحد ليقوم بفرض السعر الذي يتسق مع أهداف المنشأة. وفي هذا السلوك انتقاص لمعيار الاستقلالية. والأسلوب الآخر هو أن يتم توزيع هامش المساهمة الإجمالي الذي يحققه القسم البائع بين الأقسام المختلفة التي تورد له البضاعة المباعة. فمثلاً إذا كانت التكلفة النقدية المدفوعة في القسم الأول ٣، وفي القسم الثاني ٤ دنانير ويقوم القسم الثاني ببيع وحدة المنتج. بسعر ١٠ دنانير فإنه يحقق ربحاً مقداره ٣ دنانير عن كل وحدة مباعة. وحتى يتم إرضاء مدير القسم الأول يجب أن يتم قسمه ربح الوحدة المباعة بين القسمين بطريقة يقبلها مدير كل

قسم. وبدون ذلك يتم خلق شعور عدم الرضا عند رئيس القسم الأول وهذا يدفعه إلى اتخاذ قرارات في غير صالح المنشأة.

سعر التفاوض:

في حالة عدم توافر أسعار البيع أو حتى عند توفرها فإنه قد يترك أمر تحديد سعر التحويل للتفاوض بين القسم المحول والقسم المحول إليه. وللوصول إلى سعر مناسب يجب توافر بيانات وافية لأطراف التعامل عن مصادر التوريد والأسعار البديلة في السوق وأن تتوفر المعلومات العامة والخاصة عن الأسواق وأن يتمتع كل قسم بحرية قبول أو رفض التعامل. وقد تؤدي الحرية المطلقة للمديرين إلى الأضرار بمصالح المنشأة لأن بعضهم قد يعمل على تعظيم أرباح قسمه على حساب أرباح المنشأة ككل. ولنجاح هذه الطريقة يجب العمل على توفير المعايير الثلاثة السابقة لأن عدم توافرها سيفقد أسلوب التفاوض الكثير من قيمته وفائدته.

طرق التكلفة *Cost Methods*:

في الكثير من المواقع لا تتوفر أسعار السوق حتى يمكن الاسترشاد بها عند تحديد أسعار التحويل وخصوصاً بالنسبة للمنتجات الوسيطة، ولمعالجة ذلك يتم الاعتماد على التكاليف. يمكن استخدام التكلفة الكلية أو التكلفة المتغيرة، وأن تكلفة أو أي من هاتين الطريقتين زائداً نسبة ضميمة **Markup** تسمح بتغطية وتحقيق نسبة ربح. وفيما يلي شرح هذه الطرق.

التكلفة المتغيرة:

قد يرى البعض استخدام التكلفة المتغيرة على اعتبار أنها تقريب مقبول للتكلفة الحدية. حيث يرى هؤلاء أنه يجب بيع الإنتاج عندما تتساوى تكلفته الحدية مع إيراداته الحدية، ويدعي من يؤيد هذه الطريقة بأن التكاليف المتغيرة تحدث

نتيجة التحويل الداخلي ومن هنا يجب تحميلها عليه. أما التكاليف الثابتة فسوف يتحملها القسم المحول سواءاً تم التحويل أم لم يتم.

عند استخدام التكاليف المتغيرة في تحديد أسعار التحويل سيكون مدير القسم المحول غير سعيد بنتائج قسمه لأنه سوف يتحمل خسارة مقدارها التكاليف الثابتة للقسم . لذلك فإن تطبيقها في الحياة العملية محدوداً.

التكلفة الكلية:

ويمكن استخدام التكلفة الكلية كأساس لتحديد سعر التحويل. وهذا الأسلوب يعتبر امتداداً لإجراءات تحديد تكلفة الوحدات المنتجة. ويتم استخدامه في العادة عند تحويل المنتجات الوسيطة من مركز تكلفة إلى آخر. ومن عيوبها إنها تؤدي إلى نقل الكفاءة أو عدم الكفاءة في الإنتاج من القسم المحول إلى القسم المحول إليه، وكذلك لا تسمح للقسم المحول تحقيق أية أرباح كما تؤدي إلى تجمع الأرباح في القسم الأخير.

تشير التكلفة الكلية إلى مجموع التكاليف الصناعية المتغيرة والثابتة، ولذلك فإن هامش المساهمة الذي يحققه القسم المحول يساوي تكاليفه الثابتة. فإذا كان الطلب على منتجات القسم منخفضاً فإن القسم المحول قد يقتنع بهامش مساهمة مساوياً للتكاليف الثابتة ولكن إذا كان الطلب مرتفعاً عندها يكون سعر السوق أعلى من التكلفة الكلية وهنا تنشأ الرغبة لدى القسم المحول في البيع لأطراف في السوق وليس التحويل الداخلي لأن ذلك يسمح له بتحقيق هامش مساهمة يمكنه من تحقيق الأرباح.

التكاليف المعيارية:

يمكن استخدام التكلفة المعيارية مع كل من طريقة التكلفة المتغيرة والتكلفة الكلية وذلك للتغلب على عيوب التكلفة التاريخية. فالتكلفة المعيارية هي تكاليف

تحدد على أساس علمي تعكس ما يجب أن تكون عليه التكاليف في المستقبل وتأخذ في الحسبان مصادر القوة والضعف في أداء المنشأة.

على أية حال، تؤدي كل طرق التكلفة السابقة إلى تجميع الأرباح في القسم المحول إليه ولذلك يتوقع أن يكون لها آثار تحفيزية سلبية على الأقسام المحولة. وللتغلب على ذلك يمكن استخدام نسبة ضميمة على أساس التكاليف بحيث تسمح هذه الضميمة للقسم المحول إظهار بعض الأرباح بدلاً من تحويلها إلى القسم المحول إليه، وسيتم تغطية موضوع الضميمة في الفصل الحادي عشر من هذا الكتاب.

الممارسات العملية لأسعار التحويل:

لقد أجريت في الولايات المتحدة دراسة على واقع أسعار التحويل وتبين منها أن : ٤٧% من شركات عينة الدراسة تستخدم طرق التكلفة، وأن ٣١% تستخدم أسعار السوق و ٢٢% تستخدم أسعار التفاوض. (١) وعلى الرغم من أن الاقتصاديين يقترحون بأن يتم التسعير على أساس التكلفة الحدية وأن تقريبها العملي هو التكلفة المتغيرة، فقد وجد أن نسبة ٧% من شركات العينة تستخدم طريقة التكلفة المتغيرة، وأن أغلبية العينة تستخدم التكلفة الكلية المعلاة بنسبة ضميمه حتى يسمح للقسم المحول بإظهار بعض الأرباح. كما نجد أن طرق السوق تعتبر أكثر انتشاراً من طريقة أسعار التفاوض.

---

(1)Maher and Deakin, P ٦٧٢.

الخاتمـــة

في هذا الفصل تعرضنا لطبيعة أسعار التحويل والطرق المستخدمة في تحديدها، وقد وجدنا أن سعر التحويل المحدد على أساس أسعار السوق يساعد المنشأة على تعظيم أرباحها. وعند استخدامه يجب أن تتم قسمه وفورات التحويل الداخلي بين القسم المحول والمحول إليه. وقد وجدنا أن سعر التحويل عند توافر طاقات عاطلة يجب أن يكون مساوياً على الأقل للتكلفة النقدية المدفوعة وإذا كانت طاقات القسم المحول مستغلة فيجب أن تضاف إلى التكلفة النقدية المدفوعة تكلفة الفرصة المضاعة.

وعند استخدام التكاليف وجدنا أن التكلفة المعيارية أفضل من التكلفة الفعلية كأساس لحساب أسعار التحويل لأن التكاليف المعيارية تحدد ما يجب أن تكون عليه التكاليف إذا تم التشغيل بطريقة حسبما هو متوقع. على أية حال، لكل طريقة آثارها على أداء القسم. وبغض النظر طريقة التكلفة المستخدمة فإنه يجب إضافة نسبة مجمل ربح على تكاليف القسم المحول حتى يغطي تكاليفه ويحقق أرباحاً مناسبة.

ووجدنا كذلك أنه عند تحديد أسعار التحويل يجب مراعاة بعض المعايير وهي الاستقلالية، والجهد الإداري والاتساق بين الأهداف.

أسئلة وتمارين

السؤال الأول: ما هو المقصود بأسعار التحويل؟

السؤال الثاني: ما هي مزايا وعيوب استخدام أسعار السوق في تحديد أسعار التحويل؟

السؤال الثالث: لماذا يتم استخدام أسعار السوق كأساس لتحديد أسعار التحويل؟

السؤال الرابع: ما هي القاعدة الأساسية لتحديد أسعار التحويل؟

السؤال الخامس: هل تعتقد بضرورة استخدام الأسعار التفاوضية عند تحديد أسعار التحويل إذا توفرت أسعار السوق؟

السؤال السادس: إذا كان لدى أحد الأقسام طاقة عاطلة وطلب منه قسم آخر توريد بعض إنتاجه الـذي يمكن تصنيعه باستخدام الطاقة العاطلة. ففي هذه الحالة ما هو الحد الأدنى لسعر التحويل.

السؤال السابع: حدد مزايا وعيوب استخدام طريقة التكلفة المتغيرة في تحديد أسعار التحويل.

السؤال الثامن: حدد مزايا وعيوب استخدام طريقة التكلفة الكلية في تحديد أسعار التحويل.

السؤال التاسع: حدد المعايير التي يجب الاسترشاد فيها عند تحديد أسعار التحويل وبين كيف يمكن حـل التعارض بينها.

السؤال العاشر: إذا لم يكن هناك طاقة عاطلة في أقسام المنشأة وأن الأقسام فيها تستطيع بيع كـل إنتاجهـا في السوق، ففي هذه الحالة هل على الإدارة الاهتمام بمشاكل أسعار التحويل ولماذا.

السؤال الحادي عشر: تضم إحدى الشركات قسمين هما أ، ب، يقوم القسم أ بتصنيع إحدى المنتجات التي يتم استخدامها في تصنيع منتجات القسم ب. وكانت تكلفة تصنيع وحدة هذا المنتج في القسم أ كالتالي:

٣,٢٠د	مواد مباشرة
٢,٦٠	أجور مباشرة
١,٣٠	تكاليف صناعية غير مباشرة متغيرة
١,٨٠	تكاليف صناعية غير مباشرة ثابتة

ويقوم القسم أ باستخدام التكلفة الكلية ونسبة الضميمة مقدارها ٢٠% عند حساب سعر التحويل للقسم ب قد عرض مورد على قسم ب توريد الكمية التي يحتاجها من هذا المنتج بسعر ٨ دنانير للوحدة.

المطلوب :

١. تحديد سعر التحويل على أساس التكلفة الكلية مع الضميمه.

٢. ما هو سعر التحويل الذي يجب استخدامه إذا كان لدى القسم أ طاقة عاطلة؟

السؤال الثاني عشر: يوجد في إحدى الشركات قسمين هما أ، ب. ويقوم القسم أ بيع ٧٠% من إنتاجه إلى القسم ب والباقي يتم بيعه في السوق. بسعر ٤٥ د للوحدة. وأن بيانات الإنتاج والمبيعات الخاصة بقسم ا هي كالتالي:

الإنتاج بالوحدات	١٠٠٠
الأجور المباشرة	١٠,٠٠٠
المصروفات الصناعية الأخرى (متغيرة ١٠%)	١٢,٠٠٠
الإطفاء والاستهلاك	٦,٠٠٠
مصروفات التسويق (٣٠% منها متغيرة)	٢,٠٠٠
مصروفات إدارية	٧,٠٠٠

عند تحويل الإنتاج إلى قسم ب لا يتحمل القسم أ أية مصروفات تسويقية متغيرة.

المطلوب :

١. حساب سعر التحويل على أساس التكلفة الصناعية الإجمالية.

٢. إذا كان بإمكان القسم أ بيع كل إنتاجه في السوق المحلية بسعر ٤٥ دينار فما هو سعر التحويل الذي تنصح باستخدامه.

٣. إذا كان قسم أ لا يستطيع بيع أي من إنتاجه في السوق فما هو أدنى سعر تحويل يمكن قبوله.

السؤال الثالث عشر: يوجد في أحد الشركات قسمين هما أ، ب ويشتري القسم أ القطعة من القسم ب بسعر ٥٠ دينار للوحدة ويخطط القسم ب رفع سعره إلى ٧٠ دينار للوحدة مما دفع برئيس قسم ا تخطيط شراء هذه القطعة من الخارج وبسعر ٥٠ دينار. ولدراسة الوضع طلب من القسم ب تقديم تقرير عن تكاليف إنتاج هذه القطعة وكانت كالتالي:

٤٠ د تكاليف متغيرة للوحدة، ٣٠٠,٠٠٠ دينار تكاليف ثابتة سنوية، وأن حجم الطاقة الإنتاجية للقسم ب هي إنتاج ٢٠,٠٠٠ وحدة سنوياً، وأنه يمكنه بيع ١٥,٠٠٠ وحدة سنوياً للعملاء الخارجيين فقط، وأن القسم أ يحتاج إلى ٥٠٠٠ وحدة سنوياً من القسم ب.

المطلوب :

١. هل من مصلحة الشركة أن يشتري القسم أ الوحدات التي يحتاجها من الخارج وبسعر ٥٠ دينار.

٢. ما هو أقل سعر تحويل يمكن قبوله. إذا كان القسم أ يحتاج إلى ٧٠٠٠ وحدة وأن القسم ب يستطيع بيع كل إنتاجه بسعر ٧٠ دينار.

السؤال الرابع عشر: اشترت شركة أ شركة ب لتحقيق التكامل الرأسي في عملياتها. وقد قررت شركة أ اعتبار شركة ب أحد أقسامها ومنحت رئيسها حرية

كبيرة ومع ذلك احتفظت شركة أ بحقها في رقابة الإنفاق الرأسمالي، والتسعير وتحديد مستويات الإنتاج في الأقسام. وتقوم الشركة أ باستخدام معدل العائد على الأصول عند تقييم أداء أقسامها. ويتم تقسيم تكاليف قسم الحاسوب على الأقسام المختلفة حسب كمية الاستخدام. وتحتوي استثمارات القسم على أصوله الثابتة بعد طرح الاستهلاك، ومخزون البضائع والنقدية والمدينون توزع على الأقسام حسب مبيعاتها النسبية، وكانت قائمة الدخل للقسم ب كالتالي (المبلغ بالألف):

الإيرادات		٤٠٠٠
يطرح تكلفة البضاعة المباعة		
مواد مباشرة	٤٥٠	
أجور مباشرة	٩٠٠	
أعباء صناعية	١٢٠٠	
تكلفة البضاعة المباعة	--	٢٥٥٠
مصروفات بحث وتطوير		١٢٠
شحن واستلام		٢٤٠
مصروفات إدارية:		
رواتب المديرين	٢١٠	
محاسبة التكاليف	٤٠	
شؤون الموظفين	٨٢	٣٣٢
تكاليف قسم الحاسوب	٤٨	
خدمات إدارية عامة	٢٣٠	٢٧٨
إجمالي تكاليف ومصروفات القسم		٣٥٢٠
الربح التشغيلي للقسم		٤٨٠
متوسط الأصول التشغيلية للقسم		١٦٠٠
العائد على الاستثمار		%٣٠

المطلوب:

١. مناقشة تقييم الأداء للقسم ب.

٢. اقترح التعديلات التي تراها مناسبة لتقييم أداء للقسم ب.

(جمعية المحاسبين الإداريين الأمريكيين)

السؤال الخامس عشر: تنظم إحدى الشركات أعمالها لا مركزيا وبها الأقسام أ، ب، جـ وتمنح الشركة أقسامها استقلالية تامة وأن كل قسم يمتلك طاقاته الإنتاجية والتسويقية ولذلك يعتبر رئيس كل قسم مسؤولا عن مبيعاته وتكلفة عملياته وشراء وتمويل استثماراته المالية ورأسماله العامل. ولذلك يتم تقييم رؤساء الأقسام على أساس معدل العائد على الأصول ولقد حصل القسم جـ على عطاء لإنتاج أحد منتجاته وهذا المنتج يحتاج إلى أجزاء ينتجها القسم أ والأجزاء الأخرى يمكن شراؤها من السوق. ولقد قدر القسم جـ أنه يمكن الحصول عليها من القسم أ عند تقديم العطاء بمبلغ ٣,٨. وقد حصل على هذا الرقم من القسم ا عند تقديم العطاء وهو يمثل التكاليف الصناعية المتغيرة والمصروفات التسويقية المتغيرة.

يقوم القسم ا ببيع القطعة التي يحتاجها القسم جـ في السوق بسعر ٦,٥ دينار ويتوقع القسم ا زيادة كمية مبيعاته منها خلال الفترة القادمة نظراً لنشاط مندوبي مبيعاته. ويرغب مدير القسم أ توريد القطعة إلى القسم جـ بسعر السوق ناقص المصروفات التسويقية المتغيرة وقد طلبت إدارة القسم جـ على القسم أ توريد هذه القطعة إليه على أساس التكلفة الصناعية المتغيرة زائد ٢٠% علاوة.

ولم يتفق القسم أ مع جـ على سعر التحويل، كذلك لا توجد هناك سياسة إدارية لمعالجة الموقف. ولفض النزاع اقترح مساعد المدير العام أن يتم حساب سعر التحويل على أساس التكلفة الصناعية المعيارية (مما يعني استبعاد المصروفات التسويقية والإدارية) زائد ١٥% نسبة مجمل ربح (ضميمه). وقد رفض القسمان هذا الاقتراح. ويمكن تقدير تكلفة إنتاج هذه القطعة كالتالي:

٣,٢٠د	التكاليف الصناعية المتغيرة المعيارية	
١,٢٠	التكاليف الصناعية الثابتة المعيارية	
٠,٦٠	المصروفات التسويقية المتغيرة	
٥,٠٠د	إجمالي	

المطلوب:

١. تحديد أسعار التحويل التي تم اقتراحها.

٢. ما هو هامش مساهمة القسم أ عند كل اقتراح من الاقتراحات المقدمة.

٣. هل يجب أن تتدخل الإدارة العليا لحسم النزاع.

٤. إذا توفرت الطاقة العاطلة لدى القسم أ ما هو الحد الأدنى لسعر التحويل.

السؤال السادس عشر: تسعى إحدى شركات صناعة الثلاجات إلى تطبيق نظام محاسبة المسؤولية ولديها ثلاث مراكز للربحية : قسم أ، وقسم ب، وقسم جـ، وقد طلب من كل مدير قسم أن يدير قسمه كما ولو كان منشأة أعمال خاصة. إلا أن هناك تعاملات متداخلة بين الأقسام مثل:

أ- يقوم قسم أ بإنتاج المنتجات الجديدة للتسليم النهائي كما أنه يقوم بإصلاح المنتجات لإعادة بيعها.

ب- يعد القسم ب المصدر الرئيسي للمخزون من المنتجات المستعملة التي يبادلها الجمهور كجزء من ثمن المنتجات التي يحصلون عليها.

وطلبت منك إدارة الشركة عمل قائمة للسياسة التي يجب أن تتبعها بصدد أسعار التحويل فضلاً عـن تحديد جميع القواعد التي يجب تطبيقها على هذه الأمثلة السابقة. وقـد أخبرتـك الإدارة بـأن الوضوح في إعداد القائمة له أهمية قصوى، لأن هذه القائمة سوف يعتمد عليها في تسوية أي جدل أو نزاع حول أسعار التحويل.

المطلوب :

إعداد قائمة بسياسات أسعار التحويل.

السؤال السابع عشر: تبلغ التكلفة المتغيرة للمنتج س ١ دينار، والقيمة السوقية له ٢ دينار عند نقطة التحويل من قسم (أ) إلى قسم (ب) وتبلغ التكلفة المتغيرة في قسم (ب) لاستمرار تشغيل المنتج ١,٢٥ دينار، كما أن سعر البيع للمنتج النهائي يبلغ ٢,٧٥ دينار.

المطلوب :

١. إعداد جدول لهامش المساهمة للوحدة بالنسبة للإدارة في قسم (ب) وكذلك بالنسبة للأداء الكلي وذلك في ظل البديلين:

أ- استمرار تشغيل المنتج.

ب- بيع المنتج عند نقطة التحويل للعملاء الخارجيين.

٢. بصفتك مديراً لقسم (ب)، أي بديل تختاره؟ اشرح.

السؤال الثامن عشر: تقوم إحدى الشركات بإنتاج مستحضرات تجميل وتعتبر أن شكل الزجاجات أحد دعائم تسويق منتجاتها ولذلك أصبحت تركز على قسم إنتاج الزجاجات حتى أصبح مهماً في الشركة وقررت الإدارة منحة استقلاليته. وقد تمت استشارتك بخصوص تحديد أس عار التحويل من قسم الزجاجات إلى الأقسام الأخرى، وللاسترشاد في ذلك حصلت المعلومات الآتية من المنافسين عن كرتونة الزجاجات:

الوحدات	السعر إجمالي التكلفة	إجمالي التكلفة
٢,٠٠٠,٠٠٠	٢	٤,٠٠٠,٠٠٠
٤,٠٠٠,٠٠٠	١,٧٥	٧,٠٠٠,٠٠٠
٦,٠٠٠,٠٠٠	١,٦٧	١٠,٠٠٠,٠٠٠

ومن تحليل تكاليف قسم الزجاجات توصلت إلى معلومات التكاليف الآتية:

إجمالي التكلفة	تكلفة الكرتونة	الحجم بالكرتونة
٣,٢٠٠,٠٠٠د	١,٦	٢,٠٠٠,٠٠٠
٥,٢٠٠,٠٠٠د	١,٣	٤,٠٠٠,٠٠٠
٧,٢٠٠,٠٠٠د	١,٢٠	٦,٠٠٠,٠٠٠

وهذه التكاليف تضم مبلغ ١,٢٠٠,٠٠٠ دينار تكاليف ثابتة ومبلغ ١ دينار تكلفة متغيرة لكل كرتونة. وأن هذه التكاليف قد أدت إلى حدوث نقاش مطول في مجلس الإدارة وسبب ذلك أن نسبة من مكافأة المديرين تعتمد على أرباح أقسامهم، وكانت موازنة أقسام التشغيل بالإضافة إلى تكاليف الزجاجات كالتالي:

إجمالي التكلفة	تكلفة الوحدة	حجم المبيعات
١٦,٤٠٠,٠٠٠د	٨,٢٠	٢,٠٠٠,٠٠٠
٣٢,٤٠٠,٠٠٠د	٨,١٠	٤,٠٠٠,٠٠٠
٤٨,٤٠٠,٠٠٠د	٨,٠٧	٦,٠٠٠,٠٠٠

وتحتوي إجمالي التكاليف على التكلفة المتغيرة للوحدة ومقدارها ٠,٨ بعد إجراء دراسة تسويقية تم تزويدك بمنحنى الطلب الآتي:

قيمة المبيعات	سعر البيع	المبيعات بالوحدات
٢٥,٠٠٠,٠٠٠	١٢,٥	٢,٠٠٠,٠٠٠
٤٥,٦٠٠,٠٠٠	١١,٤٠	٤,٠٠٠,٠٠٠
٦٣,٩٠٠,٠٠٠	١٠,٦٥	٦,٠٠٠,٠٠٠

المطلوب:

١. تقوم الشركة باستخدام أسعار السوق حتى الآن، وباستخدام سعر السوق والتكاليف الجارية، المطلوب حساب الدخل لقسم الزجاجات وللشركة إذا كانت كمية المبيعات ٦,٠٠٠,٠٠٠ وحدة.

٢. حساب الدخل لقسم الزجاجات إذا كان سعر التحويل هو ١,٥ د لكل كرتونة (وحدة) وأن حجم المبيعات هو ٤,٠٠٠,٠٠٠ وحدة.

٣. هل يجب اعتبار قسم الزجاجات مركز ربحية ولماذا.

الفصل العاشر
محاسبة المسؤولية وتقييم الأداء

أهداف الدراسة:

بعد دراسة هذا الفصل يجب أن تكون قادراً على:

١. معرفة مفهوم محاسبة المسؤولية ووصف نظام محاسبة المسؤولية.

٢. معرفة مزايا اللامركزية وعيوبها.

٣. التمييز بين العناصر القابلة للرقابة وغير القابلة للرقابة عند مستويات المسؤولية المختلفة.

٤. تحديد أنواع الوحدات الإدارية المعروفة باسم: مراكز التكاليف، ومراكز الأرباح، ومراكز الاستثمار.

٥. تحديد أسس قياس أداء الوحدات الإدارية السابقة .

٦. إعداد تقارير الأداء للوحدات الإدارية المختلفة.

مقدمـــة:

تتكون المنشأة من مجموعة من الأفراد الذين يعملون مع بعضهم للوصول إلى هدف معين. وحتى يتمكنوا من تحقيق ذلك يتم تنظيم هؤلاء الأفراد والموارد الاقتصادية الأخرى في مجموعات تعرف بالوحدات الإدارية، وفي العادة يتم تنظيم هذه الوحدات على أساس وظيفي أو جغرافي أو خطوط نشاط. ويتم بيان علاقة الوحدات الإدارية مع بعضها باستخدام الخريطة التنظيمية والتي تأخذ شكل الهرم. وتقع الإدارة العليا في قيمة الهرم التنظيمي بينما تقع الوحدات التشغيلية في قاعدته. وتتحمل الإدارة العليا المسؤولية النهائية عن تحقيق أهداف المنشأة، لذلك تحتفظ بسلطة اتخاذ القرارات الإدارية المختلفة.

ومع كبر حجم المنشأة وتباعد نشاطاتها من ناحية جغرافية تقوم الإدارة العليا بتفويض جزء من سلطاتها إلى المستويات الإدارية التابعة لها، وكذلك يقوم المرؤوسون بعمل الشيء نفسه حتى تصل السلطة إلى قاعدة الهرم التنظيمي . ومن المبادئ الإدارية المعروفة أن تفويض السلطة لا يترتب عليه تفويض المسؤولية، وبالتالي تشمل مسؤولية المدير نطاق سلطته المباشرة ونطاق سلطة مرؤوسيه.

وبدراسة نمط تفويض السلطة يتم التوصل إلى أن إدارة بعض المنشآت تعمل على تركيز سلطة اتخاذ القرارات الرئيسية بيدها، وهنا نجد أنه على الرغم من قيام الإدارة العليا بتفويض سلطة اتخاذ القرارات التشغيلية لمرؤسيها، إلا أنها تطلب منهم التقرير إليها عن أغلب الأمور، وهنا توصف المنشاة بأنها مركزية وعلى الجانب الآخر، نجد أن بعض الإدارات الأخرى تقوم بتوزيع مهام الرقابة واتخاذ القرارات الهامة على عدة جهات في المنظمة وتوصف هذه المنظمات بأنها منظمات لا مركزية، وبين هذين الطرفين لنمط تفويض السلطة تقع أغلب منشآت الأعمال في الحياة العملية.

مزايا اللامركزية:

يلجأ الكثير من الشركات في الوقت الحالي إلى الاستفادة من مزايا اللامركزية حيث تقوم الإدارة العليا بتفويض السلطة إلى رؤساء الوحدات الإدارية ليتمكنوا من تنفيذ المهام الموكلة إليهم . ويزيد من ضرورة استخدام اللامركزية أن جيل الإداريين الحالي لا يقبل النمط التسلطي الذي يقوم على افتراض أن الإدارة العليا هي الوحيدة الملهمة والقادرة على اتخاذ القرارات الإدارية الرشيدة. وبالإضافة إلى ذلك، هناك عدة مزايا لطريقة اللامركزية أهمها الآتي:

١. توفير وقت الإدارة العليا الذي يصرف على القرارات التشغيلية والفنية وتوجيهه إلى التخطيط الاستراتيجي وتصريف الأمور الهامة في المنشأة.

٢. الاستفادة من خبرات ومشاهدات الإدارة التنفيذية لأنها ملتصقة مع الواقع العملي وهذا يزيد من قيمة وكمية المعلومات المتوافرة لها، أما في حالة اتباع اللامركزية فإن هذه المعلومات تبقى بعيدة عن متناول الإدارة العليا.

٣. يفيد توزيع عبء اتخاذ القرارات الإدارية على عدة مواقع تنظيمية في سرعة اتخاذ هذه القرارات. ففي المنشآت الكبيرة يتم إنتاج عدة منتجات وخدمة عدة مناطق جغرافية، وهنا بدون التفاعل السريع مع المشاكل اليومية التي تواجهها الفروع والمناطق سيتم فقد الكثير من فرص العمل المتوفرة. فمثلاً إذا توقفت إحدى الآلات في مصنع من مصانع الشركة فإن تفويض سلطة إصلاحها للشخص المسؤول عنها سيؤدي إلى اختصار الوقت اللازم لصيانة هذه الآلة، لأن موافقة الإدارة العليا يحتاج إلى وقت قد يطول وهذا يؤدي إلى تعطيل العمل، وبالإضافة إلى ذلك يستطيع مدير المركز الحصول على أفضل خدمة ممكنة لقربه من ظروف العمل.

٤. حفز الأفراد في الإدارات الوسطى والدنيا على تحقيق أهداف المنشأة لأن الشخص الذي يشارك في وضع الأهداف ومتابعتها تزداد قناعته بعمله ويتفانى في تحقيق أهداف منشأته.

٥. تدريب الموظفين الرئيسيين مما يسهّل عملية شغل المناصب الإدارية العليا في المنشأة عند الحاجة.

نظام محاسبة المسؤولية:

تعمل محاسبة المسؤولية على ترسيم سمات التنظيم الإداري وربط تقارير الأداء بالأفراد المسؤولين عن الوحدات الإدارية المختلفة في المنشأة وبالتالي تتحقق الحكمة القائلة بأنه إذا تمت رقابة أداء الأفراد، تتم رقابة التكاليف والإيرادات. فعند ربط تقارير الأداء بمراكز المسؤولية المختلفة الموجودة في المنشأة فإنه يمكن الوقوف على مدى إنجاز هذه المراكز لأهدافها وهذا يساعد الإدارة في رقابة التكاليف، وبدون وجود هذه يتم التعامل مع المنشأة وكأنها وحدة واحدة وعندها يكون من الصعب معرفة أسباب القوة والضعف في أدائها. وخلاصة القول إن نظام محاسبة المسؤولية يقوم على ربط المصروفات والإيرادات بالأشخاص المسؤولين عن حدوثها والتأثير عليها.

ولنجاح نظام محاسبة المسؤولية في تحقيق أهدافه يجب أن يوجد لدى المنشأة خريطة تنظيمية واضحة تبين سلطات واختصاصات الوحدات الإدارية المختلفة التي تتكون منها المنشأة، وتعرف هذه الوحدات لأغراض هذا الفصل باسم مراكز المسؤولية. ويعرف مركز المسؤولية على أنه وحدة إدارية أو فنية موجودة في المنشأة وله هدف معين ويستخدم مصادر المنشأة ومواردها من أجل تحقيق أهدافه، ويقع تحت سلطة شخص معين وبدون ذلك لا يكون له وجود. ويمكن عرض الخريطة التنظيمية لإحدى الشركات الصناعية كما في الشكل رقم(١٠-١):

تبين الخريطة التنظيمية الوحدات الإدارية الرئيسة التي تتكون منها الشركة والوحدات الإدارية الفرعية التابعة لإدارة الإنتاج، ومن دراسة هذه الخارطة يمكن القول بأن أقسام الاستخراج والتصنيع والتشطيب هي عبارة عن مراكز مسؤولية تابعة لإدارة الإنتاج وتقوم بالتقرير إلى رئيس القسم الشمالي لذلك فإن الشخص

الأخير يعتبر مسؤولاً عن البنود التي تحدث في قسمه وله سلطة الرقابة عليها، والبنود التي تحدث في مراكز الاستخراج والتصنيع والتشطيب. ويقوم القسم الجنوبي والقسم الشمالي برفع تقاريرهما إلى مدير إدارة الإنتاج الذي بدوره يعدّ مسؤولاً عن البنود التي تحدث في إدارته وفي القسمين الشمالي والجنوبي لأنهما يتبعان له، وبالمنطق نفسه تعتبر المنشأة ككل ضمن مسؤولية رئيس مجلس الإدارة.

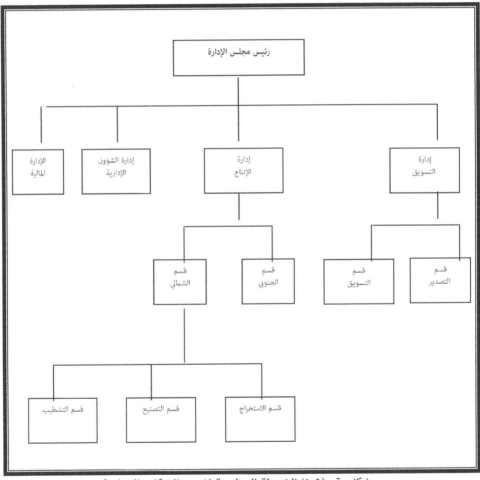

شكل رقم (٩-١) الخريطة التنظيمية لإحدى الشركات الصناعية

العناصر القابلة للرقابة   Controllable Elements

يعرف البند على أنه قابل لرقابة شخص معين إذا استطاع ذلك الشخص مزاولة تأثير فعال على كميته أو تكلفته، فعندما يستطيع رئيس قسم معين التأثير على بند معين عندها يكون هو أفضل شخص يقوم بتخطيطه والرقابة عليه، لذلك يكون هذا البند بأنه قابلاً للرقابة لذلك الشخص، وبطبيعة الحال ستكون جميع بنود الإيرادات والمصروفات التي تحدث في المنشأة تحت رقابة شخص أو آخر، وهنا نجد أن بعض البنود تكون قابلة للرقابة قبل حدوثها ولكن تصبح غير قابلة للرقابة بعد ذلك مثل الاستهلاك، والإيجار، على أية حال، قد يواجه المحاسب صعوبات عند تبويب العناصر إلى قابلة للرقابة وغير قابلة للرقابة وهذا يتطلب منه الاعتماد على حكمته الشخصية، ويفيد في هذا المجال الاعتماد على المعايير التي اقترحتها الجمعية القومية للمحاسبين الأمريكيين (AAA) التي اعتبرت الشخص مسؤولاً عن الرقابة في الحالات الآتية:

١.   إذا كان يقوم بشراء البند أو استخدامه.

٢.   إذا كان يستطيع مزاولة تأثير على مبلغ التكلفة من خلال قراراته الإدارية.

٣.   إذا رغبت الإدارة العليا في ذلك، لأنه يمكنه مزاولة تأثير على قرارات الآخرين بموجب السلطات المخولة إليه.

وعند النظر إلى بنود التكاليف التي تحمل على مركز المسؤولية نجد أن بعضها يسهل تتبعه وتخصيصه على مركز المسؤولية لوجود علاقة واضحة بين البند ومركز المسؤولية، وهذه البنود تعرف بالبنود المباشرة، وتضم عناصر مثل، المواد المباشرة، وأجور العمال الذين يعملون به، واستهلاك الآلات والمعدات الخاصة بالقسم، ونظراً لعدم إمكانية رؤساء أقسام المسؤولية رقابة بعض هذه البنود المباشرة مثل رقابة مبلغ استهلاك الآلات والإيجار وأجور بعض العمال لذلك يمكن القول أنه ليس من الضروري أن تكون كل البنود المباشرة قابلة للرقابة.

وبالنسبة للمصروفات العامة التي تستفيد منها عدة أقسام ويتم توزيعها على هذه الأقسام باستخدام طرق التوزيع المختلفة، مثل رواتب مدير الإدارة، ومصروفات الإعلان، ومرتبات المشرفين فإنها بحاجة إلى دراسة وافية قبل تبويبها إلى قابلة للرقابة وغير قابلة للرقابة، فإذا وجد أن بإمكان رؤساء مراكز المسؤولية التأثير على كمية بعض المصروفات العامة مثل استهلاك الكهرباء والصيانة، عندها يعتبر هؤلاء الأشخاص مسؤولين عن الكمية التي يستخدمونها. ويفضل في هذه الحالة اعتبار حصتهم من هذه البنود قابلة للرقابة واستخدام الأسعار المعيارية لتسعير هذه البنود لأن رؤساء الأقسام لا يستطيعون التأثير إلا على كميتها. أما المصروفات التي لا يستطيع رئيس القسم المستفيد أن يؤثر على كميتها فتعتبر ضمن مسؤولية المركز الذي تحدث فيه هذه المصروفات.

تقارير الأداء والتكاليف القابلة للرقابة:

لنجاح نظام محاسبة المسؤولية يجب إعداد تقرير لكل مركز مسؤولية، وأن يتم إعداد هذا التقرير بصورة دورية ، وأن يركز على البنود القابلة للرقابة ولزيادة فاعليته يجب أن يحتوي التقرير على مقارنة بين الأرقام الفعلية والمتوقعة وتحديد الانحراف بينهما. وفي هذا المجال قد يثور التساؤل حل ضرورة وضع البنود غير القابلة للرقابة في تقرير مركز المسؤولية . وهنا نجد اختلافاً في الآراء، فالبعض يفضل أن تركز التقارير على البنود التي يكون الشخص مسؤولاً عنها ترك البنود الأخرى التي لا يكون الشخص مسؤولاً عنها، وبالتالي ترى هذه الفئة أنه لا داعي لوجود هذه العناصر غير القابلة للرقابة في تقرير الأداء. وعلى الجانب الآخر يرى فريق آخر ضرورة إدراج التكاليف غير القابلة للرقابة في تقارير الأداء لأن ذلك يساعد في مزاولة رقابة غير مباشرة على هذه البنود لأن الشخص الذي يعرف بأن نفقاته تعرض على الآخرين يحاول تقليصها حتى لا يتم انتقاده من قبلهم وخاصة من قبل مرؤوسيه. لذلك يجب على مصمم النظام اتخاذ موقف محدد

بخصوص هذه البنود. وإذا تقرر إدراجها أن يتم التمييز بينها وبين البنود القابلة للرقابة بصورة واضحة.

ويمكن أن يكون تقرير الأداء كما في الشكل رقم (١٠-٢):

شركة أ ب جـ

اسم المسؤول

البيـــان	قسم أ	قسم ب	الإجمالي
الإيرادات	٢٢٠٠	١٥٠٠	٣٧٠٠
يطرح التكاليف المتغيرة:			
تكلفة البضاعة المباعة	٦٠٠	٩٠٠	١٥٠٠
عمولة المبيعات	٦٠	٧٥	١٣٥
إجمالي التكلفة المتغيرة	٦٦٠	٩٧٥	١٦٣٥
هامش مساهمة المنتجات	١٥٤٠	٥٢٥	٢٠٦٥
تكاليف مباشرة قابلة للرقابة			
رواتب وأجور عمال	٣٠٠	١٢٠	٤٢٠
دعاية وإعلان	١٢٠	٦٠	١٨٠
إجمالي التكاليف القابلة للرقابة	٤٢٠	١٨٠	٦٠٠
تكاليف مباشرة غير قابلة للرقابة			
رواتب وأجور			٣٠٠
استهلاك المعدات			٤٠٠
إيجار			٥٠٠
إجمالي التكاليف غير القابلة للرقابة			١٢٠٠
هامش مساهمة القسم	١١٢٠	٣٤٥	٢٦٥

شكل رقم (١٠-٢) تقرير الأداء لأقسام الشركة أ ب جـ

لقد ركز هذا التقرير على فصل التكاليف؛ إلى قابلة للرقابة وغير قابلة للرقابة على مستوى الأقسام. ومن دراسة هذا التقرير نجد أن عناصر التكاليف المتغيرة قابلة للرقابة على مستوى الأقسام، وعلى الجانب المقابل قد لا تكون. عناصر التكاليف المباشرة على الأقسام قابلة للرقابة مثل رواتب وأجور عمال القسم وكذلك الحال بالنسبة لعناصر التكاليف الثابتة لأن رؤوساء هذه الأقسام لا يأثرون.

شكل مراكز المسؤولية : *Forms of Responsibility Centers*

لأغراض تقييم الأداء يمكن تقسيم مراكز المسؤولية إلى ثلاثة مجموعات هي:

١. مراكز التكاليف.

٢. مراكز الربحية.

٣. مراكز الاستثمار.

وسيتم دراسة هذه المراكز على التوالي:

أولاً: مراكز التكاليف *Cost Centers*

تعد مراكز التكاليف أصغر مراكز المسؤولية حجماً في المنشأة، وتقتصر مسؤوليتها على استخدام عناصر التكاليف لإنتاج المنتجات أو تقديم الخدمات. تختلف عن بعضها من حيث القدرة على ربط عناصر التكاليف بالمخرجات. ففي بعض هذه المراكز التي يمكن عمل ذلك، ويمكن استخدام التكاليف المعيارية في رقابة تكاليف هذه المراكز. أما في مراكز التكاليف التي يصعب فيها الربط بين المدخلات والمخرجات، كما هو الحال في مركز الصيانة، والمحاسبة. ومركز النقل ومناولة المواد، والقسم القانوني، يمكن استخدام الموازنات التخطيطية لرقابة إنفاقها وهنا يجب عدم السماح لها بتجاوز مخصصاتها الواردة في الموازنات.

ويمكن أن يكون تقرير تكاليف هذه المراكز كما في الجداول (١٠-١)

(١٠-٢):

جدول (١٠-١)

تقرير الأداء لمراكز الاستخراج

	التكاليف المعيارية		التكاليف الفعلية		الانحراف	
	عن الفترة الجارية	السنة لتاريخه	عن الفترة الجارية	السنة لتاريخه	عن الفترة الجارية	السنة لتاريخه
منجم الشرقي	٤٢٠١	١٢٩٢٠	٤٦٢٠	١٢٧٨٠	(٤١٩)	١٤٠
منجم الغربي	٦٤٢٠	١٨٩٨٢	٦٦٠٠	١٨٩٦٢	(١٨٠)	٢٠
الطواحين	١٤٨٠٠	٣٦,٨٠٠	١٣٧٠٠	٣٧٤٠٠	١١٠٠	(٦٠٠)
الخلاطات	٩٤٢٠	٢٧,٨٤٠	٩٦٥٠	٢٨٣٠٠	(٢٣٠)	(٤٦٠)
خاصة بالمركز	٥٦٠٠	١٢٨٠٠	٥٧٠٠	١١٩٠٠	(١٠٠)	٩٠٠
	٤٠٤٤١	١٠٩٣٤٢	٤٠٢٧٠	١٠٩٣٤٢	١٧١	صفر

جدول (١٠-٢)

تقرير الأداء لمركز المنجم الغربي

	التكاليف المعيارية		التكاليف الفعلية		الانحراف	
	عن الفترة الجارية	السنة لتاريخه	عن الفترة الجارية	السنة لتاريخه	عن الفترة الجارية	السنة لتاريخه
مواد مباشرة	٣٠٠٠	٧٦٦٢	٣١٠٠	٧٩٩٢	(١٠٠)	(٣٣٥)
أجور مباشرة	١٦٠٠	٥٤٢٠	١٧٠٠	٥٠٢٠	(١٠٠)	٤٠٠
م. صناعية	١٤٠٠	٤٥٠٠	١٣٥٠	٤٦٠٠	٥٠	(١٠٠)
أخرى	٤٢٠	١٤٠٠	٤٥٠	١٣٥٠	(٠٣)	٥٠
القابلة للرقابة	٦٤٢٠	١٨٩٨٢	٦٦٠٠	١٨٩٦٢	(١٨٠)	٢٠
غير قابلة للرقابة:						
استهلاك	٤٣٢٠	١٣١٨٠	٤٣٢٠	١٣١٨٠	٠٠٠	٠٠٠
الرواتب	٥٤٠٠	١٥٦٠٠	٤٩٥٠	١٥٩٠٠	(٤٥٠)	(٣٠٠)

ثانياً: مراكز الأرباح: *Profit Centers*:

يعرف مركز الأرباح على أنه وحدة إدارية يتم تفويض مديرها سلطة الرقابة على إيراداتها، وهذا يتطلب منحه سلطة تحديد المنتجات التي سيتعامل بها، وأسعار بيعها والمناطق الجغرافية التي تغطيها نشاطات المبيعات . وبذلك يقاس نجاح مدير هذا المركز بمدى تحقيقه لموازنة الأرباح المخططة. يتم قياس ذلك باستخدام رقم انحراف الأرباح وهذا ينتج عن اختلاف الأسعار الفعلية عن المخططة وحجم المبيعات الفعلية عن تلك الواردة في الموازنة. لذلك فإن تحليل انحرافات الإيرادات من العوامل الهامة في الرقابة على الأداء في مراكز الأرباح ومن الأشياء التي تؤثر على انحراف الأرباح أسعار التحويل بين الأقسام ولهذا إذا رغبت الإدارة في قياس أداء المدير باستخدام رقم الأرباح فإن هذا المدير يجب أن تكون له سلطة قبول أسعار التحويل أو رفضها، وأن تترك له حرية تحديد الجهة التي يستطيع الشراء منها إذا كان ذلك لا يؤثر سلباً على مصلحة المنشاة النهائية. ومن المتفق عليه أنه يجب أن تحدد أسعار التحويل بحيث تؤدي إلى خلق آثار تحفيزية موجبة لدى رؤساء الأقسام وتجنب سياسات التسعير التي قد تخلق آثاراً سلبية، لأن الأسعار المفروضة على القسم من الإدارة العليا أو من الأقسام القوية الأخرى في المنشأة. إذا كانت غير عادلة قد تؤدي إلى آثار تحفيزية سلبية، وتشجع رئيس القسم المتضرر إلى تحقيق مصلحة قسمه بالتعاون مع الغير ولو كان ذلك على حساب المصلحة الكلية للمنشأة.

ولتقييم أداء مركز الربحية، يجب الأخذ في الحسبان نسبة مجمل الربح ونسبة صافي الربح لأنها مؤشرات جيدة لقياس الأداء، ويمكن أن يتم تحليل انحرافات الرقم الأخير عن طريق تحديد الانحرافات الآتية:

- انحراف سعر المبيعات.
- انحراف حجم المبيعات.
- انحراف خلطة المبيعات.

يقيس انحراف السعر اثر تغير الأسعار الفعلية للمنتجات عن الأسعار المخططة ، ويتم تحديده بضرب الفرق بين السعر الفعلي والسعر المخطط في الكمية الفعلية للوحدات المباعة. ويقيس انحراف حجم المبيعات أثر اختلاف حجم الوحدات المباعة عن الوحدات المخطط بيعها مضروباً بسعر البيع المخطط، ويفيد معرفة انحراف الخلطة في تحديد أثر إحلال مبيعات منتج محل آخر، وللوقوف على كيفية تحليل الانحراف يمكن الرجوع إلى كتاب محاسبة التكاليف للمؤلف الفصل الثاني عشر، وبعد إجراء التحليل يمكن أن تظهر قائمة الدخل المجزأة حسب أقسام الربحية الموجودة في الشركة كما في التقرير الوارد في الجدول (١٠-٣) التالي:

وفيما يلي قائمة دخل لإحدى المنشآت المقسمة إلى مراكز ربحية

قائمة دخل الأقسام الشركة أ، ب، ج عن السنة المالية المنتهية بتاريخ ١٩٩٥/١٢/٣١				
البيـــــــان	مراكز الأرباح			الإجمالي
	أ	ب	ج	
المبيعات	٤٠٠٠٠٠	٣٠٠٠٠٠	٤٥٠٠٠٠	١١٥٠,٠٠٠
يطرح: تكلفة البضاعة المباعة	٢٠٠٠٠٠	١٧٥٠٠٠	٢١٠٠٠٠	٥٨٥,٠٠٠
مجمل الربح	٢٠٠٠٠٠	١٢٥٠٠٠	٢٤٠,٠٠٠	٥٦٥,٠٠٠
يطرح : مصروفات التشغيل				
إيجار	٣٤٠٠٠	١١٠٠٠	١٥٠٠٠	٦٠,٠٠٠
عمولات مندوبين	٢٧٠٠٠	١٢٠٠٠	١٧٠٠٠	٥٦٠٠٠
مصروفات تسويق	٣٤,٠٠٠	١٤٠٠٠	٣٥٠٠٠	٨٣٠٠٠
أجور ومرتبات	٣٨,٠٠٠	٢٦٠٠٠	٤٢٠٠٠	١٠٦٠٠٠
ماء وكهرباء	٩٠٠٠	٧٠٠٠	١٩٠٠٠	٣٥,٠٠٠
صافي ربح القسم	٥٨٠٠٠	٥٥٠٠٠	١١٢٠٠٠	٢٢٥,٠٠٠
يطرح : تكاليف عمومية				
مصاريف إدارية	٣٢٠٠٠	١٨٠٠٠	٣٨٠٠٠	٨٨,٠٠٠
مصاريف بحث وتطوير	١٦٠٠٠	١٢٠٠٠	١٤٠٠٠	٤٢,٠٠٠
صافي الربح التشغيلي	١٠٠٠٠	٢٥٠٠٠	٦٠,٠٠٠	٩٥,٠٠٠

من دراسة هذه القائمة نلاحظ أنه تم حساب صافي ربح كل مركز قبل تخصيص التكاليف العامة على الأقسام لأنها تكاليف غير قابلة للرقابة وعند توزيع التكاليف العامة على مراكز الربحية يجب مراعاة مبدأ مدى الاستفاده.

مراكز الاستثمار *Investment Centers*:

يعتبر مركز الاستثمار أوسع نطاقاً من مركز الربحية لأنه يتم تفويض رئيسة سلطة الرقابة على الإيرادات والمصروفات، واقتراح مشروعات الإنفاق الرأسمالي، لذلك فإن على رئيس هذا المركز العمل على الموازنة بين الموارد الاقتصادية من أجل الحصول على أعلى معدل عائد على استثماراته، ويمكن التعبير عن معدل العائد على الاستثمار باستخدام المعادلة الآتية

$$\text{معدل العائد على الاستثمار} = \frac{\text{الربح التشغيلي}}{\text{المبيعات}} \times \frac{\text{المبيعات}}{\text{الأصول العاملة}}$$

$$= \text{نسبة الربح} \times \text{معدل دوران الأصول}$$

وتشمل الأصول العاملة، جميع الأصول الثابتة التي تحت تصرف رئيس قسم الاستثمار، وفي بعض الحالات نجد أن بعض الأصول لا تسهم في تحقيق الإيرادات التشغيلية كما في حالة شراء قطعة أرض بهدف إنشاء مقر للقسم عليها في المستقبل. وهنا يفضل البعض أن يتم طرح تكلفة هذه الأرض من إجمالي أصول القسم قبل التوصل إلى رقم أصوله العاملة؟ هذه المعالجة تعتبر غير مرضية لأن إدارة مركز الاستثمار وجدت أنه من مصلحة القسم شراء هذه الأرض وبالتالي فهي مسؤولية عن ذلك القرار.

وقد يرى البعض الآخر استبعاد الأصول غير الملموسة لأنهم يدعون أنها لا تساهم في تحقيق الإيراد بصورة مباشرة. وهذا الرأي أيضاً غير مقبول لأن المعايير المحاسبية تتطلب عدم إثبات هذه الأصول في الدفاتر إلا إذا تم شراؤها،

وشطبها من الدفاتر إذا كانت لا تساهم . في خلق الإيرادات. وهذا يعني أنه على أن لهذه الأصول وجود غير ملموس فإنها تساهم في تحقيق الإيراد وثمة وجود نقاش أخير بخصوص حساب الأصول الثابتة، فالبعض يرى أن يتم طرح المخصصات من التكلفة التاريخية والبعض يرى عدم القيام بذلك. ومع أن الغالبية ترى عمل ذلك، وهنا نرى أنه إذا تم استخدام أي أسلوب يجب اتباعه من سنة لأخرى.

مثال :

كانت مبيعات أحد الأقسام خلال سنة معينة هي ١٠٠٠,٠٠٠ دينار، وأن صافي ربحه هو ٢٠٠,٠٠٠ دينار، وأن مجموع أصول القسم ٤٠٠,٠٠٠ دينار، فإن معدل العائد على الأصول سيكون كالتالي:

$$\frac{\text{٢٠٠,٠٠٠}}{\text{١٠٠٠,٠٠٠}} \times \frac{\text{١٠٠٠,٠٠٠}}{\text{٤٠٠,٠٠٠}} =$$

$$= \text{٢٠}\% \times \text{٢,٥ مرة}$$
$$= \text{٥٠ }\%$$

ويعرف هذا المعدل باسم معدل دوبونت نسبة إلى أول شركة قامت باستخدامه، وتفيد كتابه المعدل بالطريقة السابقة في أنها تبين كيف يمكن للمنشاة تحسين معدل العائد على أصولها، وهي أما عن طريق تحسين نسبة الأرباح عن طريق تخفيض التكاليف أو زيادة المبيعات أو عن طريق تحسين معدل دوران الأصول وذلك عن طريق زيادة قيمة المبيعات أو تخفيض قيمة الأصول.

وللوقوف على فاعلية قسم الاستثمار يتم تحليل هامش المساهمة، واستخدام التكاليف المعيارية، والموازنات المرنة وتحليل وانحراف المبيعات، وهنا يجب أن يعمل نظام محاسبة المسؤولية على الفصل بين البنود القابلة للرقابة وغير القابلة للرقابة، والتأكد من أن النتائج الفعلية التي حققها القسم تساير الخطط الموضوعة.

ومن عيوب هذا المعدل أن المديرين قد يرفضون الاستثمارات المربحة إذا كانت تؤدي إلى تخفيض معدل العائد على الأصول، فمثلاً إذا كان معدل العائد على الاستثمار لأحد الأقسام ٣٠% ولديه أصولاً مقدارها ١,٠٠٠,٠٠٠د وعرض على هذا القسم مشروع استثماري جديد تكلفته ٥٠٠,٠٠٠ دينار ويتوقع تحقيق أرباحاً مقدارها ١٠٠,٠٠٠د. هنا إذا تم حساب احتمال معدل العائد على أصول القسم بعد المشروع الجديد يصبح كالتالي:

$$\text{معدل العائد} = \frac{٣٠\% \times ١٠٠٠,٠٠٠ + ٢٠\% \times ٥٠٠,٠٠٠٠}{١٠٠٠,٠٠٠ + ٥٠٠,٠٠٠} \times ١٠٠\% = ٢٦,٦\%$$

لقد أدى هذا المشروع إلى تخفيض معدل العائد على الاستثمار للقسم من ٣٠% إلى ٢٦,٦% ولذا يتوقع أن تقوم الإدارة برفضه. وفي الفصول السابقة وجدنا أنه إذا توفرت الأموال اللازمة لإنشاء المشروع وأنه يعطي صافي قيمة حالية موجبة فإنه يجب قبول المشروع ولكن عند استخدام معدل العائد على الأصول فإنه قد يتم رفضه لأن له تأثيراً سالباً على معدل العائد للقسم.

الزيادة عن عائد الاستثمار المستهدف *Residual Income*:

تعمل طريقة معدل العائد على الاستثمار على التحيز لصالح الأقسام الكبيرة. ولتجنب هذا الانتقاد تم اقتراح تحديد عائد مستهدف على صافي الأصول المستثمرة، وبضرب هذا المعدل في تكلفة الاستثمار نتوصل إلى الحد الأدنى للربح على صافي الأصول المستثمرة في القسم وبعد ذلك يتم طرح هذا الرقم من رقم الربح الفعلي الذي حققه القسم للتوصل إلى الزيادة عن عائد الاستثمار المستهدف، ولتوضيح ذلك سيتم الاعتماد على البيانات الآتية .

مثال:

تتكون إحدى الشركات من قسمين هما أ، ب. وتقوم بتقييم ادائهما باستخدام طريقة العائد المتبقي وتطلب منهما تحقيق معدل عائد مقداره ١٢%. والآتي بيانات عن هذه الأقسام:

البيان	قسم ب	قسم أ
الأصول	٦٥٠,٠٠٠	٨٥٠,٠٠٠
الأرباح	١٤٣,٠٠٠	١٧٨٥٠٠
معدل العائد على الأصول	٢٢%	٢١%

المطلوب:

تحديد أي القسمين أفضل من حيث الأداء باستخدام العائد المتبقي.

الحل:

العائد المتبقي = الربح - الأصول × ١٢%.

القسم أ = ١٧٨٥٠٠ - ٨٥٠,٠٠٠×١٢% = ٧٦٥٠٠ دينار.

قسم ب= ١٤٣,٠٠٠ - ٦٥٠,٠٠٠ ×١٢% = ٦٥,٠٠٠.

لقد حقق القسم أ أرباح متبقية أعلى من القسم ب على الرغم من أن معدل العائد على الأصول في قسم ب أعل من القسم أ.

الخاتمـــة

في هذا الفصل تعرضنا لمفهوم محاسبة المسؤولية وتبين لنا أن استخدام هذا النظام يتطلب توافر خريطة تنظيمية واضحة تحدد مسؤوليات وسلطات الوحدات الإدارية المختلفة، وكذلك يجب فصل البنود إلى قابلة للرقابة وغير قابلة للرقابة. وتسليط الأضواء في تقارير الأداء على البنود القابلة للرقابة. وقد غطى الفصل السمات الرئيسية لتقرير الأداء كل من أقسام التكاليف والربحية والاستثمار. وتبين لنا أن تقرير أداء مركز التكاليف يجب أن يركز على تحليل انحرافات عناصر التكاليف، وأن تقرير أداء مركز الأرباح يجب أن يركز على تحليل انحرافات التكاليف والإيرادات وهنا تعتبر نسبة صافي الربح ومجمل الربح من النسب الرئيسية المستخدمة في تقييم أداء هذا المركز. أما بالنسبة لمركز الاستثمار فإنه يتطلب حساب معدل العائد على الأصول. بالإضافة إلى النسب السابقة، فهذه المراكز مسؤولة عن استغلال المصادر المتوفرة لديها، ويمكن لهذه الأقسام استخدام نموذج دوبونت لمعرفة النهج الذي يجب أن تسلكه لتحسين معدل العائد على الأصول المستثمرة.

أسئلة وتمـــارين

السؤال الأول: أذكر أهم مزايا وعيوب اللامركزية .

السؤال الثاني: ما المقصود بمحاسبة المسؤولية وأثرها على تقارير الأداء؟

السؤال الثالث: عرف المقصود بعناصر التكاليف القابلة للرقابة وغير القابلة للرقابة.

السؤال الرابع: حدد نطاق مسؤولية مدير الإنتاج في شركة صناعية.

السؤال الخامس: هل تفضل إدراج البنود غير القابلة للرقابة في تقارير أداء مراكز المسؤولية ولماذا؟

السؤال السادس: هل تعتبر العناصر المباشرة على القسم جميعها قابلة للرقابة؟

السؤال السابع: ما المقصود بمركز الأرباح وما نطاق مسؤولياته؟

السؤال الثامن: حدد المعايير التي يمكن استخدامها في قياس أداء مراكز الربحية.

السؤال التاسع: ما المقصود بمركز الاستثمار وما نطاق مسؤولياته.

السؤال العاشر: ما هو المقصود بالربح (الدخل) المتبقي.

السؤال الحادي عشر: الآتي معلومات مستخرجة من سجلات أحد الأقسام كما في ٢٠٠٣/١٢/٣١ .

المبيعات	٦٠٠,٠٠٠
تكلفة أولية	٢٥٠,٠٠٠
مصروفات صناعية غير مباشرة	١٥٠,٠٠٠
مصروفات تسويقية وإدارية	١٠٠,٠٠٠
الزيادة في مخزون آخر المدة	٥٠,٠٠٠
الأصول بالصافي	٣٠٠,٠٠٠

المطلوب:

١. تحديد نسبة الربح.

٢. تحديد معدل دوران الأصول.

٣. تحديد معدل العائد على الأصول.

السؤال الثاني عشر: بالرجوع إلى بيانات السؤال السابق افترض أن إدارة المنشأة ترغب في أن يقوم القسم بتحقيق ٢٠% معدل عائد على صافي الأصول.

المطلوب:

١. تحديد قيمة الزيادة في عائد الاستثمار.

السؤال الثالث عشر: الآتي ميزان مراجعة كما في ٢٠٠٣/١٢/٣١ بعد إجراء التسويات الجردية.

المبيعات	١٧٥,٠٠٠	
تكلفة البضاعة المباعة		٨٠,٠٠٠
مصروفات إدارية وتسويقية		٦٥,٠٠٠
الأصول المتداولة		١٤٠,٠٠٠
الأصول الثابتة ومخصص استهلاكها	٧٥,٠٠٠	٣١٠,٠٠٠
الخصوم المتداولة	٢٠,٠٠٠	
الخصوم طويلة الأجل	٩٥,٠٠٠	
رأس المال والأرباح المحتجزة	٢٣٠,٠٠٠	
الإجمالي	٥٩٥,٠٠٠	٥٩٥,٠٠٠

المطلوب:

تحديد معدل العائد على الاستثمار.

السؤال الرابع عشر: حصلت شركة على أصول تكلفتها ٤٠٠,٠٠٠ دينار، وعمرها الإنتاجي ٥ سنوات وتتوقع أن تعطي خلالها التدفقات النقدية التالية:

التدفق النقدي	السنة
١٠٠,٠٠٠ دينار	١
٩٠,٠٠٠ دينار	٢
٨٠,٠٠٠ دينار	٣
٧٠,٠٠٠ دينار	٤
٧٠,٠٠٠ دينار	٥

وتقدر قيمة نفاية هذه الأصول في نهاية عمرها الإنتاجي بمبلغ ٤٠,٠٠٠ وتأخذ النفاية في الحسبان عند تحديد الاستهلاك. ويتم استهلاكها بطريقة القسط الثابت.

المطلوب:

١. حساب معدل العائد على الاستثمار في كل سنة من سنوات حياة المشروع.

أ- حساب متوسط تكلفة الأصول المستثمرة.

ب- حساب صافي تكلفة الأصول المستثمرة في أول المدة.

السؤال الخامس عشر: تنظم إحدى الشركات أعمالها على أساس لا مركزي وقد طلب القسم أ من القسم ب توريد أحد القطع التي يقوم بإنتاجها وبيعها في السوق بسعر ٧,٥ بسعر ٥ دنانير للوحدة.

يتحمل القسم ب تكاليف متغيرة نقدية لإنتاج هـذه القطعـة قيمتهـا ٤,٢٥ دينار وأن القسم ب يعمل عند مستوى طاقته الإنتاجية أما القسم أ فإنه يعمل عند مستوى ٥٠% من طاقته الإنتاجيـة. وأن تكلفة الإنتاج للقسم أ هي:

٢٢,٥٠	مواد مباشرة مشتراة من أطراف خارجية
٥	ثمن القطع المشتراة من قسم (ب)
١٢	مصروفات صناعية أخرى
١٠	مصروفات صناعية ثابتة
٤٩,٥٠	إجمالي التكلفة

المطلوب:

١. هل توصي أن يقوم القسم (ب) بتحويل إنتاجه إلى قسم (أ) وما هي الأسباب التي تدعو إلى ذلك.

٢. إذا كان القسم (أ) يبيع منتجه بسعر ٦٠ دينار وإذا تم توريد القطع من القسم (ب) سوف يؤدي ذلك إلى زيادة نشاطه ليصل إلى ١٠,٠٠٠ وحدة بدلاً من ٥٠٠٠ وحدة، المطلوب هل من مصلحة الشركة إلزام القسم (ب) على تحويل إنتاجه إلى القسم (أ).

السؤال السادس عشر: تنظم إحدى الشركات وحداتها الإدارية على أساس الأقسام وأن كل قسم يعتبر مركز استثمار ويتمتع باستقلالية تامة بخصوص تطوير الإنتاج، والتسويق، وتطوير المنتجات. يتم تقييم أداء الأقسام من قبل الإدارة العليا باستخدام معدل العائد على الاصول، وتعتقد الإدارة العليا أن هذا المقياس يربط بين العوامل الكمية الموجودة في قائمة الدخل وقائمة المركز المالي.

وينتقد رؤساء بعض الأقسام هذا المعيار ويعتبرونه غير كاف، وقدم هؤلاء قائمة من عدة معايير لتقييم أداء رؤساء الأقسام منها نسبة صافي الربح، الموقف التسويقي، الإنتاجية، وتطوير القوى العاملة، ومواقف العمال، والمسؤولية الاجتماعية، والموازنة بين الأهداف طويلة الأجل وقصيرة الأجل.

المطلوب:

١. هل توافق على اعتبار معدل العائد على الأصول كمعيار وحيد لتقييم أداء الأقسام في الشركة.

٢. ناقش مزايا استخدام عدة معايير لتقييم أداء رؤساء الأقسام.

(جمعية المحاسبين الإداريين معدل)

السؤال السابع عشر: يوجد في إحدى الشركات ثلاثة أقسام وقد توافرت المعلومات الآتية عن هذه الأقسام.

قسم أ	قسم ب	قسم ج	
١٥٠٠	٦٠٠	٥٠٠	المبيعات (بالأف) دينار
١٢٠	٧٠	٥٠	صافي الربح (بالأبف) دينار
٨٠٠	٥٠٠	٢٥٠	صافي الأصول المستثمرة (بالألف) دينار

المطلوب:

١. تحديد ترتيب ربحية الأقسام بالاعتماد على نسبة صافي الربح ثم على أساس معدل العائد على الأصول.

٢. حدد أي من الترتيبين السابقين أفضل ولماذا.

السؤال الثامن عشر: تقوم شركة الإنشاءات العصرية بإنتاج المباني الجاهزة. ويتم إنتاج أجزاء المبنى في أقسام مختلفة ثم يتم تجميعها حسب طلبات العملاء. واشترت هذه الشركة شركة أخشاب لتعمل على توفير الأخشاب، وقد قررت الشركة الإبقاء على شركة الأخشاب كوحدة إدارية مستقلة وسميت بقسم الأخشاب واعتبرت مركز استثمار.

تستخدم الشركة معدل العائد على الأصول كمقياس للأداء. ويتم تعريف الاستثمار على أنه مجموع الأصول التشغيلية. وتستخدم الإدارة معدل العائد على الأصول

كأساس لمنح الحوافز ، وأن كل الأصول الواقعة ضمن الأصول التشغيلية يتوقع أن تعطي معدل عائد مقداره ١٥% على الأقل.

ويتراوح معدل العائد على الأصول المستثمرة في هذا القسم بين ١٩،٣% إلى ٢٢،١% منذ شراء القسم سنة ٢٠٠٠. ولاحت فرصة استثمارية لقسم الأخشاب عام ٢٠٠٣ تعطي معدل عائد على الأصول مقداره ١٨% ولكن قررت إدارة قسم الأخشاب عدم اغتنام هذه الفرصة الاستثمارية لأنها ستؤدي إلى تخفيض معدل العائد على أصول القسم.

وكانت أصول القسم التشغيلية عام ٢٠٠٣ تقدر بمبلغ ١٢،٦٠٠،٠٠٠ دينار وتزيد عن العام السابق بنسبة ٥% والآتي قائمة الدخل لهذا القسم عن السنة المنتهية في ٢٠٠٣/١٢/٣١ (والمبلغ بالألف).

الإيرادات	٢٤،٠٠٠
تكلفة البضاعة المباعة	١٥،٨٠٠
مجمل الربح	٨،٢٠٠
المصروفات التسويقية والإدارية	٥،٧٤٠
صافي الربح قبل الضريبة	٢،٤٦٠

المطلوب:

١. حساب مقاييس الأداء الآتية لسنة ٢٠٠٣ .

أ- العائد على متوسط الأصول المستخدمة .

ب- الدخل المتبقي المحسوب على أساس متوسط الأصول التشغيلية.

٢. هل من المتوقع أن تقوم إدارة قسم الأخشاب بقبول الفرصة الاستثمارية التي عرضت عليها عام ٢٠٠٣ إذا كانت الشركة تستخدم الدخل المتبقي في قياس أداء الأقسام.

(جمعية المحاسبين الإداريين الأمريكيين)

السؤال التاسع عشر: يتم تنظم أعمال الشركة الوطنية على أساس الأقسام ويتم تقييم أداء كل قسم على أساس نسبة الأرباح والعائد على الأصول، وتتوقع الشركة أن تبلغ مبيعات القسم (أ) خلال السنة القادمة ١٥,٠٠٠وحدة وأن تكون نتيجة أعماله كالتالي:

	الوحدة	الإجمالي
المبيعات	٤٠٠	٦٠٠٠,٠٠٠
يطرح التكاليف الصناعية		
مضخات	٧٠	١٠٥٠,٠٠٠
مواد خام أخرى	٣٧	٥٥٥,٠٠٠
أجور مباشرة	٣٠	٤٥٠,٠٠٠
أعباء إضافية متغيرة	٤٥	٦٧٥,٠٠٠
أعباء إضافية ثابتة	٣٢	٤٨٠,٠٠٠
مجمل الربح	١٨١,٠٠	٢٧٩٠,٠٠٠
مصروفات تشغيلية		
مصروفات تسويقية متغيرة	١٨	٢٧٠,٠٠٠
مصروفات تسويقية ثابتة	١٩	٢٨٥,٠٠٠
مصروفات إدارية ثابتة	٣٨,٠	٥٧٠,٠٠٠
صافي الربح	١١١	١٦٦٥,٠٠٠

يعتقد هذا القسم أن بإمكانه تخفيض ٥% من السعر وزيادة حجم المبيعات بـ ٢٤٠٠ وحدة وسوف لا يترتب على ذلك أية زيادة في الأعباء الثابتة. وفي الوقت الحالي يتم شراء المضخات من خارج الشركة. ويقوم القسم ب بإنتاج وبيع هذه المضخات إلى أطراف خارجية ولكن المواصفات التي يحتاجها القسم أ اقل من تلك التي يطلبها العملاء لذلك إذا تم إنتاجها لصالح القسم أ سوف تنخفض تكلفة الإنتاج

في قسم ب بمبلغ ١,٥د للوحدة. وكذلك سوف لا يتحمل القسم ب أية مصروفات تسويقية متغيرة للوحدات المباعة للقسم أ. ويرغب رئيس القسم أ شراء كل المضخات من مكان واحد وقد عرض على القسم بشرائها منه بسعر ٥٠ دينار للوحدة. ويتوفر لدى القسم ب الطاقة الصناعية لإنتاج ٧٥٠٠٠ وحدة. وإن موازنة هذا القسم للسنة القادمة قد أعدت على أساس إنتاج وبيع ٦٤٠٠٠ وحدة، وهي قبل استلام عرض القسم أ. وأن قائمة دخله التقديرية كالتالي:

قائمة الدخل التقديرية للقسم ب

	الوحدة	الإجمالي
الإيرادات	١٠٠	٦٤٠٠,٠٠٠
يطرح التكاليف الصناعية:		
مواد خام	١٢	٧٦٨,٠٠٠
أجور مباشرة	٨	٥١٢,٠٠٠
أعباء صناعية ثابتة	١٠	٦٤٠,٠٠٠
أعباء صناعية متغيرة	١١	٧٠٤,٠٠٠
إجمالي التكاليف الصناعية	٤١	٢٦٢٤,٠٠٠
مجمل الربح	٥٩	٣٧٧٦,٠٠٠
المصروفات التشغيلية:		
مصروفات تسويقية متغيرة	٦	٣٨٤,٠٠٠
مصروفات تسويقية ثابتة	٤	٢٥٦,٠٠٠
مصروفات إدارية ثابتة	٧	٤٤٨,٠٠٠
الإجمالي	١٧	١٠٨٨,٠٠٠
صافي الربح	٤٢	٢٦٦٨,٠٠٠

المطلوب:

١. تحديد أرباح القسم أ إذا تم تخفيض أسعاره بنسبة ٥%.

٢. تحديد نتيجة أعمال القسم أ إذا تم تزويده بـ ١٧٤٠٠ وحدة من القسم ب.

٣. حدد ما إذا كان من مصلحة الشركة ككل أن يتم التحويل بين الأقسام.

٤. إذا كنت مديراً للقسم ب هل ستقبل العرض المقدم لك من مركز أ.

(المحاسبين الإداريين – معدل)

الفصل الحادي عشر

قرارات التسعير

أهداف الفصل:

بعد دراسة هذا الفصل يجب أن تكون قادراً على معرفة :

١. أساسيات النظرية الاقتصادية في التسعير.

٢. مزايا وعيوب النظرية الاقتصادية في التسعير.

٣. التسعير على أساس التكلفة الكلية.

٤. التسعير على أساس التكلفة المتغيرة.

٥. أسس تسعير الخدمات.

٦. الطرق المستخدمة في تسعير المنتجات الجديدة.

٧. التمييز في الأسعار.

٨. التكاليف المستهدفة وأسعار المنتجات.

٩. تسعير الطلبات الخاصة.

مقدمــة:

يعتبر التسعير موضوعاً حيوياً تواجهه الإدارة في المنشآت الهادفة للربح وغير الهادفة له، لأن الأسعار تؤثر على قدرة المنشآت على الاستمرار في العمل. فالسعر هو مصدر الإيرادات ويؤثر على كمية الوحدات أو الخدمات المباعة. وبدون تحديده بصورة ملائمة تفقد المنشأة فرص مبيعات متوافرة لها، وإذا زاد الأمر سوءاً فقد تفقد المنشأة عملاءها وتصبح دون أسواق، الأمر الذي قد يؤدي إلى خروجها من السوق عاجلاً أم آجلاً.

لقد حظي موضوع التسعير باهتمام كبير من عدة حقول علمية منها الاقتصاد والتسويق والمحاسبة والهندسة. ويهتم المحاسب بهذا الموضوع لأنه يعمل على تقديم المعلومات المالية التي تساعد في تحديد الأسعار. وعلى المحاسب أن يتعاون مع الإدارة باستمرار حتى يتم وضع الأسعار التي يمكنها مجابهة الأسعار التي يعرضها المنافسون، بحيث تعكس هذه الأسعار الظروف السوقية المتغيرة باستمرار.

وفي مجال الأسعار، توصل الاقتصاديون إلى وضع الإطار العام لها في حالات الأسواق المختلفة. وتقوم نظريتهم على افتراض منطقي بسيط مفاده أن المنشأة عندما ترغب في زيادة كمية مبيعاتها فإن عليها أن تعمل على تخفيض أسعار منتجاتها. وهذا الافتراض يشير إلى أن الكمية المباعة هي عامل تابع للأسعار مع بقاء العوامل السوقية الأخرى المؤثرة على السعر ثابتة. وهذه العوامل تشتمل- على سبيل المثال لا الحصر- على مقدار الدخل، وأذواق المستهلكين، ومصروفات الدعاية والإعلان، ومجهودات مندوبي المبيعات وقدرتهم على تغطية مناطق السوق بكفاءة، وسياسات الائتمان، وشهادات كفالات جودة المنتجات. وجميع هذه العوامل تؤثر - من ناحية عملية - على الكمية المباعة، ولكن كان أغلب تركيز اهتمام الاقتصاديين على السعر والكمية.

وحظيت المنتجات النمطية على اهتمام الاقتصاديين أكثر من اهتمامهم بالمنتجات غـير النمطيـة. ففي حالة المنتجات النمطية، نجد أن هناك العديد من البائعين الذين يتنافسون مع بعضهم على اجتـذاب الزبائن، وهذا الوضع يجعل سوق المنتج في حالة منافسة تامة، لذلك فإن مـن مصـلحة الجميـع التمسـك بالسعر الذي يفرضه السوق، وأن يقوم البائع بتحسين ربحيته عن طريق تخفيض تكاليفه أو زيادة حصته السوقية أو كليهما. أما إذا كانت المنشأة تتعامل مع منتجات غير نمطية فإن عليها أن تقوم بتحديد السـعر الذي يلائم ظروفها واستراتيجياتها التسويقية، ومن ناحية عملية نجد أن أغلب المنشآت ترغب في تمييز منتجاتها عن المنتجات المتوافرة في السوق حتى تحصل عـلى إيـرادات أفضل مـما تحصـل عليـه في حالـة المنافسة التامة، لذلك تدخل بعض التعديلات حتى لو كانت تلك التعديلات غير جوهرية لتميز نفسها عـن غيرها.

منحنى الطلب:

عند قيام الاقتصاديين بدراسة الأسعار فإنهم يبدأون بتحديد منحنى أو دالة الطلب وهـذه الدالـة تبين العلاقة بين الكمية المطلوبة والعوامل المختلفة التي تؤثر على هـذه الكميـة. وقد يـتم تحديـد هـذه الدالة على مستوى الصناعة أو على مستوى المنشأة. ولتسليط الضوء عـلى أثر السـعر تم التركيـز عـلى التغيرات فيه وافتراض ما تبقى مـن العوامـل المـؤثرة عـلى الكميـة المباعـة ثابتـة لـذلك قام الاقتصاديون بالحديث عن منحنى الطلب Demand Curve. ويمكن تعريف هذا المنحنى عـلى أنـه يمثل العلاقـة بـين الكمية المباعة وسعر بيع الوحدة. ويستند هذا المنحنى على افتراض ضمني مفاده أنه حتى تتمكن المنشأة من بيع وحدات إنتاج إضافية فإن عليها أن تقوم بتخفيض سعر البيع ولذلك يكون منحنى الطلب بأبسط صورة عبارة عن خط مستقيم ينحدر إلى الأسفل كما هو في الشكل رقم (١١-١).

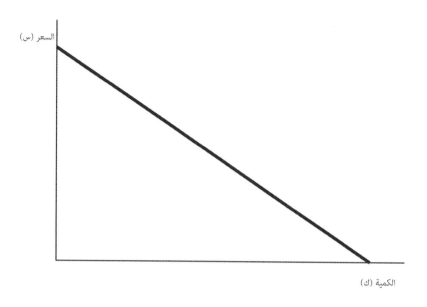

السعر (س)

الكمية (ك)

الشكل (١١-١) دالة الطلب

ويمكن التعبير عن هذا الشكل باستخدام المعادلة رقم (١١-١)

ك = أ – ب س

حيث أن :

ك: الكمية المطلوبة.

أ: مبلغ ثابت ويمثل تأثير العوامل السوقية على الكمية

ب: ميل الدالة وإشارتها سالبة.

س: السعر.

ولتقدير هذا المنحنى تقوم المنشأة بإجراء دراسة سوقية لتحديد الكمية المتوقع بيعها عنـد كـل

سعر مقترح. وتكون البيانات المتوافرة من هذه الدراسات كما في الجدول رقم (١١-١).

جدول رقم (١١-١)

بيانات الطلب السنوي للمنتج أ

	١	٢	٣	٤	٥	٦
				(الوحدات والإيرادات بالألف)		
السعر بالدينار	١٠	٨	٧,٥	٧	٦,٥	٦
كمية الوحدات المطلوبة	٠	٥٠	٦٠	٨٠	١٠٠	١٥٠
قيمة الإيرادات بالدينار	٠	٤٠٠	٤٥٠	٥٦٠	٦٥٠	٩٠٠

من الجدول رقم (١١-١) ترى أنه إذا كان السعر ١٠ دنانير للوحدة فإن الكمية المباعة ستكون صفراً، ولكن إذا انخفض السعر إلى ٨ دنانير تستطيع المنشأة بيع ٥٠ ألف وحدة وتكون إيراداتها الإجمالية ٤٠٠ ألف دينار. وهنا إذا قمنا برسم هذه البيانات على ورق رسم بياني سوف لا ينتج عنها دالة خط مستقيم كما كان في الشكل ر قم (١١-١). ولكنها تعطي الفكرة الأساسية وراء نظرة الاقتصاديين لعلاقة السعر بالكمية، وهي أنه إذا رغبت المنشأة في زيادة كمية المبيعات فإن عليها أن تقوم بتخفيض أسعار بيع الوحدات الإضافية.

مرونة الطلب *Demand Elasticity:*

يتم استخدام مرونة الطلب لقياس أثر التغير في الأسعار على التغير في كمية الوحدات المطلوبة، ويتم التعبير عن ذلك باستخدام المعادلة رقم (١١-٢).

$$\text{المرونة (م)} = \frac{ك_2 - ك_1}{ك_1} \times \frac{س_2 - س_1}{س} \quad \text{........................ (١١-٢)}$$

ويمكن إعادة كتابة هذه المعادلة كالتالي:

$$= \frac{\text{التغير في الكمية}}{\text{التغير في السعر}} \times \frac{\text{السعر عند س١}}{\text{الكمية عند ك١}} \quad .... (١١-٣)$$

حيث أن :

$ك_1$، $ك_2$: هما الكمية المباعة عند المستوى الأول والثاني على التوالي.

$س_1$، $س_2$: هما أسعار البيع عند المستوى الأول والثاني على التوالي.

ولإيضاح طريقة تطبيق المعادلتين أعلاه سيتم الاعتماد على البيانات التالية:

مثال (١):

افترض أنه طلب منك قياس مرونة الطلب بين نقطتي السعر ٧، ٦,٥ دينار من البيانات الواردة في جدول (١١-١). وأن المنشأة ترغب في تخفيض سعرها من ٧ دنانير إلى ٦,٥ دينار للوحدة.

$$\text{مرونة الطلب (م)} = \frac{\frac{١٠٠ - ٨٠}{٨٠}}{\frac{٦,٥ - ٧}{٧}}$$

$$= \frac{٢٠}{-٠,٥} \times \frac{٧}{٨٠}$$

$$= -٣,٥$$

لاحظ أن إشارة المرونة سالبة، وهي دائماً ستكون كذلك. وهي غير متساوية عند النقطتين السابقتين لأنه إذا افترضنا أن السعر كان عند ٦,٥ دينار، وأردنا أن نرفعه إلى ٧ دنانير فإن المرونة سوف تكون كالتالي:

$$م = \frac{٨٠ - ١٠٠}{٧-٦,٥} \times \frac{٦,٥}{١٠٠} = ٢,٦$$

إذن توصلنا إلى أن قيمة المرونة عند أي نقطة في نطاق منحنى الطلب مختلفة عن الرقم الخاص بأية نقطة أخرى. ولعدم وجود منحنيات متصلة للطلب في الحياة العملية فإنه يمكن حساب رقم مرونة آخر يعرف باسم مرونة ارك Arc Elasticity ويحسب بموجب المعادلة التالية:

$$\text{متوسط المرونة} = \frac{\dfrac{\text{التغير في الكمية}}{\text{متوسط الكمية}}}{\dfrac{\text{التغير في السعر}}{\text{متوسط السعر}}} \quad \ldots\ldots\ldots\ldots\ldots\ldots \quad (\text{١١-٤})$$

$$= \frac{\dfrac{\text{ك٢} - \text{ك١}}{\text{٠,٥ (ك١+ك٢)}}}{\dfrac{\text{س٢} - \text{س١}}{\text{٠,٥ (س١+س٢)}}} = \frac{\text{التغير في الكمية}}{\text{التغير في السعر}} \times \frac{\text{س١} + \text{س٢}}{\text{ك١} + \text{ك٢}} \qquad (\text{١١-٥})$$

الألفاظ الواردة في المعادلتين السابقتين هي كما جاءت في المعادلات السابقة. ولتوضيح طريقة تطبيق هذه المعادلات سيتم الاعتماد على البيانات الآتية:

مثال (٢):

يباع أحد المنتجات بسعر ٢٠ ديناراً، وبلغت كمية مبيعاته عند هذا السعر ٢٠,٠٠٠ وحدة. وتقدم مدير المبيعات وباقتراح لرفع سعر البيع إلى ٢٢ ديناراً. وتعرف الشركة أن مرونة الطلب في هذا المجال من الأسعار تساوي -١,٥ .

المطلوب :

(١) تحديد كمية الطلب المتوقع عند السعر المقترح.

(٢) تحديد إجمالي الإيرادات المتوقعة.

الحل :

$$-1,5 = \frac{ك٢ - ك١}{س٢ - س١} \times \frac{س١ + س٢}{ك١ + ك٢}$$

وبالتعويض في المعادلة فإن:

$$-1,5 = \frac{ك٢ - ٢٠,٠٠٠}{٢٢ - ٢٠} \times \frac{٢٠ + ٢٢}{ك + ٢٠,٠٠٠}$$

ك٢ = ١٧٣٣٣ وحدة.

إجمالي الإيرادات المتوقعة عند ك ٢ = ١٧٣٣٣ × ٢٢ = ٣٨١,٣٢٦د

إجمالي الإيرادات عند ك١ ٢٠,٠٠٠٠ × ٢٠ = ٤٠٠,٠٠٠٠ د

النقص في الإيرادات ١٨٦٧٤ د

فالزيادة في السعر قد أدت إلى نقص في الإيرادات بمبلغ ١٨٦٧٤ ديناراً، وكذلك أدت إلى نقص في الوحدات بـ ٢٦٦٧ وحدة.

وقبل الحكم على هذا القرار بأنه غير حكيم لأنه أدى إلى تخفيض الإيرادات فإن على المحاسب دراسة أثره على الوفر في التكاليف نتيجة لخفض الحجم. فإذا أدى القرار إلى تخفيض التكاليف أكثر من تخفيض الإيرادات يكون الاقتراح جديراً بالاهتمام.

النموذج الاقتصادي *Economic Model:*

لقد جاء اهتمام الفكر الاقتصادي بالتسعير نتيجة الاهتمام بموضوع تعظيم الأرباح Profit Maximization. وقد تم التوصل إلى أن هذا الأمر يتحقق عندما تتساوى الإيرادات الحدية (MR) Marginal Revenues مع التكاليف الحدية Marginal Cost (MC) . والدالة الحدية تقيس معدل التغير لذلك عندما

تتساوى MR مع MC يكون التغير (أي الميل) في كل من الإيرادات التكاليف متساوياً. وهذه الدوال هي كما في الشكل رقم (١١-٢).

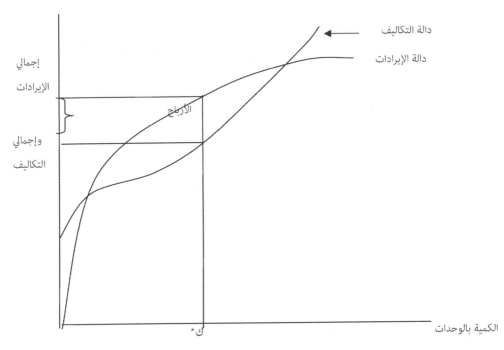

دالة التكاليف
دالة الإيرادات
إجمالي
الإيرادات
الأرباح
وإجمالي
التكاليف
ك*
الكمية بالوحدات

شكل رقم ١١-٢ دوال الإيرادات والتكاليف

ومن دراسة الشكل رقم (١١-٢) نجد أن دالة الإيرادات تبدأ من نقطة الأصل وتتزايد بمعدل متناقص بسبب ضرورة تخفيض سعر بيع الوحدة كلما كانت هناك رغبة في زيادة عدد الوحدات المباعة. وعليه فإنه كلما نقص السعر ينقص معدل التغير في إجمالي الإيرادات. وعلى الجانب الآخر بالنسبة للتكاليف كما ذكرنا في الفصل الثاني من هذا الكتاب فإنها تقع في مجموعتين هما التكاليف المتغيرة والتكاليف الثابتة. وأنه ضمن المدى الملائم يتناقص متوسط تكلفة الوحدة نظراً لسوك التكاليف الثابتة لذلك لم تبدأ هذه الدالة من نقطة الأصل. فالتكاليف الثابتة -

كما هو معروف لدينا - يكون مجموعها ثابتاً ضمن مدى معين، لذلك فإن نصيب الوحدة منها يتناقص كلما زاد حجم الإنتاج. ولكن بعد تخطي المدى الملائم إلى مدى ملائم آخر يرتفع متوسط تكلفة لارتفاع بعض التكاليف مثل تكلفة الاستهلاك، والإشراف وزيادة عدد وحدات الإنتاج التالفة وأجرة العمل الإضافي. لذلك ترتفع دالة التكاليف إلى أعلى وتلتقي ثانية مع دالة الإيرادات. وهذا الالتقاء يشير إلى وجود نقطة تعادل أخرى. الأولى وهي عندما تقاطعت دالتا الإيراد والتكاليف في يسار الشكل البياني، وقد بدأت بعدها الشركة في تحقيق الأرباح والثانية إلى يمين الرسم البياني وعنده تكون المنشأة قد فقدت كل الأرباح التي حققتها بعد نقطة التعادل الأولى.

ويرى الاقتصاديون أن تعظيم الأرباح يحدث في منطقة بين نقطتي التعادل، وذلك عندما يتساوى معدل التغير في دالتي التكاليف والإيراد، لأنه عند ذلك المستوى تكون الزيادة في الإيرادات مساوية للزيادة في التكاليف. وإلى يمين هذه النقطة تصبح الزيادة في الإيرادات أقل من الزيادة في التكاليف، وعليه فإنه ليس في مصلحة المنشأة الدخول في هذا المجال من النشاط. وعندما يتساوى معدل التغير في دالتي الإيراد والتكاليف تكون هذه الدوال متوازية ويحدث هذا عندما تتقاطع دالة الإيراد الحدي دالة التكاليف الحدية ويحدث ذلك عن النقطة ك* كما في الشكل (١١-٣).

ويتم التوصل إلى الدوال الحدية للإيرادات والتكاليف بأخذ المشتقة الأولى لكل من دالة الإيرادات ودالة التكاليف على التوالي ويعرف الإيراد الحدي على أنه التغير في الإيرادات نتيجة للتغير في المبيعات بوحدة واحدة. وبالمثل فإن التكلفة الحديثة تمثل التغير في التكاليف نتيجة للتغير في المبيعات بوحدة واحدة. وعند تقاطع هاتين الدالتين معاً يحدث تعظيم الأرباح. ثم نمد العمود من النقطة ك* إلى منحنى الطلب، ليتم تحديد السعر الأمثل الذي يؤدي إلى تعظيم الأرباح وهو يساوي س*. ولتوضيح ما سبق رياضياً سيتم الاعتماد على المعلومات التالية:

مثال (٣):

افترض أن إحدى المنشآت قد توصلت إلى أن منحنى الطلب يمكن تمثيله بالمعادلة رقم (١١-٥).

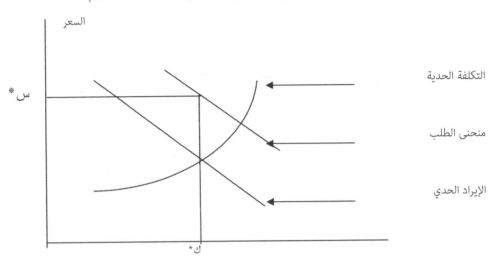

السعر
س*
ك*
التكلفة الحدية
منحنى الطلب
الإيراد الحدي

شكل رقم (١١-٣) دوال الإيرادات الحدية والتكاليف الحدية

ك = ١٢,٠٠٠ - ٢٥ س .... (١١-٥)

وأن منحنى التكاليف هو كالتالي:

ت = ٢٠,٠٠٠ - ٢٠ ك

حيث أن:

ك = الكمية المباعة.

س = سعر بيع الوحدة.

ت = إجمالي التكاليف.

المطلوب :

تحديد الحجم الأمثل للإنتاج وكذلك السعر الأمثل.

الحل :

لتحديد الحجم الأمثل يجب التوصل إلى منحنى الإيرادات. وهذا يتم عن طريق تحويل معادلة الطلب رقم (١١-٥) إلى معادلة للسعر كالتالي:

٢٥ س = ١٢٠٠٠ - ك

س = ٤٨٠ - ٠،٠٤ ك

ثم بضرب طرفي معادلة السعر في ك نصل إلى الإيراد الكلي:

ك س = ٤٨٠ ك - ٠,٠٤ ك٢

وبأخذ المشتقة الأولى لدالة الإيراد يتم الحصول على دالة الإيراد الحدي التالية:

الإيراد الحدي (أ ح) = ٤٨٠ - ٠,٠٨ ك

وبالأسلوب نفسه يتم الحصول على التكلفة الحدية (ت ح) من دالة التكاليف كالتالي:

ت ح =٢٠

والآن بوضع الإيراد الحدي = التكلفة الحدية نصل إلى أن

٢٠ = ٤٨٠ - ٠,٠٨ ك*

ك* = ٥٧٥٠ وحدة

والآن بتعوض الكمية المثلى في منحنى الطلب نصل إلى أن السعر الأمثل هو:

٥٧٥٠ = ١٢٠٠٠ - ٢٥ س

س = ٢٥٠ ديناراً.

* Pappas, J.L., and E.E. Brigham, Managerial Economics, 3rd. ed., Dryden Press, Illionois, 1973.

الدوال غير المتصلة:

فيما سبق افترضنا ضمناً أنه يمكن التوصل إلى تحديد دوال متصلة للإيرادات والتكاليف، ولكن المشكلة التي تواجهنا في الحياة العملية هي عدم قدرة المنشأة على التوصل إلى هذه الدوال المتصلة لعدم توافر سوى قراءات محدودة عن الإيرادات والتكاليف. ولتحويلها إلى دوال متصلة يتم اللجوء إلى الحكم الشخصي. وحتى إذا لم يتم عمل ذلك وبقي التوزيع غير متصل فإن ذلك لايعيق التوصل إلى السعر الأمثل. ويمكن توضيح ذلك بالاعتماد على البيانات الآتية:

مثال (٤)

تم التوصل إلى البيانات الآتية الخاصة بمنحى الطلب:

سعر بيع الوحدة بالدينار	٣	٣,٠٥	٣,١٠	٣,٢	٣,٢٥	٣,٥
الكمية المطلوبة (بالألف)	١٥٠	١٤٠	١٢٠	١٠٠	٩٠	٨٠

وكذلك توصلت المنشأة إلى أن دالة السعر هي كالآتي:

س = ٣,٨٩ - ٠,٠٠٦ ك

وتم تقدير التكاليف المتوقعة عند مستويات الطلب السابقة كالتالي:

عدد الوحدات	التكاليف الثابتة	التكلفة المتغيرة للوحدة
٨٠,٠٠٠ وأقل	١٨٥,٠٠٠	,٩٥
٨٠,٠٠١ - ٩٠,٠٠٠	١٨٥,٠٠٠	١
٩٠,٠٠١ - ١٠٠,٠٠٠	٢٠٥,٠٠٠	١,١
١٠٠,٠٠١ - ١٢٠,٠٠٠	٢٢٥,٠٠٠	,٨٠
١٢٠,٠٠١ - ١٤٠,٠٠٠	٢٤٠,٠٠٠	,٨٥
١٤٠,٠٠١ - ١٦٠,٠٠٠	٢٧٠,٠٠٠	١

المطلوب:

تحديد حجم المبيعات الذي عنده يتم تحقيق أقصى أرباح ممكنة.

الحل:

من أجل تحديد الحجم الأمثل يجب مقارنة الزيادة في الإيرادات مع الزيادة في التكاليف، لأن ذلك يعطي تقريباً مناسباً للرأي الاقتصادي الذي يتطلب أن تتساوى الإيرادات الحدية مع التكاليف الحدية. وقد تم حساب الإيرادات المضافة والتكاليف المضافة لمستويات المبيعات السابقة كما في الجدول رقم (١١-٢).

جدول رقم (١١-٢)

مقارنة الإيرادات المضافة مع التكاليف المضافة

عدد الوحدات المباعة	إجمالي الإيرادات	الإيرادات المضافة	التكاليف المضافة	هامش المساهمة
٨٠,٠٠٠	٢٨٠,٠٠٠	٢٨٠,٠٠٠	٢٦١,٠٠٠	١٩,٠٠٠
٩٠,٠٠٠	٢٩٢,٥٠٠	١٢٥٠٠	١٠,٠٠٠	٢,٥٠٠
١٠٠,٠٠٠	٣٢٠,٠٠٠	٢٧٥٠٠	٣١,٠٠٠	(٣,٥٠٠)
١٢٠,٠٠٠	٣٧٢,٠٠٠	٥٢,٠٠٠	٣٦,٠٠٠	١٦,٠٠٠
١٤٠,٠٠٠	٤٢٧,٠٠٠	٥٥,٠٠٠	٣٢,٠٠٠	٢٣,٠٠٠
١٥٠,٠٠٠	٤٥٠,٠٠٠	٢٣,٠٠٠	٤٠,٠٠٠	(١٧,٠٠٠)

لقد حسبت الإيرادات الإجمالية في الجدول رقم (١١-٢) بضرب الكمية المباعة في السعر المقترن بها. وحسبت الإيرادات المضافة بطرح إيرادات عند كل مستوى من إيرادات المستوى السابق له. فمثلاً عندما ارتفع حجم المبيعات من ٨٠,٠٠٠ وحدة إلى ٩٠,٠٠٠ وحدة ارتفعت الإيرادات من ٢٨٠,٠٠٠ د إلى ٢٩٢٥٠٠د، وعليه فإن زيادة المبيعات بـ ١٠,٠٠٠ وحدة قد أدت إلى زيادة في الإيرادات بمبلغ ١٢٥٠٠ دينار. وعلى الجانب الآخر حددت التكاليف المضافة

بضرب الزيادة في الكمية في التكلفة المتغيرة للوحدة وإضافة الزيادة في التكلفة الثابتة عند ذلك المستوى. فمثلاً تم حساب الزيادة في التكاليف عند مستوى ١٢٠,٠٠٠ كالتالي. لقد زاد الحجم بـ ٢٠,٠٠٠ وحدة، وكانت التكلفة المتغيرة للوحدة عند هذا المستوى ٠,٨ إذن فإن إجمالي الزيادة في التكاليف المتغيرة يساوي ١٦,٠٠٠ د (٢٠,٠٠٠ وحدة × ٠,٨ د) وكذلك زادت التكاليف الثابتة بمبلغ ٢٠,٠٠٠ دينار لذلك أصبحت التكاليف المضافة ٣٦,٠٠٠ دينار.

وبدراسة عمود هامش المساهمة نجد أنه عند مستوى ١٠٠,٠٠٠ وحدة كان هامش المساهمة سالباً ولكن بعد زيادة طاقة الشركة إلى ١٢٠,٠٠٠ وحدة أصبح الهامش موجباً واستمر الوضع كذلك في الزيادة حتى وصل عدد الوحدات إلى ١٤٠,٠٠٠ وحدة ولكن بعد ذلك المستوى من الوحدات أصبح الهامش سالباً. إذن فإن الحجم الأمثل لهذه الشركة هو ١٤٠,٠٠٠ وحدة. وعندها يكون السعر الأمثل ٣,٠٥ دينار.

وبناء على تقدير الشركة لدالة الإيراد فإن إيرادها الحدي عند هذا المستوى يحسب كالتالي:

الإيراد الحدي = ٣,٨٩ - ٠,٠٠٦ × ١٤٠

= ٣,٠٥ دينار

عيوب النموذج الاقتصادي:

قدم الاقتصاديون الإطار النظري للتسعير الذي يساعد في تحديد الكمية المثلى، لذلك فإن هذا النموذج لم يسلط نظر الإدارة على الظروف الاقتصادية المحيطة وأثر العوامل التسويقية المختلفة وبالإضافة إلى ذلك. فإن هذا النموذج يتعرض لانتقادات عدة أهمها. (١)

(1) Kaplan Robert, Advanced Managerial Accounting, Irwin, 1986.

أولاً: صعوبة تحديد دوال الإيرادات والتكاليف لعدم توافرها في السجلات المحاسبية، وعند نجاح المنشأة في تقدير ذلك تحتاج إلى اجتهاد عند رسم الدوال على شكلها النهائي.

ثانياً: يمكن تطبيق النموذج على حالتي الاحتكار Monopoly، وهي حالة وجود منتج واحد يتحكم في سوق المنتج وحالة المنافسة الاحتكارية وهي حالة وجود العديد من المنتجين. وهاتان الحالتان هما طرفا نقيض في الحياة الاقتصادية ولكن لا ينطبق النموذج الاقتصادي على حالات احتكار القلة Oligopoily لأن النموذج الاقتصادي لا يأخذ ردة فعل المنافسة (١) في الحسبان. [١]

ثالثاً: يقوم النموذج الاقتصادي بتثبيت العوامل المختلفة المؤثرة على الكمية عدا السعر، وهنا قد نجد أن بعض الشركات تحاول التأثير على المبيعات باللجوء إلى تنشيط فعاليات إدارة المبيعات وشروط التمويل، وليس عن طريق الأسعار.

التسعير باستخدام التكاليف *Cost - Plus Pricing*:

يمكن للمتتبع لأوضاع التسعير في الحياة العملية أن يلاحظ أن المنشآت تقوم بتسعير سلعها وخدماتها بالاعتماد على تكاليفها وليس بالاستناد على منحنى الطلب، حيث تقوم بإضافة نسبة مئوية إلى تكاليفها بقصد تغطية مصروفاتها وتحقيق نسبة ربح معينة. وبطبيعة الحال قد يتدخل السوق ويمنع المنشأة من تحقيق النسبة التي ترغب في تحقيقها ومن ثم تضطر إلى تخفيض بعضها وزيادة بعضها الآخر. وحتى تستمر المنشأة في السوق في المدى الطويل فإن عليها أن تغطي كل تكاليفها. وفي المدى القصير قد تقبل المنشأة بعض طلبات الشراء بأقل من تكلفتها الإجمالية.

---

[1] Garriosn, Managerial Accounting, 5th, ed., Homewood, Illionois, 1988.

وعند تحديد الأسعار بالاستناد على التكاليف فإن المنشأة قد تتبع أحد الطرق الآتية:

- طريقة التكلفة الكلية.

- طريقة التكلفة المتغيرة.

وسيتم دراسة هذه الطرق على التوالي:

طريقة التكلفة الكلية: *Full Absorption Method*

تقوم هذه الطريقة بتحميل التكاليف الصناعية المتغيرة والثابتة على الوحدات التي يتم إنتاجها. ويمكن تطبيق هذه الطريقة بعدة أساليب، منها : تحميل التكاليف الثابتة الفعلية على الوحدات المنتجة الفعلية. وقد يتم تحميل التكاليف الثابتة على أساس وحدات الطاقة العادية، ولذلك يتم تحميل التكاليف الثابتة على الوحدات المنتجة باستخدام معدل تحميل يحسب مقدماً بقسمة التكاليف الثابتة التقديرية، على عدد وحدات النشاط التقديرية وتعرف هذه الطريقة باسم طريقة التكلفة المستوعبة أو المستغلة.

ونتيجة لذلك تبقى المصروفات التسويقية والإدارية دون تحميل على الوحدات المنتجة، لأنها تعتبر تكلفة فترة، وعليه فإنه عند تحديد نسبة الأرباح أو نسبة الضميمة Mark up فإنه يجب أخذ المصروفات غير المحملة على الوحدات والأرباح المخططة في الحسبان. ولإيضاح كيفية استخدام التكاليف الكلية في التسعير سيتم الاعتماد على البيانات الآتية:

مثال (٥) :

توافرت المعلومات التقديرية التالية من سجلات إحدى الشركات التي تقوم بإنتاج أحد المنتجات وبيعه.

إجمالي التكاليف	تكلفة الوحدة	
	٨	مواد مباشرة
	١٠	أجور مباشرة
	٥	تكلفة صناعية غير مباشرة - متغيرة
١٠٠,٠٠٠	٥	تكلفة صناعية غير مباشرة - ثابتة
	٢	مصروفات تسويقية متغيرة
١٥٠,٠٠٠	٧,٥	مصروفات تسويقية وإدارية ثابتة
٢٥٠,٠٠٠	٣٧,٥	المجموع

ويقدر مستوى الطاقة العادية بــ ٢٠,٠٠٠ وحدة ويتم استخدام هذا المستوى في تحميل التكاليف الصناعية الثابتة على وحدات الإنتاج. وترغب الشركة في تحقيق أرباح مقدارها ٦٢,٠٠٠ دينار.

المطلوب :

تحديد السعر الذي يحقق الربح المخطط.

الحل:

قبل تحديد السعر يجب تحديد الضميمه التي سيتم إضافتها إلى التكلفة الكلية ويتم التعبير عنها باستخدام المعادلة التالية:

$$\text{الضميمية} = \frac{\text{المصروفات التسويقية والإدارية} + \text{الأرباح المخططة}}{\text{عدد وحدات الطاقة العادية} \times \text{تكلفة الوحدة}}$$

وحسب طريقة التكلفة الكلية فإن تكلفة الوحدة تساوي تكلفة المواد المباشرة والأجور المباشرة والتكاليف الصناعية غير المباشرة الثابتة والمتغيرة وهي تساوي (٨+١٠ + ٥ + ٥ = ٢٨) دينار.

وأن المصروفات التسويقية المتغيرة = ٢× ٢٠,٠٠٠ = ٤٠,٠٠٠ د والمصروفات التسويقية والإدارية الثابتة تساوي ١٥٠,٠٠٠ ديناراً ، وعليه تكون نسبة الضميمة كالتالي:

١٥٠,٠٠٠ + ٤٠,٠٠٠ + ٦٢,٠٠٠

الضميمة = ---------------------- = ٤٥%

٢٠,٠٠٠ × ٢٨

وعليه فإن السعر يساوي التكلفة زائد الضميمه، ويساوي :

٢٨ + ٢٨ × ٤٥% = ٤٠,٦ دينار

ويمكن التحقق من صحة الإجابة بإعداد قائمة الدخل الآتية:

الإيرادات ٢٠,٠٠٠ × ٤٠,٦	٨١٢,٠٠٠
التكلفة الصناعية ٢٠,٠٠٠ × ٢٨	٥٦٠,٠٠٠
مجمل الربح	٢٥٢,٠٠٠
يطرح المصروفات التسويقية المتغيرة	٤٠,٠٠٠
يطرح المصروفات الإدارية والتسويقية الثانية	١٥٠,٠٠٠
صافي الربح	٦٢,٠٠٠

وفي بعض الحالات قد تحدد المنشأة نسبة مجمل الأرباح التي تخطط للحصول عليها على شكل نسبة مئوية من حقوق أصحاب المنشأة، أو من صافي الأصول بدلاً في تحديد مبلغ ثابت كما في المثال السابق. وبغض النظر عن ذلك فإن النسبة التي تستخدمها المنشأة يجب أن تغطي في المدى الطويل كل التكاليف والمصروفات التي لم يتم تحميلها على الوحدات المنتجة وتعمل على توليد الأرباح. وهنا يجب أن نلاحظ أيضاً أن النسبة هي وليدة قرار إداري ولا تستند على نظرية اقتصادية تساعد في تحديدها.

مزايا طريقة التكلفة الكلية:

١. تعتبر هذه الطريقة سهلة نسبياً ويمكن استخدامها في تسعير كل المنتجات وبعد تحديد النسبة يمكن تفويض تحديد الأسعار إلى رؤساء الأقسام ومندوبي المبيعات.

٢. قد يؤدي استخدامها إلى استقرار التسعير في الصناعة. فإذا اعتبرت التكلفة الخاصة بإحدى الشركات تقديراً مناسباً لتكاليف الصناعة فإن أسعارها تعتبر تقديراً مناسباً للأسعار التي يجب أن تسود في الصناعة.

ومن عيوب هذه الطريقة الآتي:

١. إذا تم تحميل التكاليف الصناعية الفعلية على الوحدات المنتجة فإن نصيب الوحدة من هذه التكاليف سوف يتذبذب، وعند ثبات نسبة الضميمة فإن سعر البيع سوف يتذبذب هو الآخر، وهذا قد يؤدي إلى مواجهة ومشكلة مرونة الطلب والعوامل التسويقية الأخرى، مما يفقد المنشأة جزءاً من حصتها السوقية.

٢. إذا استطاعت المنشأة فرض أسعارها على أساس تكاليفها الكلية، فإن ذلك يضعف من رغبتها في رقابة التكاليف.

طريقة التكلفة المتغيرة:

تقوم طريقة التكلفة المتغيرة بتحميل الوحدات المباعة بعناصر التكلفة المتغيرة فقط، واعتبار عناصر التكلفة الثابتة مصروفات فترة Period Cost. لذلك فإن الضميمة التي تحددها المنشأة تهدف إلى تغطية التكاليف الثابتة من صناعية أو تسويقية أو إدارية بالإضافة إلى توفير الأرباح التي تخطط المنشأة إلى تحقيقها.

وتتضمن التكلفة المتغيرة كلاً من المواد المباشرة، والأجور المباشرة، والمصروفات الصناعية المتغيرة، والمصروفات التسويقية المتغيرة. وبالاعتماد على بيانات المثال السابق فإنها تساوي (٨+١٠+٥+٢=) ٢٥ دينار. ولذلك فإن نسبة الضميمة تساوي:

$$\text{الضميمة} = \frac{٦٢,٠٠٠ + ١٥٠,٠٠٠ + ١٠٠,٠٠٠}{٢٠,٠٠٠ \times ٢٥} = ٦٢,٤\%$$

وعليه فإن السعر = ٢٥ + ٢٥ × ٦٢,٤ % = ٤٠,٦ دينار

وبهذا يكون السعر الذي تم التوصل إليه باستخدام طريقة التكلفة المتغيرة مساوياً للسعر حسب طريقة التكلفة الكلية، وعليه فإن طريقة التكلفة المتبعة لا تؤثر على السعر النهائي على الرغم من أنها تؤثر على نسبة الضميمة.

ومن مزايا هذه الطريقة أنها تحدد التكاليف التي لا تتأثر بمستوى الطاقة المستغلة، لأن التكاليف الصناعية الثابتة تعتبر من ضمن مصروفات الفترة. وتعتبر هذه الطريق الأساس الأفضل لاتخاذ القرارات الإدارية قصيرة الأجل. ومع ذلك فإن هناك من يحذر من خطورتها إذا لم يتم تغطية التكاليف الكلية في الأجل الطويل.

تسعير الخدمات:

تقوم منشآت الخدمات بتسعير خدماتها المقدمة لعملائها مثلها في ذلك مثل المنشآت الأخرى فهذه المنشآت تقدم خدمات ليس لها جوهر مادي ملموس ولكن يحتاج تقديم هذه الخدمات إلى مجهودات، وفي بعض الحالات تحتاج إلى مواد، لذلك فإن السعر يجب أن يعكس هذه المجهودات والمواد. ومن أمثلة منشآت الخدمات المستشفيات، ومحلات الصيانة ومعاهد التعليم والتدريب، وحتى يتم تحميل المستفيد بتكاليف الخدمة المقدمة إليه تقوم هذه المنشآت بإضافة نسبة مئوية على بند الأجور والمواد لتغطية المصروفات العمومية وتحقيق الأرباح.

ففي محلات صيانة السيارات مثلاً يمكن استخدام الأجور وتكلفة القطع كوسيلة لتحميل عملاء الصيانة بنصيبهم من المصروفات وتحقيق أرباح. وهنا يتم تقدير المصروفات غير المباشرة المرتبطة بمخازن قطع الغيار وقسمتها على التكلفة التقديرية لقطع الغيار للتوصل إلى النسبة المئوية اللازم إضافتها إلى تكلفة القطع التي احتاجها العميل. وعلى الجانب الآخر تقدر كل التكاليف المرتبطة بالأجور، ويضاف إليها الأرباح المخططة ثم بقسمتها على عدد ساعات عمل الخدمة تتحدد تكلفة أجرة ساعة العمل. فمثلاً إذا توصل أحد محلات الصيانة إلى أن نسبة الضميمة للمواد والقطع هي ٥٠% وأن نسبة الضميمة للأجور المباشرة هي ٧٠% وأن أجرة ساعة العمل هي ٢ دينار. وحصل أحد العملاء على خدمة احتاجت إلى ١٠٠ دينار قطع و ٢٠ ساعة عمل فإن إجمالي فاتورته سيكون كالتالي:

١٥٠	مواد	(١٠٠×١٥٠%)
٦٨	أجور	(٢٠×٢ × ١٧٠%)
٢١٨	ديناراً الإجمالي	

وفي بعض الحالات التي لا تحتاج منشآت الخدمات إلى مواد بصورة جوهرية عندها تقتصر الضميمة فقط على بند الأجور وذلك كما يحدث في عيادات الأطباء ومكاتب مدققي الحسابات.

استراتيجيات تسعير المنتجات الجديدة:

المنتج الجديد هو المنتج الذي لا يوجد منتج قريب منه في السوق ولذلك تكون المنشأة في وضع احتكار لهذا المنتج وهذا الأمر يتيح لها وضع السعر الذي تراه مناسباً. وفي هذا المجال قد تتبع المنشآت أحد استراتيجتين هما سياسة السعر المرتفع وسياسة السعر المنخفض.

تعرف سياسة السعر المرتفع بسياسة الكشط Skimming وبموجب هذه السياسة يتم تحديد السعر عند مستواه الأعلى حتى تتمكن المنشأة من استرداد التكاليف الرأسمالية التي أنفقت في سبيل إنتاج المنتج بأسرع وقت ممكن. وهنا يحقق المنتج نسبة عالية من الأرباح وما أن يكتشف المنافسون هذا الوضع حتى يدخلون إلى الصناعة، ويزداد عرض المنتج، وتنخفض أسعار البيع، وتعود إلى مستواها الطبيعي.

أما سياسة السعر المنخفض والمعروفة باسم سياسة التمكن أو التغلغل Penetration فإنها تهدف إلى تحفيز الجمهور على الشراء، وبعد تحقيق حصة سوقية معقولة تبدأ المنشأة في رفع أسعارها. وقد اتبعت هذه السياسة من قبل الشركات اليابانية بعد الحرب العالمية الثانية عند دخولها إلى أسواق الشرق الأوسط، وفي بعض الأحيان تقوم المنشآت بعرض كميات كبيرة من منتجاتها وبأسعار أقل من التكلفة بهدف إغراق السوق والتأثير على المنافسة والحد منها إلى درجة كبيرة.

التمييز في الأسعار Price Discremination:

قد تقوم المنشأة بتوحيد سعر منتجاتها بغض النظر عن المنطقة الجغرافية التي يتم فيها البيع. ولكن ظروف النقل والقوى الشرائية قد تدفع المنشأة إلى التمييز في الأسعار بين المناطق الجغرافية وهنا إذا تم إتباع هذه السياسة فإن على المنشأة أن لا تقوم بالتمييز في الأسعار بمبلغ يزيد عن تكاليف النقل بين المناطق لمنع ظاهرة قيام الأفراد بشراء هذه البضائع من المنطقة المنخفضة الأسعار والإتجار بها في المناطق مرتفعة الأسعار، على أية حال، تمنع بعض الدول المتقدمة ظاهرة تمييز الأسعار إذا كانت تؤدي إلى الإضرار بمصالح العملاء الآخرين. ومن ثم فإن

قانون منع الاحتكار في الولايات المتحدة يمنع المنشآت من التمييز بين أسعار البيع للعملاء بمبلغ يزيد على تكاليف النقل والزيادة في تكاليف التصنيع.

وبالنسبة لتجار التجزئة فإنهم قد يوحدون الأسعار لجميع العملاء وقد تكون لديهم الرغبة في التفاوض مع كل مشتر على حدة عند تحديد السعر. ويستخدم الأسلوب الأخير بكثرة في أسواق الشرق الأوسط. وقد يستخدم أسلوب تمييز الأسعار أداة كأداة لتنشيط المبيعات كما في الحالات الآتية:

أ‌- قد تقوم المسارح ودور السينما بعرض أسعار مختلفة لعملائها حسب أماكن جلوسهم وقد تقوم بعرض خصم تشجيعي للطلبة.

ب‌- تقوم عادة مؤسسات النقل العام بوضع تسعيرة جبرية للركاب وتمنح الطلبة وكبار السن خصماً معيناً، وقد تعطى شركات الطيران من يسافر معها مسافات طويلة خصماً. كما قد تعطي المسافرين في أوقات معينة خصماً تشجيعياً.

جـ- قد تعطي المصانع خصم كمية حسب كمية المشتريات التي يشتريها كل عميل.

أسعار البيع والتكاليف المستهدفة:

في حالات معينة قد تتوصل المنشأة إلى أن القوى السوقية تفرض عليها بيع أحد منتجاتها بسعر معين. لذلك يتبقى أمامها حرية تحديد تكلفة إنتاج هذا المنتج. وهذه التكلفة يجب أن تكون مرشداً لها أثناء عملية تصميم المنتج. ولمراعاة ذلك تقوم بتصميم الأجزاء والقطع اللازمة للإنتاج وإذا تبين لها أنها مرتفعة تقوم بإعادة التصميم لتصل إلى التكاليف والجودة التي تجعل من المتاجرة في المنتج أمراً مشجعاً. ويمكن حساب التكلفة المستهدفة بالاعتماد على البيانات الآتية.

مثال (٦):

افترض أن إحدى المنشآت وجدت أنه بإمكانها بيع ٢٥,٠٠٠ وحدة سنوياً من منتج معين وبسعر ١٥ ديناراً للوحدة. وأن تكلفة الآلات اللازمة لإنتاجه هي ٤٥٠,٠٠٠ دينار، وأن المنشأة ترغب في تحقيق ١٨% كمعدل عائد على استثماراتها وأنها تتوقع زيادة مصروفاتها التسويقية والإدارية نتيجة إنتاج هذا المنتج بمبلغ ٧٥,٠٠٠ دينار.

والمطلوب:

تحديد الحد الأقصى لتكلفة إنتاج هذا المنتج حتى تتمكن المنشأة من تحقيق الهدف المنشود.

الحل:

للتوصل إلى رقم التكلفة سوف نعتمد على معادلة الدخل التالية:

الربح = الإيرادات - التكاليف الصناعية - المصروفات التسويقية والإدارية

٤٥٠,٠٠٠ × ١٨% = ٢٥٠٠٠ × ١٥ - س - ٧٥,٠٠٠

٨١٠٠٠ = ٣٠٠,٠٠٠ - س - ٧٥,٠٠٠

س = ١٤٤,٠٠٠ دينار.

وعليه فإن تكلفة إنتاج الوحدة الواحدة تساوي:

١١٤,٠٠٠ ÷ ٢٠,٠٠٠ = ٧,٢ دينار

تسعير الطلبات الخاصة *Special Order Pricing* :

لقد وجدنا سابقاً أنه يمكن تحديد السعر نفسه سواء أتم الاعتماد على طريقة التكلفة الكلية أو على طريقة التكلفة المتغيرة، ولم نفضل طريقة على أخرى، ولكن أشرنا إلى أن طريقة التكلفة المتغيرة هي الأفضل عند تسعير طلبات الشراء الخاصة. وطلب الشراء الخاص هو طلب يتقدم به عميل يرغب في شراء كمية من منتج أو منتجات معينة وبسعر مغاير للسعر السائد في السوق، وأن هذا الطلب يمثل

عملاً لا يدخل ضمن أنشطة السوق الاعتيادية للمنشأة. لذلك إذا فقد هذا الطلب لا تستطيع المنشأة تصريف كميته في السوق بقدراتها الحالية.

يحتاج اتخاذ هذا القرار إلى معرفة مدى استغلال الطاقة فإذا كان لدى المنشأة طاقة عاطلة عن العمل فإن الحد الأدنى للسعر الذي يمكن قبوله هو التكلفة المتغيرة لإنتاج وتسليم الوحدات التي يتكون منها الطلب. أما إذا لم يتوافر لدى المنشأة الطاقة العاطلة فيجب إضافة تكلفة الفرص المضاعة إلى التكلفة المتغيرة، ولمزيد من الإيضاح يمكن الرجوع إلى الفصل الخامس من هذا الكتاب. ولتوضيح هذا الأمر هنا سيتم الاعتماد على البيانات الواردة في المثال رقم ٥، وعليه تكون تكلفة الوحدة المناسبة كالتالي:

	طريقة التكلفة المتغيرة	طريقة التكلفة الثابتة
مواد مباشرة	٨	٨
أجور مباشرة	١٠	١٠
تكلفة صناعية غير مباشرة – متغيرة	٥	٥
تكلفة صناعية غير مباشرة – ثابتة	--	٥
مصروفات تسويقية متغيرة	٢	٢
مصروفات تسويقية وإدارية ثابتة	--	٧,٥
المجموع	٢٥	٣٧,٥

فإذا كان السعر المعروض هو ٢٥ ديناراً فأكثر، يكون الطلب المقدم مرشحاً للقبول لأنه يؤدي إلى تحقيق هامش مساهمة موجب. أما بالنسبة لطريقة التكلفة الكلية فإنها لا تعتبر أن هذا الطلب مرشحاً للقبول إلا إذا زاد السعر المعروض عن ٣٧,٥ دينار. وبالنسبة لطريقة التكلفة المتغيرة فإنها تعتبر تكلفة الفرص المضاعة أحد بنود التكلفة الملائمة لاتخاذ القرار بقبول هذا العرض أو رفضه. لذلك إذا اتبعت الشركة طريقة التكلفة المتغيرة، فإن على من يقوم بتحديد السعر أن يراعي أن تكاليف إعداد الطاقة هي تكلفة غير ملائمة لاتخاذ قرارات العروض الخاصة.

الخاتمـــة

في هذا الفصل تعرضنا لمفهوم التسعير من وجهة النظر الاقتصادية وبينا أنه بالاعتماد على منحنى الطلب ودالة التكاليف يمكن التوصل إلى السعر الأمثل الذي يتحقق عندما تتساوى الإيرادات الحدية مع التكاليف الحدية. ووجدنا أن النظرية الاقتصادية تحدد الأسعار في الأسواق الاحتكارية وأسواق المنافسة، أما سوق احتكار القلة فلم تستطيع النظرية الاقتصادية تقديم الحلول المناسبة له لعدم القدرة على أخذ ردة فعل المنافسين في الحسبان عند صياغة نموذج السعر.

وكذلك وجدنا أن التكاليف تستخدم في تحديد الأسعار. وفي هذه الحالة فإن السعر يساوي التكاليف زائد نسبة ضميمة معينة لتغطية المصروفات التي لم تحمل على الوحدات وضمان توليد نسبة عادلة من الأرباح.

وكذلك تم التعرض لمفهوم التسعير في منشآت الخدمات، ووجدنا أن هذه المنشآت تقوم بتحميل مصروفاتها وأرباحها على عملائها عن طريق إضافة ضميمة إلى تكلفة الأجور المباشرة وإلى تكلفة المواد والقطع إذا كان الحال يقتضي استخدام المواد والقطع. وكذلك تعرضنا إلى مفهوم التكلفة المستهدفة التي يتم استخدامها عندما تكون الأسعار محددة. وفي نهاية الفصل تعرضنا إلى مفهوم القرارات قصيرة الأجل وتمييز الأسعار.

أسئلة وتمــــارين

السؤال الأول: لماذا ينحدر منحنى الطلب إلى أسفل.

السؤال الثاني : كيف يمكن أن يتم اشتقاق منحنى الإيرادات في منحنى الطلب.

السؤال الثالث: عرف الإيرادات الحدية والتكاليف الحدية.

السؤال الرابع: يقوم النموذج الاقتصادي للتسعير بعرض نقطتين للتعادل. قم بوصف كل منهما.

السؤال الخامس: ما هي مزايا وعيوب النموذج الاقتصادي في التسعير.

السؤال السادس: أي من النماذج أكثر شيوعاً في الحياة العملية : النموذج الاقتصادي، أم طرق التكلفة زائد ضميمة.

السؤال السابع: هل يجوز للشركة أن تميز في أسعارها بين العملاء المتنافسين.

السؤال الثامن: عرف المقصود بسياسة الكشط وسياسة التغلغل المستخدمة في التسعير.

السؤال التاسع: هل تتوقع أن أسعار القطع وأسعار ساعات العمل في محلات الصيانة عادية أو مرتفعة ولماذا؟

السؤال العاشر: كيف يمكن معالجة عمولة مندوبي المبيعات في حالة تسعير الأوامر الخاصة.

السؤال الحادي عشر : قامت شركة الأنوار بتجميع بيانات عن إنتاجها كالتالي:

	الوحدة	الإجمالي
مواد مباشرة	٦	
أجور مباشرة	١٢	
تكلفة صناعية غير مباشرة - متغيرة	٥	
تكلفة صناعية غير مباشرة - ثابتة	٤	٢٠٠,٠٠٠

مصروفات تسويقية متغيرة	٢	---
مصروفات إدارية وتسويقية ثابتة	٣	١٥٠,٠٠٠

وكان قد تم إعداد هذه التكاليف على أساس أن الطاقة العادية للإنتاج والبيع هي ٥٠,٠٠٠ وحدة. وترغب الشركة في الحصول على نسبة ضميمة مقدارها ٥٠% بالنسبة للتكلفة الكلية.

المطلوب:

١. ما هو السعر المتوقع في حالة استخدام طريقة التكلفة الكلية.

٢. تحديد نسبة الضميمة إذا تم اتباع طريقة التكلفة المتغيرة.

السؤال الثاني عشر: تأسست إحدى الشركات حديثاً وكانت تكلفة استثماراتها في الأصول الثابتة ورأس المال العامل ٢,٥ مليون دينار. وقد وعدت الإدارة مساهميها بتحقيق ٢٠% على رأس المال المستثمر. وكانت التكاليف التقديرية للإنتاج كالتالي:

	الوحدة	الإجمالي
المصروفات الصناعية المتغيرة	٢٥	---
المصروفات الصناعية الثابتة	---	٣٥٠,٠٠٠
المصروفات التسويقية المتغيرة	٥	----
المصروفات التسويقية والإدارية الثابتة	---	٢٥٠,٠٠٠

وتتوقع الشركة بيع ١٠٠,٠٠٠ وحدة خلال السنة المقبلة.

المطلوب:

تحديد السعر عن اتباع طريقة التكلفة المتغيرة والتكلفة الكلية.

السؤال الثالث عشر: يقوم كراج لادا في منطقة طبربور بخدمة سيارات اللادا. وعادة يقدم القطع اللازمة للصيانة. ولتقدير أسعار فواتير الزبائن تم تقسيم الكراج

إلى قسمين هما مستودع قطع الغيار والثاني قسم الصيانة. وقد كانت تقديرات التكاليف لهذه الأقسام عن إحدى السنوات كالتالي:

	الصيانة	مستودع قطع الغيار
الإيجار	١٢,٠٠٠	١٠,٠٠٠
الكهرباء والمياة	١٥٠٠	١,٠٠٠
مصروفات النظافة	٨٠٠	٢,٠٠٠
استهلاك المعدات	٣٥٠٠	٢٠٠٠
الأجور غير المباشرة	١٥,٠٠٠	٥٠٠٠
مصروفات أخرى	٥,٠٠٠	٢٠٠٠
	٣٧,٨٠٠	٢٢,٠٠٠

وتتوقع الشركة أن تقوم ببيع مواد وقطع غيار خلال تلك السنة بمبلغ ٤٤٠,٠٠٠ دينار وترغب أن تحقق ربحاً على القطع المباعة بنسبة ١٥% من تكلفة القطع.

وبالنسبة للصيانة فإنه يوجد لدى الشركة ٢٠ عاملاً للصيانة، ويتوقع أن يعمل الموظف منهم ٦ ساعات عمل صيانة مباشرة يومياً ولمدة ٦ أيام أسبوعياً وأن أيام عملهم السنوية هي ٣٠٠ يوم عمل. وأن رواتبهم السنوية ١٨٠,٠٠٠ دينار. ويتم تحميل مصروفات هذا القسم على أساس ساعات العمل المباشرة. وترغب الشركة أن يحقق العمل في هذا القسم أرباحاً نسبتها ٢٠% من تكلفة تشغيل هذا القسم.

المطلوب:

١. تحديد نسبة الضميمة في قسم مستودع قطع الغيار.

٢. تحديد نسبة الضميمة في قسم الصيانة.

٣. إذا استخدم لخدمة أحد العملاء ٢٠٠ دينار قطع غيار بالتكلفة د ٢٠ ساعة عمل مباشرة. فما هو المبلغ الذي يطالب العميل بدفعه للشركة.

السؤال الرابع عشر: قامت إحدى الشركات بتجميع البيانات الآتية عن مبيعاتها وتكاليفها وهي كالتالي:

عدد الوحدات	الإيرادات الكلية	التكلفة الكلية
١	٨٠٠	٦٠٠
٢	١٥٥٠	١٠٠٠
٣	٢٢٥٠	١٥٠٠
٤	٢٨٥٠	٢٠٥٠
٥	٣٤٠٠	٢٦٠٠
٦	٣٧٥٠	٣٢٠٠
٧	٤٠٠٠	٣٨٥٠
٨	٤٢٠٠	٤٥٠٠

المطلوب:

١. تحديد الإيرادات الحدية والتكاليف الحدية لكل مستوى من مستويات الوحدات المباعة.

٢. تحديد مستوى الحجم الاقتصادي الأمثل للبيع.

٣. تحديد إجمالي الأرباح التي تحققها الشركة عند المستوى الأمثل.

٤. تحديد مرونة الطلب عن مستوى بيع ٧ وحدات إذا رغبت الشركة في بيع ٨ وحدات.

السؤال الخامس عشر: الآتي منحنى الطلب لإحدى الشركات

الطلب	السعر
٣٠	٩١
٣٢	٨٩
٣٥	٨٥
٣٨	٨٩
٤٠	٧٥

المطلوب:

تحديد مرونة الطلب عند كل نقطة أسعار في مجال الأسعار.

السؤال السادس عشر: تقوم إحدى الشركات باحتكار أحد المنتجات، ولذلك فإن منحنى الطلب على هذا المنتج منحدر إلى أسفل ويمكن تمثيله بالمعادلة الآتية:

س = ٢,٤ -٠,٠١٢٥ ك

(وأن س هي السعر وأن ك هي الكمية الشهرية المباعة مقاسة بشعرة آلاف وحدة) كما تبلغ التكاليف الثابتة السنوية ٢١٥,٠٠٠ دينار - وأنه يمكن التعبير عن التكلفة المتغيرة للوحدة (غ) كما في المعادلة الآتية:

غ = ٠,٨٠+ ٠,٠٠٧٥ ك

المطلوب:

١. تحديد مستوى الإنتاج الأمثل ومقدار الأرباح السنوية عند هذا المستوى.

(المجمع العربي للمحاسبين القانونيين)

السؤال السابع عشر: استملت إحدى شركات الهندسة دعوة من جهة حكومية لتقديم عرض لإنشاء مصنع في إحدى مناطق البادية الأردنية. وحتى بداية تقديم الطلب انفقت الشركة مبلغ ٤٠,٠٠٠ دينار لإجراء الدراسات للمشروع. وكانت تقديرات الشركة لتنفيذ المشروع كالتالي:

مصروف دراسات وأبحاث	٤٠,٠٠٠
مواد	٤٧,٥٠٠
عمل	٨٠,٠٠٠
مصروفات بواقع ٦٠% من الأجور	٤٨,٠٠٠
إجمالي التكلفة	٢١٥,٥٠٠

وترى الجهة المستلمة لهذا العرض أنه أفضل العروض المقدمة ولكنها ترى أنه يمكنها قبوله إذا
انخفض سعره إلى ٢٠٠,٠٠٠ دينار فقط.

المطلوب:

هل تنصح الشركة المقدمة للعرض أن تقوم بتخفيض سعرها إلى ٢٠٠,٠٠٠ دينار.

السؤال الثامن عشر: تنتج إحدى الشركات البترول الخام. ويصنف سوق الإنتاج على أنه سوق منافسة حرة
وأن سعر الطن الواحد هو ١٥ ديناراً. والآتي بيانات عن الإنتاج والتكاليف لإحدى السنوات.

التكاليف التفاضلية	إجمالي تكلفة الإنتاج	الكمية المنتجة
----	٣٠٠٠	٠
٤٠٠	٣٤٠٠	١٠٠
٥٠٠	٣٩٠٠	٢٠٠
٣٠٠	٤٢٠٠	٤٠٠
٤٠٠	٤٦٠٠	٥٠٠
٦٠٠	٥٢٠٠	٨٠٠
١٢٠٠	٦٤٠٠	١٠٠٠
٣٤٠٠	٩٨٠٠	١٢٠٠

المطلوب :

١. تحديد إجمالي دخل هذه الشركة.

السؤال التاسع عشر: تقوم إحدى الشركات بإنتاج أحد المنتجات الكهربائية التي يتم بيعها إلى محلات الجملة، والآتي معلومات عن تكاليف هذه المنتجات.

	التكلفة الفعلية	التكلفة المعيارية
مواد مباشرة	٣٢	٣٠
الأجور المباشرة	٥٤	٥٦
المصروفات غير المباشرة المتغيرة	١٦	١٤
المصروفات غير المباشرة الثابتة	١٢	٢٠
الوحدات المنتجة عند مستوى الطاقة	٤٥٠٠ وحدة	

المطلوب:

١. تحديد السعر إذا كانت الشركة تستخدم طريقة التكلفة المتغيرة الفعلية زائد ٩٠% ضميمة عليها.

٢. تحديد السعر باستخدام التكلفة المعيارية المتغيرة زائد ضميمة ١٠٠%.

٣. تحديد السعر عند استخدام طريقة التكلفة الكلية الفعلية زائد ضميمة بنسبة ٨٠%.

المراجع العربية

أحمد الخطيب، التكاليف في المجال التطبيقي، القاهرة، ١٩٨٧.

أحمد نـور وعبـد المقصـود دبيـان، محاسبة التكاليف الصـناعية، مؤسسـة شباب الجامعـة، الاسكندرية، ١٩٨٩.

حسن ربيع، محاسبة التكاليف لمشروعات الإنتاج الصناعي، بدون تاريخ.

عبد الحي مرعي، في محاسبة التكاليف لأغـراض الرقابـة، مؤسسـة شباب الجامعـة، الاسكندرية، ١٩٨٥.

قانون ضريبة الدخل رقم ٥٧ لسنة ١٩٨٥، الجريدة الرسمية، المملكة الأردنية الهاشمية، ١٩٨٥.

محمد توفيق بلبع، التكاليف المعيارية لأغـراض قيـاس وضـبط التكـاليف الفعليـة، دار الشباب، القاهرة، ١٩٧٢.

محمد توفيق بليغ، اتخاذ القرارات، دار الشباب، ١٩٩٣.

محمد تيسـير الرجبـي، التكاليف المعياريـة كأداة للرقابـة علـى تكاليف تكرير البـترول، رسالة ماجستير غير منشورة، جامعة القاهرة، ١٩٧٢.

هورنجرن، ت، تشارلز، محاسبة التكاليف مدخل إداري، ترجمة أحمد حامد حجـاج، الجـزء الأول والجزء الثاني، دار المريخ، الرياض، ١٩٨٧.

المراجع الأجنبية

Anderson Henry R. and B.E. Needles, Jr. and J.C. Callwell, <u>Managerial Accounting</u>, Hoghton Mifflin co. 1983.

Anthony, Robert N. and Welsch, Glenn N., <u>Fundamentals of Management Accounting</u>, 3 rd. ed. IRWIN, 1981.

Ashton, D, T. Hopper, and B. Scapens, <u>Issues in Management Accounting</u>, 2nd. Ed, Pruntice – Hall, 1995.

Banker, R., R. Kaplan, and M. Young, <u>Cost and Management Accounting</u>, 2nd, ed. Macmillan Publishing Co – INC., 1976.

Bierman Harold, Jr. and Thomas R. Dyckman, <u>Managerial Cost Accounting</u>, 2nd, ed. Macmillan Publishing Co – INC., 1976.

Bisk Natham M., CPA <u>Comprehensive Exam Review</u>, Bisk Publisher, 2000.

Brown, Lewis J. and Leslie R. Howard, <u>Principles and Practice of Management Accounting</u>, Macdonald and Evans. Ltd., 1969.

Davidson, S. and R.L. Weil, <u>Handbook of Cost Accounting</u>, McGraw – Hill Inc, 1978.

Deakin, Edward B. and M. W. Maher, <u>Cost Accounting</u>, 2nd, ed. IRWIN, 1987.

Delaney Patric R, Wiley, <u>CPA Examination Review</u>, John Wiley and Sons, 2001.

Engler Calvin, <u>Mangerial Accounting</u>, IRWIN, 1987.

Fischer, Paul M. and Frank, Werner G., <u>Cost Accounting Theory and Applications</u>, South-Westem Publishing Co., 1985.

Glenn A. Welsch, R.W. Hilton, and P.N. Gordan, Budgeting, 5th, ed., Prentice – Hall International, 1988.

Heilgar, Lester E., and Matulich, Serge, Managerial Accounting, 2nd, ed. McGraw – Hill Book, Co., 1987.

Hirsch, M.L. Jr, Advanced Management Accounting, South Wstern Publishing Co – Cincinnati, 1994.

Hirsch, Maurice, Jr. and J. G. Louderbak, Cost Accounting : Accumulation, Analysis and Use, 2nd, ed. Kent Publishing, Co. 1986.

Horngren, Charles T., G.L. Sunden, and F. Selto, Management Accounting, Printice – Hall, INC, 1993.

Horngren, Charles T. and George Foster, Cost Accounting A Managerial Emphasis, Prentice–Hill, INC., Englewood Cliffs, 1991.

…….. Foster, Cost Accounting : A Managerial Emphasis, Prentice – Hall, INC., Englewood Cliffs, 1987.

Horngren, C. T; Foster, and S. Datar, Cost Accounting : A Managerial Emphasis, 8ed, Printice – Hall, 2002.

Ijiri Yuji, Historical Cost Accounting and Its Rationality, Research Monograph Number, 1The Canadian Certified General Accounting Research Foundation 1981.

Ijiti, Yuji, A Defense for Historical Cost Accounting, Accounting Review (Oct. 1968).

Garrison, Ray H., Managerial Accounting : Conceptes for Planning, Control, Decision Making, 5th ed. Homewood, Illinios, 1988.

Kaplan, R.S., and A Atkinson, Advanced Management Accounting, 2nd, ed. Printice – Hall, Englewood Cliffs, New Jersey, 1989.

Kaplan, Rober S., "Advanced Management Accounting", Prentice – Hall, INC, 1982.

Koontz, Harold, and C. O'donnel and H. Weihrich, Management, McGraw – Hill Book, Co. 1980.

Leslie Chadwick, The Essence of Management Accounting, Prientice – Hall, 1991.

Lyman A.K, and R.L. Keith, Cost Accounting: A Management Perspective 2nd ed., Prentice – Hall, Englwood Cliffs, N.J.1988.

Magee, Robert P., Advanced Managerial Accounting, Harper & Row, Publishers, N.Y., 1986.

Matz. Adoplh and M.F. Usry, Cost Accounting Planning and Control, 8th, ed. South Western Publishing, Co., 1981.

Morse. W.J., J.R. Davis, and A. H Hart Graves, Management Accounting, 2nd, ed. Addison – Wesley Publishing Company, 1988.

Morse, Wayne J. and Harold P. Roth, Cost Accounting: Processing, Evaluating, and Using Cost Data, 3th., ed., Addison – Wesley Publishing Co – 1986.

M Wallen; and D Rmddelton, Essential Management Accounting 2/e, Prientice – Hall., 1992.

Ryan, B. and J. Hobson, Management Accounting, Pitman, 1985.

Rayburn, Gayle L., Principles of Cost Accounting, 4th., ed., IRWIN, 1989.

Rickett, D., and J. Cary, Managerial Accounting, 2nd., ed. Houghton Mifflin, 1991.

Ronald W. Hilton, Managerial Accounting, McGraw – Hill WC, 1991.

Titard. Perrel L., Managerial Accounting, 2nd., ed., The Dryden Press, 1987.

Wilson, Richard M.S. and Wal Fong Chua, Managerial Accounting method and Meaning, VNR, 1988.

Wayne J. Morse, Janes R.R., and All Hartgraves, <u>Management Accounting</u>, 2nd., ed., Addison, Wesley, 1988.

Young, M., <u>Readings in Management Accounting</u>, Prientice – Hall, 1995.